Anie

Hector Malot

Alpha Editions

This edition published in 2024

ISBN : 9789361472800

Design and Setting By
Alpha Editions
www.alphaedis.com
Email - info@alphaedis.com

As per information held with us this book is in Public Domain.
This book is a reproduction of an important historical work. Alpha Editions uses the best technology to reproduce historical work in the same manner it was first published to preserve its original nature. Any marks or number seen are left intentionally to preserve its true form.

Contents

PREMIÈRE PARTIE ....- 1 -
II ....- 11 -
III ....- 15 -
IV ....- 25 -
V ....- 32 -
VI ....- 38 -
VII ....- 42 -
VIII ....- 49 -
IX ....- 52 -
X ....- 63 -
XI ....- 69 -
XII ....- 76 -
XIII ....- 81 -
DEUXIÈME PARTIE ....- 89 -
   I ....- 89 -
II ....- 91 -
III ....- 99 -
IV ....- 103 -
V ....- 109 -
VI ....- 113 -
VII ....- 117 -
VIII ....- 119 -
IX ....- 126 -
X ....- 133 -
XI ....- 141 -
XII ....- 151 -

XIII	- 157 -
XIV	- 164 -
TROISIÈME PARTIE	- 173 -
I	- 173 -
II	- 177 -
III	- 182 -
IV	- 185 -
V	- 188 -
VI	- 192 -
VII	- 197 -
VIII	- 200 -
IX	- 210 -
X	- 214 -
XI	- 218 -
XII	- 225 -
NOTICE SUR « ANIE »	- 228 -

PREMIÈRE PARTIE

Au balcon d'une maison du boulevard Bonne-Nouvelle, en hautes et larges lettres dorées, on lit : *Office cosmopolitain des inventeurs* ; et sur deux écussons en cuivre appliqués contre la porte qui, au premier étage de cette maison, donne entrée dans les bureaux, cette enseigne se trouve répétée avec l'énumération des affaires que traite l'office : *« Obtention et vente de brevets d'invention en France et à l'étranger ; attaque et défense des brevets en tous pays ; recherches d'antériorités ; dessins industriels ; le Cosmopolitain, journal hebdomadaire illustré : M. Chaberton, directeur. »*

Qu'on tourne le bouton de cette porte, ainsi qu'une inscription invite à le faire, et l'on est dans une vaste pièce partagée par cages grillées, que divise un couloir central conduisant au cabinet du directeur ; un tapis en caoutchouc (B.S.G.D.G.) va d'un bout à l'autre de ce couloir, et par son amincissement il dit, sans qu'il soit besoin d'autres indications, que nombreux sont ceux qui, happés par les engrenages du brevet d'invention, engagés dans ses laminoirs, passent et repassent par ce chemin de douleurs, sans pouvoir s'en échapper, et reviennent là chaque jour jusqu'à ce qu'ils soient hachés, broyés, réduits en pâte et qu'on ait exprimé d'eux, au moyen de traitements perfectionnés, tout ce qui a une valeur quelconque, argent ou idée. Tant qu'il lui reste un souffle la victime crie, se débat, lutte, et aux guichets des cages derrière lesquels les employés se tiennent impassibles, ce sont des explications, des supplications ou des reproches qui n'en finissent pas ; puis l'épuisement arrive ; mais celle qui disparaît est remplacée par une autre qui subit les mêmes épreuves avec les mêmes plaintes, les mêmes souffrances, la même fin, et celle-là par d'autres encore.

En général les clients du matin n'appartiennent pas à la même catégorie que ceux du milieu de la journée ou du soir.

A la première heure, souvent avant que Barnabé, le garçon de bureau, ait ouvert la porte et fait le ménage, arrivent les fiévreux, les inquiets, ceux que l'engrenage a déjà saisis et ne lâchera plus ; de la période des grandes espérances ils sont entrés dans celle des difficultés et des procès ; ils apportent des renseignements décisifs pour leur affaire qui dure depuis des mois, des années, et va faire un grand pas ce jour-là ; ou bien c'est une nouvelle provision pour laquelle ils sont en retard et qu'ils ont pu enfin se procurer le matin même par un dernier sacrifice ; et, en attendant l'arrivée des employés ou du directeur, ils content leurs douleurs et leurs angoisses à Barnabé qui les enveloppe de flots de poussière soulevés par son balai.

Puis, après ceux-là, c'est l'heure de ceux qui, pour la première fois, tournent le bouton de l'office ; vaguement ils savent que les brevets ou les marques de fabrique doivent protéger leur invention, ou assurer ainsi la propriété de ses produits ; et ils viennent pour qu'on éclaire leur ignorance. Que faut-il faire ?

Ils ont toutes les confiances, toutes les audaces, portés qu'ils sont sur les ailes de la fortune ou de la gloire. Ne sont-ils pas sûrs de révolutionner le monde avec leur invention, qui va les enrichir, en même temps qu'elle enrichira tous ceux qui y toucheront ? Et les millions roulent, montent, s'entassent, éblouissants, vertigineux.

— S'il faut prendre un brevet en Angleterre ? dit M. Chaberton répondant à leurs questions ; non seulement en Angleterre, mais aussi en Italie, en Espagne, en Allemagne, en Europe, en Asie, en Amérique, partout où la législation protectrice des brevets a pénétré. Sans doute la dépense peut être gênante, alors surtout qu'on s'est épuisé dans de coûteux essais ; mais ce n'est pas quand on touche au succès qu'on va le laisser échapper.

Et, sortant de son cabinet, M. Chaberton amène lui-même dans ses bureaux ce nouveau client pour le confier à celui des employés qui guidera ses pas dans la voie de la prise et de l'exploitation d'un brevet.

— Voyez Mr Barincq ! Voyez Mr Spring ! Voyez Mr Jugu.

Et le client admis dans la cage de celui à qui on le confie s'intéresse, ravi, à voir Mr Barincq, le dessinateur de l'office, traduire sur le papier les idées plus ou moins vagues qu'il lui explique, ou Mr Spring préparer devant lui les pièces si importantes des patentes anglaises ; car, dans l'*Office cosmopolitain*, on opère sous l'œil du client ; c'est même là une des spécialités de la maison, grâce à Mr Spring qui écrit avec une égale facilité le français, l'anglais, l'allemand, l'italien, l'espagnol, ayant roulé par tous les pays avant de venir échouer boulevard Bonne-Nouvelle ; et aussi, grâce à Mr Barincq qui sait en quelques coups de crayon bâtir un rapide croquis.

Après une journée bien remplie qui n'avait guère permis aux employés de respirer, les bureaux commençaient à se vider ; il était six heures vingt-cinq minutes, et les clients qui tenaient à voir Mr Chaberton lui-même savaient par expérience que, quand la demie sonnerait, il sortirait de son cabinet, sans qu'aucune considération pût le retenir une minute de plus, ayant à prendre au passage l'omnibus du chemin de fer pour s'en aller à Champigny, où, hiver comme été, il habite une vaste propriété dans laquelle s'engloutit le plus gros de ses bénéfices.

Bien que la besogne du jour fût partout achevée, et que Barnabé fût déjà revenu de la poste où il avait été porter le courrier, les employés, derrière leurs grillages, paraissaient tous appliqués au travail : le patron allait passer en jetant de chaque côté des regards circulaires, et il ne fallait pas qu'il pût s'imaginer qu'on ne ferait rien après son départ.

Quand le coup de la demie frappa, il ouvrit la porte de son cabinet, et apparut coiffé d'un chapeau rond, portant sur le bras un pardessus dont la boutonnière était décorée d'une rosette multicolore, sa canne à la main ; un client misérablement vêtu le suivait et le suppliait.

— Barnabé, guettez l'omnibus, dit M. Chaberton.

— C'est ce que je fais, monsieur.

En effet, posté dans l'embrasure d'une fenêtre, le garçon de bureau ne quittait pas des yeux la chaussée, qu'il découvrait au loin jusqu'à la descente du boulevard Montmartre, son regard passant librement à travers les branches des marronniers et des paulownias qui commençaient à peine à bourgeonner.

Cependant le client, sans lâcher M. Chaberton, manœuvrait de façon à lui barrer le passage.

— Tâchez donc, disait-il, de m'obtenir cinq mille francs de MM. Strifler ; ils gagnent plus de cinq cent mille francs par an avec mes brevets ; ils peuvent bien faire cela pour celui qui les leur a vendus.

— Ils répondent qu'ils ont fait plus qu'ils ne devaient.

— Ce n'est pas à vous qu'ils peuvent dire cela ; vous qui avez vu comme ils m'ont saigné à blanc ; qu'ils m'abandonnent ces cinq mille francs, et je renonce à toute autre réclamation ; c'est plus d'un million que je sacrifie.

— Monsieur Barincq, interrompit le directeur, où en est votre bois pour le journal ?

— J'avance, monsieur.

— Il faut qu'il soit fini ce soir.

— Je ne partirai pas sans qu'il soit terminé.

— Je compte sur vous.

— Avec ces cinq mille francs, continuait le client, j'achève mon appareil calorimétrique, qui sera certainement la plus importante de mes inventions ; son influence sur les progrès de notre artillerie peut être considérable : ce n'est pas seulement un intérêt égoïste qui est en jeu, le mien, que vous m'avez toujours vu prêt à sacrifier, c'est aussi un intérêt patriotique.

— Vous vous ferez sauter, mon pauvre monsieur Rufin, avec vos expériences sur les pressions des explosifs en vases clos.

— C'est bien de cela que j'ai souci !

— L'omnibus ! cria le garçon de bureau.

Mr Chaberton se dirigea vivement vers la porte, accompagné de son client, et le silence s'établit dans les bureaux, comme si les employés attendaient un retour possible, quelque invraisemblable qu'il fût.

— Emballé, le patron ! cria Barnabé resté à la fenêtre.

Mais tout à coup il poussa un cri de surprise.

— Qu'est-ce qu'il y a ?

— Le vieux Rufin monte avec lui pour le raser jusqu'à la gare.

Alors, instantanément, au silence succéda un brouhaha de voix et un tapage de pas, que dominait le chant du coq, poussé à plein gosier par l'employé chargé de la correspondance.

— Taisez-vous donc, monsieur Belmanières, dit le caissier en venant sur le seuil de la pièce qu'il occupait seul, on ne s'entend pas.

— Tant mieux pour vous.

— Parce que ? demanda le caissier qui était un personnage grave, mais simple et bon enfant.

— Parce que, mon cher monsieur Morisette, si vous dîtes des bêtises, comme cela vous arrive quelquefois, on ne se fichera pas de vous.

Morisette resta un moment interloqué, se demandant évidemment s'il convenait de se fâcher, et cherchant une réplique.

— Ah ! que vous êtes vraiment le bien nommé, dit-il enfin après un temps assez long de réflexion.

C'était précisément parce qu'il s'appelait Belmanières que l'employé de la correspondance affectait l'insolence avec ses camarades, cherchant en toute occasion et sans motif à les blesser, afin qu'ils n'eussent pas la pensée de faire allusion à son nom, dont le ridicule ne lui laissait pas une minute de sécurité ; un autre que lui fût peut-être arrivé à ce résultat avec de la douceur et de l'adresse, mais étant naturellement grincheux, malveillant et brutal, il n'avait trouvé comme moyen de se protéger que la grossièreté ; la réplique du caissier l'exaspéra d'autant plus qu'elle fut saluée par un éclat de rire général auquel Spring seul ne prit pas part.

Mais l'amitié ou la bienveillance n'était pour rien dans cette abstention, et si Spring ne riait pas comme ses camarades de la réponse de Morisette, et surtout de la mine furieuse de Belmanières, c'est qu'il était absorbé dans une besogne dont rien ne pouvait le distraire. A peine le patron avait-il été emballé dans l'omnibus, comme disait Barnabé, que Spring, ouvrant vivement un tiroir de son bureau, en avait tiré tout un attirail de cuisine : une lampe à alcool, un petit plat en fer battu, une fiole d'huile, du sel, du poivre, une côtelette de porc frais enveloppée dans du papier et un morceau de pain ; la lampe allumée, il avait posé dessus son plat après avoir versé dedans un peu d'huile, et maintenant il attendait qu'elle fût chaude pour y tremper sa côtelette ; que lui importait ce qui se disait et se faisait autour de lui ? Il était tout à son dîner.

Ce fut sur lui que Belmanières voulut passer sa colère.

— Encore les malpropretés anglaises qui commencent, dit-il en venant appuyer son front contre le grillage de Spring.

— Ce n'était pas des *malpropretais*, dit celui-ci froidement avec son accent anglais.

— Pour le nez à *vo*, répondit Belmanières en imitant un instant cet accent, mais pour le nez à *moa* ; et je dis qu'il est insupportable que le mardi et le vendredi vous nous infectiez de votre sale cuisine.

— Vous savez bien que le mardi et le vendredi je ne peux pas rentrer dîner chez moi, puisque je travaille dans ce quartier.

— Vous ne pouvez pas dîner comme tout le monde au restaurant ?

— *No*.

L'énergie de cette réplique contrastait avec l'apparente insignifiance de la question de Belmanières, et elle expliquait tout un côté des habitudes mystérieuses de Spring obsédé par une manie qui lui faisait croire que la police russe voulait l'empoisonner. Pourquoi ? Pourquoi la police russe poursuivait-elle un sujet anglais ? Personne n'en savait rien. Rares étaient ceux à qui il avait fait des confidences à ce sujet, et jamais elles n'avaient été jusqu'à expliquer les causes de la persécution dont il était victime ; mais enfin cette persécution, évidente pour lui, l'obligeait à toutes sortes de précautions. C'était pour lui échapper qu'il avait successivement fui tous les pays qu'il avait habités : Odessa, Gênes, Malaga, San-Francisco, Rotterdam, Melbourne, Le Caire, et que maintenant à Paris il déménageait tous les mois pour dépister les mouchards, passant de Montrouge à Charonne, des Ternes, à la Maison-Blanche. Et c'était aussi parce qu'il se sentait enveloppé par cette surveillance, qu'il ne mangeait que les aliments qu'il avait lui-même préparés, convaincu que s'il entrait dans un restaurant, un agent acharné à sa poursuite trouverait moyen de jeter dans son assiette ou dans son verre une goutte de ces poisons terribles dont les gouvernements ont le secret.

— Savez-vous seulement pourquoi vous ne pouvez pas dîner au restaurant ? demanda Belmanières pour exaspérer Spring.

— Je sais ce que je sais.

— Alors, vous savez que vous êtes toqué.

— Laissez-moi tranquille, je ne vous parle pas.

Une voix sortit de la cage située près de la porte, celle de Barincq :

— Mr Spring a raison, chacun ses idées.

— Quand elles sont cocasses, on peut bien en rire sans doute.

— Riez-en tout bas.

— Ne perdez donc pas votre temps à faire le Don Quichotte gascon ; vous n'aurez pas fini votre bois et vous arriverez en retard à votre soirée.

Abandonnant la cage de Spring, Belmanières vint se camper au milieu du passage :

— Dites donc, messieurs, vous savez que c'est aujourd'hui que Mr Barincq donne à danser dans les salons de la rue de l'Abreuvoir ? Une soirée dansante rue de l'Abreuvoir, à Montmartre, dans les salons de Mr Barincq, autrefois inventeur de son métier, présentement dessinateur de l'office Chaberton, en voilà encore une idée cocasse : « Mr et Mme Barincq de Saint-Christeau prient M*** de leur faire l'honneur de venir passer la soirée chez eux le mardi 4 avril à 9 heures. On dansera. » Non, vous savez, ce que c'est drôle ; c'est à se rouler.

— Roulez-vous, dit le caissier, nous serons tous bien aises de voir ça ; ne vous gênez pas.

— Barnabé, balayez donc une place pour que M. Belmanières puisse se rouler.

— Pourquoi ne nous avez-vous pas invités ? demanda Belmanières sans répondre directement.

— On ne pouvait pas vous inviter, vous ? répondit l'employé au contentieux qui jusque-là n'avait rien dit, occupé qu'il était à cirer ses souliers.

— Parce que, monsieur Jugu ?

— Parce que pour aller dans le monde il faut certaines manières.

Un rire courut dans toutes les cages.

Exaspéré, Belmanières se demanda manifestement s'il devait assommer Jugu ; seulement la réplique qu'il fallait pour cela ne lui vint pas à l'esprit ; après un moment d'attente il se dirigea vers la porte avec l'intention de sortir ; mais, rageur comme il l'était, il ne pouvait pas abandonner ainsi la partie ; on l'accuserait de lâcheté, on se moquerait de lui lorsqu'il ne serait plus là ; il revint donc sur ses pas :

— Certainement j'aurais été déplacé dans les salons de M. et madame Barincq de Saint-Christeau, dit-il en prenant un ton railleur ; mais il n'en eût pas été de même de M. Jugu ; et assurément quand Barnabé, qui va ce soir faire fonction d'introducteur des ambassadeurs, aurait annoncé de sa belle voix enrouée : « M. Jugu » il y aurait eu sensation dans les salons, comme il convient pour l'entrée d'un gentleman aussi pourri de chic, aussi pschut ; sans compter que ce haut personnage pouvait faire un mari pour mademoiselle de Saint-Christeau.

— Monsieur, dit Barincq d'une voix de commandement, je vous défends de mêler ma fille à vos sornettes.

— Vous n'avez rien à me défendre ni à m'ordonner ; et le ton que vous prenez n'est pas ici à sa place. Peut-être était-il admissible quand vous étiez M. de Saint-Christeau ; mais maintenant que vous avez perdu votre noblesse avec votre fortune pour devenir simplement le père Barincq, employé de l'office Chaberton ni plus ni moins que moi, il est ridicule avec un camarade qui est votre égal. Quant à votre fille, j'ai le droit de parler d'elle, de la juger, de la critiquer, même de me ficher d'elle…

— Monsieur !

— Oui, mon bonhomme, de me ficher d'elle, de la blaguer…. puisqu'elle est une artiste. Quand par suite de malheurs, ils sont connus ici vos malheurs, on laisse sa fille fréquenter l'atelier Julian, et exposer au Salon des petites machines pas méchantes du tout, pour lesquelles on mendie une récompense de tous les côtés, on n'a pas de ces fiertés-là.

— Taisez-vous ; je vous dis de vous taire.

L'accent aurait dû avertir Belmanières qu'il serait sage de ne pas continuer ; mais, avec le rôle de provocateur qu'il prenait à chaque instant, obéir à cette injonction eût été reculer et abdiquer ; d'ailleurs une querelle ne lui faisait pas peur, au contraire.

— Non, je ne me tairai pas, dit-il ; non, non.

— Vous nous ennuyez, cria Morisette.

— Raison de plus pour que je continue ; il est 6 heures 52 minutes, vous en avez encore pour huit minutes, puisqu'il n'y en a pas un seul de vous assez résolu pour déguerpir avant que 7 heures n'aient sonné. C'est Anie, n'est-ce pas, qu'elle se nomme votre fille, monsieur Barincq ?

Barincq ne répondit pas.

— En voilà un drôle de nom. Vous vous êtes donc imaginé, quand vous le lui avez donné, que c'est commode un nom qui commence par Anie. Anie, quoi ? Anisette ? Alors ce serait un qualificatif de son caractère. Ou bien Anicroche qui serait celui de son mariage.

— Il y a encore autre chose qui commence par ani, interrompit un employé qui n'avait encore rien dit.

— Quoi donc ?

— Il y a animal qui est votre nom à vous.

— Monsieur Ladvenu, vous êtes un grossier personnage.

— Vraiment ?

— Il y a aussi animosité, dit Morisette, qui est le qualificatif de votre nature ; ne pouvez-vous pas laisser vos camarades tranquilles, sans les provoquer ainsi à tout bout de champ ; c'est insupportable d'avoir à subir tous les soirs vos insolences, que vous trouvez peut-être spirituelles, mais qui pour nous, je vous le dis au nom de tous, sont stupides.

Précisément parce que tout le monde était contre lui, Belmanières voulut faire tête :

— Il y a aussi animation, continua-t-il en poursuivant son idée avec l'obstination de ceux qui ne veulent jamais reconnaître qu'ils sont dans une mauvaise voie ; et c'est pour cela que je regrette de n'avoir pas été invité rue de l'Abreuvoir, j'aurais été curieux de voir une jeune personne qui se coiffe d'un béret bleu quand elle va à son atelier, ce qui indique tout de suite du goût et de la simplicité, manœuvrer ce soir pour pêcher un mari…

Brusquement la porte de Barincq s'ouvrait, et, avant que Belmanières revenu de sa surprise eût pu se mettre sur la défensive, il reçut en pleine figure un furieux coup de poing qui le jeta dans la cage de Jugu.

— Je vous avais dit de vous taire, s'écria Barincq.

Tous les employés sortirent précipitamment dans le passage, et, avant que Belmanières ne se fût relevé, se placèrent entre Barincq et lui.

Mais cette intervention ne paraissait pas bien utile, Belmanières n'ayant évidemment pas plus envie de rendre la correction qu'il avait reçue que Barincq de continuer celle qu'il avait commencée.

— C'est une lâcheté, hurlait Belmanières, entre collègues ! entre collègues ! sans prévenir.

Et du bras, mais à distance, il menaçait ce collègue, en se dressant et en renversant sa tête en arrière : évidemment il eut pu être redoutable pour son adversaire, et, trapu comme il l'était, carré des épaules, solidement assis sur de fortes jambes, âgé d'une trentaine d'années seulement, il eût eu le dessus dans une lutte avec un homme de tournure plus leste que vigoureuse ; mais cette lutte il ne voulait certainement pas l'engager, se contentant de répéter :

— C'est une lâcheté ! Un collègue !

— Vous n'avez que ce que vous méritez, dit Morisette, M. Barincq vous avait prévenu.

Spring seul n'avait pas bougé ; quand il eut avalé le morceau qu'il était en train de manger, il sortit à son tour de son bureau, vint à Barincq, et, lui prenant la main, il la secoua fortement :

— *All right*, dit-il.

Aussitôt les autres employés suivirent cet exemple et vinrent serrer la main de Barincq.

— N'étaient vos cheveux gris, disait Belmanières de plus en plus exaspéré, je vous assommerais.

— Ne dites donc pas de ces choses-là, répondit Morisette, on sait bien que vous n'avez envie d'assommer personne.

— Insulter, oui, dit Ladvenu ; assommer, non.

— Vous êtes des lâches, vociféra Belmanières, de vous mettre tous contre moi.

— Dix manants contre un gentilhomme, dit Jugu en riant.

— Allons, gentilhomme, rapière au vent, cria Ladvenu.

Belmanières roulait des yeux furibonds, allant de l'un à l'autre, cherchant une injure qui fût une vengeance ; à la fin, n'en trouvant pas d'assez forte, il ouvrit la porte avec fracas :

— Nous nous reverrons, s'écria-t-il en les menaçant du poing.

— Espérons-le, ô mon Dieu !

— Quel chagrin ce serait de perdre un collègue aimable comme vous !

— Tous nos respects.

— Prenez garde à l'escalier.

Ces mots tombèrent sur lui drus comme grêle avant qu'il eût fermé la porte.

— Messieurs, je vous demande pardon, dit Barincq quand Belmanières fut parti.

— C'est nous qui vous félicitons.

— En entendant parler ainsi de ma fille, je n'ai pas été maître de moi ; m'attaquant dans ma tendresse paternelle, il devait savoir qu'il me blessait cruellement.

— Il le savait, soyez-en sûr, dit Jugu.

— Seulement je suppose, dit Spring la bouche pleine, qu'il n'avait pas cru que vous iriez jusqu'au coup de poing.

— Et voilà pourquoi nous ne pouvons que vous approuver de l'avoir donné, dit Morisette, à qui ses fonctions et son âge conféraient une sorte d'autorité ; espérons que la leçon lui profitera.

— Si vous comptez là-dessus, vous êtes naïf, dit Ladvenu ; le personnage appartient à cette catégorie dont on rencontre des types dans tous les bureaux, et qui n'ont d'autre plaisir que d'embêter leurs camarades ; celui-là nous a embêtés et nous embêtera tant que nous n'aurons pas, à tour de rôle, usé avec lui du procédé de Mr Barincq.

— Moi, je n'approuve pas le coup de poing, dit Jugu.

— Elle est bien bonne.

— Je parle en me mettant à la place de Mr Barincq.

— J'aurais cru que c'était en vous mettant à celle de Belmanières.

— Expliquez-vous, philosophe.

— Ça agite la main, et cela ne va pas aider M. Barincq pour finir son bois.

Le premier coup de 7 heures qui sonna au cartel interrompit ces propos ; avant que le dernier eût frappé, tous les employés, même Spring, étaient sortis, et il ne restait plus dans les bureaux que Barincq, qui s'était remis au travail, pendant que Barnabé allumait un bec de gaz et achevait son ménage à la hâte, pressé, lui aussi, de partir.

Il fut bientôt prêt.

— Vous n'avez plus besoin de moi, monsieur Barincq ?

— Non ; allez-vous-en, et dînez vite ; si vous arrivez à la maison avant moi, vous expliquerez à madame Barincq ce qui m'a retenu, et lui direz qu'en tous cas je rentrerai avant 8 heures et demie.

— N'allez pas vous mettre en retard, au moins.

— Il n'y a pas de danger que je fasse ce chagrin à ma fille.

II

Il croyait avoir du travail pour trois quarts d'heure, en moins d'une demi-heure il eut achevé son dessin, et quitta les bureaux à 7 heures et demie. Comme avec les jarrets qu'il devait à son sang basque il pouvait faire en vingt minutes la course du boulevard Bonne-Nouvelle au sommet de Montmartre, il ne serait pas trop en retard. Par le boulevard Poissonnière, le faubourg Montmartre, il fila vite, ne ralentit point le pas pour monter la rue des Martyrs, et escalada en jeune homme les escaliers qui grimpent le long des pentes raides de la butte.

C'est tout au haut que se trouve la rue de l'Abreuvoir, qui, entre des murs soutenant le sol mouvant de jardins plantés d'arbustes, descend par un tracé sinueux sur le versant de Saint-Denis. Le quartier est assez désert, assez sauvage pour qu'on se croie à cent lieues de Paris. Cependant la grande ville est là, au-dessous, à quelques pas, tout autour au loin, et quand on ne l'aperçoit pas par des échappées de vues qu'ouvre tout à coup entre les maisons, une rue faisant office de télescope, on entend son mugissement humain, sourd et profond comme celui de la mer, et dans ses fumées, de quelque côté que les apporte le vent, on sent passer son souffle et son odeur.

Dans un de ces jardins s'élèvent un long corps de bâtiment divisé en une vingtaine de logements, puis tout autour sur ses pentes accidentées quelques maisonnettes d'une simplicité d'architecture qui n'a de comparable que celles qu'on voit dans les boîtes de jouets de bois pour les enfants : un cube allongé percé de trois fenêtres au rez-de-chaussée, au premier étage, un toit en tuiles, et c'est tout. Des bosquets de lilas les séparent les unes des autres en laissant entre elles quelques plates-bandes, et un chemin recouvert de berceaux de vigne les dessert suivant les mouvements du terrain ; chacune a son jardinet ; toutes jouissent d'un merveilleux panorama, — leur seul agrément ; celui qui détermine des gens aux jarrets solides et aux poumons vigoureux à gravir chaque jour cette colline, sur laquelle ils sont plus isolés de Paris que s'ils habitaient Rouen ou Orléans.

Une de ces maisonnettes était celle de la famille Barincq, mais les charmes de la vue n'étaient pour rien dans le choix que leur avaient imposé les duretés de la vie. Ruinés, expropriés, ils se trouvaient sans ressources, lorsqu'un ami que leur misère n'avait pas éloigné d'eux avait offert la gérance de cette propriété à Barincq, avec le logement dans l'une de ces maisonnettes pour tout traitement ; et telle était leur détresse qu'ils avaient accepté ; au moins c'était un toit sur la tête ; et, avec quelques meubles sauvés du naufrage, ils s'étaient installés là, en attendant, pour quelques semaines, quelques mois.

Semaines et mois s'étaient changés en années, et depuis plus de quinze ans ils habitaient la rue de l'Abreuvoir, sans savoir maintenant s'ils la quitteraient jamais.

Et cependant, à mesure que le temps s'écoulait, les inconvénients de cet isolement se faisaient sentir chaque jour plus durement, sinon pour le père qu'une longue course n'effrayait pas, au moins pour la fille. Quand elle n'était qu'une enfant, peu importait qu'ils fussent isolés de Paris ; elle avait les jardins pour courir et pour jouer, travailler à la terre, bêcher, ratisser, faire de l'exercice en plein air, avec un horizon sans bornes devant elle qui lui ouvrait les yeux et l'esprit, tandis que sa mère la surveillait en rêvant un avenir de justes compensations que la fortune ne pouvait pas ne pas leur accorder. Le soir, son père, revenu du bureau, la faisait travailler, et comme il savait tout, les lettres, les sciences, le dessin, la musique, elle n'avait pas besoin d'autres maîtres ; son éducation se poursuivait sans qu'elle connût les tristesses et les dégoûts de la pension ou du couvent.

Mais il était arrivé un moment où les leçons paternelles ne suffisaient plus ; il fallait se préparer à gagner sa vie, et que ce qui avait été jusque-là agrément devint métier. Elle était entrée dans l'atelier Julian, et chaque jour, par quelque temps qu'il fît, pluie, neige, verglas, elle avait dû descendre des hauteurs de Montmartre, par les chemins glissants ou boueux, jusqu'au passage des Panoramas. Longue était la course, plus dure encore. Son père la conduisait d'une main, la couvrant de son parapluie ou la soutenant dans les escaliers, de l'autre portant le petit panier dans lequel était enveloppé le déjeuner qu'elle mangerait à l'atelier : deux œufs durs, ou bien une tranche de viande froide, un morceau de fromage. Mais le soir, retenu bien souvent à son bureau, il ne pouvait pas toujours la ramener ; alors elle revenait seule.

Quel souci et quelle inquiétude pour un père et une mère élevés avec des idées bourgeoises, de savoir leur fille toute seule dans les rues de Paris ; et une jolie fille encore, qui tirait les regards des passants autant par la séduction de ses vingt ans que par l'originalité de la tenue qu'elle avait adoptée, sans que ni l'un ni l'autre eussent l'énergie de la lui interdire : une jupe un peu courte retenue par une ceinture bleue qui, le nœud fait, retombait le long de ses plis, une veste courte ouvrant sur un gilet, et pour coiffure un béret, ce béret que Belmanières lui avait reproché.

Sans doute, ce costume qui s'écartait des banalités de la mode était bien original pour la rue, alors surtout que celle qui le portait ne pouvait passer nulle part inaperçue ; mais comment le lui défendre ! La mère était fière de la voir ainsi habillée et trouvait qu'aucune fille n'était comparable à la sienne ; le père, ému. N'était-ce pas, en effet, à quelques modifications près, pour le féminiser, le costume du pays natal ? quand il la regardait à quelques pas devant lui, svelte et dégagée, marcher avec la souplesse et la légèreté qui sont un trait de la race, son cœur s'emplissait de joie, et il ne pouvait pas la gronder parce qu'elle était fidèle à son origine : il avait voulu qu'elle s'appelât Anie qui était depuis des siècles le nom des filles aînées dans sa famille maternelle, et à Paris Anie était une sorte de panache tout comme le béret bleu.

Ce n'était pas seulement cette course du matin et du soir qui rendait la rue de l'Abreuvoir difficile à habiter, c'était aussi l'isolement dans lequel elle plaçait la mère et la fille pour tout ce qui était relations et invitations. Comment rentrer le soir sur ces hauteurs au pied desquelles s'arrêtent les omnibus ! Comment demander aux gens de vous y rendre les visites qu'on leur a faites !

Pendant les premières années qui avaient suivi leur ruine, madame Barincq ne pensait ni aux relations, ni aux invitations ; écrasée par cette ruine, elle restait enfermée dans sa maisonnette, désespérée et farouche, sans sortir, sans vouloir voir personne, trouvant même une sorte de consolation dans son isolement : pourquoi se montrer misérable quand on ne devait pas l'être toujours ? Mais avec le temps ses dispositions avaient changé : l'ennui avait pesé sur elle moins lourd, la honte s'était allégée, l'espérance en des jours meilleurs était revenue. D'ailleurs Anie grandissait, et il fallait penser à elle, à son avenir, c'est-à-dire à son mariage.

Si le père acceptait que sa fille dût travailler pour vivre et par un métier sinon par le talent s'assurer l'indépendance et la dignité de la vie, il n'en était pas de même chez la mère. Pour elle c'était le mari qui devait travailler, non la femme, et lui seul qui devait gagner la vie de la famille. Il fallait donc un mari pour sa fille. Comment en trouver un rue de l'Abreuvoir, où ils étaient aussi perdus qu'ils l'eussent été dans une île déserte au milieu de l'Océan ? Certainement Anie était assez jolie, assez charmante, assez intelligente pour faire sensation partout où elle se montrerait ; mais encore fallait-il qu'on eût des occasions de la montrer.

Madame Barincq les avait cherchées, et, comme après quinze ans d'interruption il était impossible de reprendre ses relations d'autrefois, dans le monde dont elle avait fait partie, elle s'était contentée de celles que le hasard, et surtout une volonté constamment appliquée à la poursuite de son but pouvaient lui procurer. Après ce long engourdissement elle avait du jour au lendemain secoué son apathie, et dès lors n'avait plus eu qu'un souci : s'ouvrir des maisons quelles qu'elles fussent où sa fille pourrait se produire, et amener chez elle des gens parmi lesquels il y aurait chance de mettre la main sur un mari pour Anie. Comme elle ne demandait à ceux chez qui elle allait ni fortune, ni position, rien qu'un salon dans lequel on dansât, elle avait assez facilement réussi dans la première partie de sa tâche ; mais la seconde, celle qui consistait à faire escalader les hauteurs de Montmartre à des gens qui n'avaient pas de voitures, et qui pour la plupart même n'usaient des fiacres qu'avec une certaine réserve, avait été plus dure.

Cependant elle était arrivée à ses fins en se contentant de deux soirées par an, fixées à une époque où l'on avait chance de ne pas rester en détresse sur les pentes de Montmartre, c'est-à-dire en avril et en mai, quand les nuits sont plus clémentes, les rues praticables, et alors que le jardin fleuri de la maisonnette donnait à celle-ci un agrément qui rachetait sa pauvreté. L'année précédente quelques personnes de l'espèce de celles qui ne connaissent pas d'obstacles quand au bout elles doivent trouver une distraction, avaient risqué l'escalade, aussi espérait-elle bien que cette année, pour sa première soirée, ses invités seraient plus nombreux encore, et que parmi eux se rencontrerait, un mari pour Anie.

III

Sous le ciel d'un bleu sombre les trois fenêtres du rez-de-chaussée jetaient des lueurs violentes qui se perdaient au milieu des lilas et le long de l'allée dans l'air tranquille du soir, des lanternes de papier suspendues aux branches illuminaient le chemin depuis la loge du concierge jusqu'à la maison, éclairant de leur lumière orangée les fleurs printanières qui commençaient à s'ouvrir dans les plates-bandes.

Pendant de longues années on était entré directement dans la salle à manger par une porte vitrée s'ouvrant sur le jardin, mais quand madame Barincq avait organisé ses soirées il lui avait fallu un vestibule qu'elle avait trouvé dans la cuisine devenue un *hall*, comme elle voulait qu'on dit en insistant sur la prononciation « hole ». Et, pour que cette transformation fût complète, le hall avait été meublé d'ustensiles plus décoratifs peut-être qu'utiles, mais qui lui donnaient un caractère : dans la haute cheminée remplaçant l'ancien fourneau, un grand coquemar à biberon avec des armoiries quelconques sur son couvercle ; et aux murs des panoplies d'armes de théâtre ou d'objets bizarres que les grands magasins vendent aux amateurs atteints du mal d'exotisme.

Quand Barincq entra dans le hall dont la porte était grande ouverte, un feu de fagots venait d'être allumé sous le coquemar ; peut-être n'était-il pas très indispensable par le temps doux qu'il faisait, mais il était hospitalier.

Au bruit de ses pas sa fille parut :

— Comme tu es en retard, dit-elle en venant au devant de lui, tu n'as pas eu d'accident ?

— J'ai été retenu par Mr Chaberton, répondit-il en l'embrassant tendrement.

— Retenu ! dit madame Barincq, survenant, un jour comme aujourd'hui !

Il expliqua par quoi il avait été retenu.

— Je ne te fais pas de reproches, mais il me semble que tu devais expliquer à Mr Chaberton que tu ne pouvais pas rester ; ce n'est pas assez de nous avoir laissé ruiner par lui : maintenant, comme un mouton, tu supportes qu'il t'exploite misérablement.

Certes non, elle ne faisait pas de reproches à son mari, seulement depuis vingt ans elle ne lui adressait pas une observation sans la commencer par cette phrase qui, dans sa brièveté, en disait long, car enfin de combien de reproches n'eût-elle pas pu l'écraser si elle n'avait pas été une femme résignée ?

— Tu n'as pas dîné, n'est-ce pas ? demanda Anie en interrompant sa mère.

— Non.

— Nous n'avons pas pu t'attendre.

— Je le pense bien ; d'ailleurs j'avais chargé Barnabé de vous prévenir.

— M. Barnabé se sera aussi laissé retenir, dit madame Barincq.

— Va dîner, interrompit Anie.

Comme il se dirigeait vers la salle à manger qui faisait suite au hall, sa femme le retint.

— Crois-tu que nous avons pu laisser la table servie ? dit-elle ; ton dîner est dans la cuisine.

— Au chaud, dit Anie.

— Je vais m'habiller dit madame Barincq qui était en robe de chambre, je n'ai que le temps avant l'arrivée de nos invités.

Il passa dans la cuisine qui était un simple appentis en planches avec un toit de carton bitumé, appliqué contre la maison, lors de la création du hall, et comme personne ne devait jamais pénétrer dans cette pièce, l'ameublement en était tout à fait primitif : une petite table, une chaise, un fourneau économique en tôle monté sur trois pieds, dont le tuyau sortait par un trou de la toiture, c'était tout.

— Veux-tu prendre ton assiette dans le fourneau, dit Anie, je ne peux pas entrer.

— Pourquoi donc ?

Il se retourna vers elle, car bien qu'en arrivant il l'eût embrassée d'un tendre regard, en même temps que des lèvres, il n'avait vu d'elle que les yeux et le visage sans remarquer la façon dont elle était habillée ; son examen répondit à la question qu'il venait de lui adresser.

Sa robe rose était en papier à fleurs plissé, qu'une ceinture en moire maïs serrait à la taille, et avec une pareille toilette elle ne pouvait évidemment pas entrer dans l'étroite cuisine où elle n'aurait pas pu se retourner sans craindre de s'allumer au fourneau.

Ce fut cette pensée qui instantanément frappa l'esprit du père :

— Quelle folie ! s'écria-t-il.

— Pourquoi folie ?

— Parce que, si tu approches d'une lumière ou du feu, tu es exposée au plus effroyable des dangers.

— Je ne m'en approcherai pas.

— Qui peut savoir !

— Moi.

— Pense-t-on à tout ?

— Quand on veut, oui ; tu vois bien que je ne te sers pas ton dîner. Sois donc tranquille, et ne t'inquiète que d'une chose : cela me va-t-il ? regarde un peu.

Elle recula jusqu'au milieu du hall, sous la lumière d'un petit lustre hollandais en cuivre dont l'authenticité égalait celle du coquemar.

— Eh bien ? demanda-t-elle ; puisqu'il est convenu qu'on portera ce soir des toilettes de fantaisie, en pouvais-je inventer une plus originale, et, ce qui a bien son importance pour nous, moins chère ? tu sais, pas ruineux le papier à fleurs.

Tout en mangeant sur le coin de la table la tranche de bouilli qu'il avait tirée du fourneau, il regardait par la porte restée ouverte sa fille campée devant lui, et, bien que ses craintes ne fussent pas chassées, il ne pouvait pas ne pas reconnaître que cette toilette ne fût vraiment trouvée à souhait pour rendre Anie tout à fait charmante. Il n'avait certainement pas attendu jusque-là pour se dire qu'elle était la plus jolie fille qu'il eût vue, mais jamais il n'avait été plus vivement frappé qu'en ce moment par la mobilité ravissante de sa physionomie, l'éclair de son regard, la caresse de ses grands yeux humides, la finesse de son nez, la blancheur, la fraîcheur de son teint, la souplesse de sa taille, la légèreté de sa démarche.

Comme elle lisait ce qui se passait en lui, elle se mit à sourire :

— Alors tu ne grondes plus ? dit-elle.

— Je le devrais.

— Mais tu ne peux pas. Sois tranquille, et dis-toi qu'aujourd'hui la chance est avec nous. Pouvions-nous souhaiter une plus belle soirée que celle qu'il fait en ce moment, un ciel plus clair, un temps plus assuré ? Personne ne nous manquera.

— Tu tiens donc bien à ce qu'il ne manque personne ?

— Si j'y tiens ! Mais est-ce que ce n'est pas précisément parmi ceux qui manqueraient que se trouverait mon futur mari ?

— Peux-tu rire avec une chose aussi sérieuse que ton mariage !

Elle quitta le milieu du hall et vint s'appuyer contre la porte de la cuisine, de façon à être plus près de son père, mieux avec lui, plus intimement :

— Ne vaut-il pas mieux rire que de pleurer ? dit-elle ; d'ailleurs je ne ris que du bout des lèvres, et ce n'est pas sans émotion, je t'assure, que je pense à mon mariage. Pendant longtemps maman, qui me voit avec des yeux que les autres n'ont pas sans doute, s'est imaginée que je n'aurais qu'à me montrer pour trouver un mari, et elle me l'a dit si souvent, que je l'ai cru comme elle ; il y avait quelque part, n'importe où, une collection de princes charmants qui m'attendaient. Le malheur est que ni elle ni moi n'ayons pas trouvé le chemin fleuri qui conduit à ce pays de féerie, et que nous soyons restées rue de l'Abreuvoir, où nous attendons des prétendants, s'il en vient, qui certainement ne seront pas princes, et qui peut-être ne seront même pas charmants.

— S'ils ne sont pas charmants, tu ne les accepteras pas ; qui te presse de te marier ?

— Tout ; mon âge et la raison.

— A vingt et un ans il n'y a pas de temps de perdu.

— Cela dépend pour qui : à vingt ans une fille sans dot est une vieille fille, tandis qu'à vingt-quatre ans celle qui a une dot est encore une jeune fille ; or, je suis dans la classe des sans dot, et même dans celle des sans le sou.

— Voilà pourquoi je voudrais qu'il n'y eût point de hâte dans ton choix. Si tu es sans dot aujourd'hui, notre situation peut changer demain, ou, pour ne rien exagérer, bientôt. J'ai tout lieu de croire qu'on va m'acheter le brevet de ma théière, et si ce n'est pas la fortune, au moins est-ce l'aisance. Les expériences instituées sur la ligne de l'Est pour mon système de suspension des wagons ont donné les meilleurs résultats et supprimé toute trépidation : les ingénieurs sont unanimes à reconnaître que mes menottes constituent une invention des plus utiles. De ce côté nous touchons donc aussi au succès ; et c'est ce qui me fait te demander d'avoir encore un peu de patience.

— Je t'assure que je ne doute pas de l'excellence de tes inventions, mais quand se réaliseront-elles ? Demain ? Dans cinq ou six ans ? Tu sais mieux que personne qu'en fait d'inventions tout est possible, même l'invraisemblable. Dans six ans j'aurais vingt-sept ans, quel mari voudrait de moi ! Laisse-moi donc prendre celui que je trouverai, même si c'est demain, alors que je ne suis encore que la pauvre fille sans le sou, qui n'a pas le droit de montrer les exigences qu'aurait la fille d'un riche inventeur.

— As-tu donc des raisons de penser que parmi nos invités il y en ait qui veuillent te demander ?

— Il suffit qu'il puisse s'en trouver un pour que je souhaite que celui-là ne soit pas empêché de venir ce soir. L'année dernière les invitations avaient été faites de telle sorte que les jeunes gens ne voulaient danser qu'avec les femmes mariées, et les hommes mariés qu'avec les jeunes filles ; cette année les femmes mariées étant rares, il faudra bien que les jeunes gens viennent à nous, et j'espère que dans le nombre il s'en rencontrera peut-être un qui ne considérera pas le mariage comme une charge au-dessus de ses forces. Je t'assure que je ne serai ni difficile, ni exigeante ; qu'il dise un mot, j'en dirai deux.

— Eh quoi ! ma pauvre enfant, en es-tu là ?

— Là ? c'est-à-dire revenue des grandes espérances de maman ? Oui. C'est peut-être drôle que ce soit la fille et non la mère qui jette un clair regard sur la vie, cependant c'est ainsi. Du jour où j'ai compris que je devais me marier, j'ai fait mon deuil de mes idées et de mes rêves de petite fille, et c'est au mariage lui-même que je me suis attachée, plus qu'au mari. Te dire que j'ai accepté cela gaiement ou indifféremment ne serait pas vrai ; il m'en a coûté, beaucoup même, mais je ne suis pas de celles qui ferment les yeux obstinément parce que ce qu'elles voient leur déplaît, les blesse ou les inquiète. J'ai reçu ainsi plus d'une leçon. La mort de M. Touchard a été la plus forte. On pouvait croire qu'il vivrait jusqu'à quatre-vingt-dix ans et marierait ses filles comme il voudrait. Il est mort à cinquante-cinq, et Berthe chante dans un café-concert de Toulon ; Amélie, dans un de Bordeaux. Que deviendrions-nous si nous te perdions ? Je n'aurais pas même la ressource de Berthe et d'Amélie, puisque je ne sais pas chanter.

— Ne parle pas de cela, c'est mon angoisse.

— Il faut bien que je te dise pourquoi je tiens à me marier, que tu ne croies pas que c'est par toquade, ou pour me séparer de toi. Assurée que nous vivrons encore longtemps ensemble, je t'assure que j'attendrais bien tranquillement qu'un mari se présente sans me plaindre de la médiocrité de notre existence. Mais cette assurance je ne peux pas l'avoir, pas plus que tu ne peux me la donner. Des gens que nous connaissons, M. Touchard était le plus solide, ce qui n'a pas empêché que la maladie l'emporte. Qu'adviendrait-il de nous ? Pas un sou, pas d'appui à demander, puisque nous n'avons d'autres parents que mon oncle Saint-Christeau, qui ne ferait rien pour nous, n'est-ce pas ?

— Hélas !

— Alors comprends-tu que l'idée de mariage me soit entrée dans la tête ?

— Tu as un outil dans les mains, au moins.

— Mais non, je n'en ai pas, puisque je n'ai pas de métier. Du talent, un tout petit, tout petit talent, peut-être. Et encore cela n'est pas prouvé. Ce qui l'est, c'est que je fais difficilement des choses faciles quand, pour gagner notre vie, ce serait précisément le contraire que je devrais faire. Donc il me faut un mari, et, si je peux espérer en trouver un, ne pas laisser passer l'âge où j'ai encore de la fraîcheur et de la jeunesse. Voilà pourquoi je suis pressée ; pour cela et non pour autre chose, car tu dois bien penser que je ne suis pas assez folle pour m'imaginer que ce mari va me donner une existence large, facile, mondaine, qui réalise des rêves que j'ai pu faire autrefois, mais qui maintenant sont envolés. Ce que je lui demande à ce mari, c'est d'être simplement l'appui dont je te parlais tout à l'heure, et de m'empêcher de tomber dans la misère noire dont j'ai une peur horrible, ou de rouler dans les aventures de Berthe et d'Amélie Touchard dont j'ai plus grand'peur encore. La vie que cela nous donnera sera ce qu'elle sera, et je m'en contenterai ; il m'aidera, je l'aiderai ; il travaillera, je travaillerai, et comme, revenue de mes hautes espérances, j'aurai le droit d'abandonner le grand art pour le métier, je pourrai gagner quelque argent qui sera utile dans notre ménage. Ce mari est-il introuvable ? J'imagine que non.

— As-tu quelqu'un en vue ?

— Dix, vingt, ceux que je connais, et surtout ceux que je ne connais pas, mais sans rien de précis, bien entendu. Juliette doit amener des amis de son frère et ceux-ci des camarades de bureau. Employés des finances, employés de la Ville, c'est en eux que j'espère ; plusieurs qui écrivent dans les journaux se feront une position plus tard ; pour le moment leurs ambitions sont modestes et dans le nombre il peut s'en rencontrer, je ne dis pas beaucoup, mais un me suffit, qui comprenne qu'une femme intelligente sans le sou est quelquefois moins chère pour un mari qu'une autre qui aurait des goûts et des besoins en rapport avec sa dot. Si je trouve celui-là, s'il ne me répugne pas trop, s'il apprécie à sa juste valeur ma robe en papier... si... si... mon mariage est fait : tu vois donc qu'avec toutes ces conditions il ne l'est pas encore.

Tout cela avait été dit avec un enjouement voulu qui pouvait tromper un indifférent, mais non un père ; aussi l'écoutait-il ému et angoissé, sans penser à manger, ne la quittant pas des yeux, cherchant à lire en elle et à apprécier la gravité de l'état que ces paroles lui révélaient.

Madame Barincq en descendant de sa chambre les interrompit :

— Comment ! s'écria-t-elle en trouvant son mari attablé, tu n'as pas encore fini ! et toi, Anie, tu bavardes avec ton père au lieu de le presser de manger.

— J'ai fini, dit il en s'emplissant la bouche.

— Eh bien, range ton assiette, que Barnabé trouve tout en ordre, et va t'habiller, tu ne seras jamais prêt ; n'entre pas dans la chambre, ta chemise et tes vêtements sont dans le débarras.

— Je te nouerai ta cravate, dit Anie.

— Est-ce que tu crois que je n'ai pas le temps de fumer une pipe ? demanda-t-il en s'adressant à sa femme.

— Il ne manquerait plus que ça.

— Dans le jardin ?

— Devant la colère de sa mère, Anie intervint.

— On peut arriver d'un moment à l'autre, dit-elle.

— Alors je vais m'habiller.

— Il y a longtemps que cela devrait être fait, dit madame Barincq.

A ce moment on entendit un bruit de pas lourds, écrasant le gravier du chemin, et Barnabé parut sur le seuil du hall, tenant à la main un papier bleu.

— Une dépêche qui vient d'arriver, et que la concierge m'a remise pour vous, monsieur Barincq, dit-il.

Mais ce fut madame Barincq qui la prit et l'ouvrit.

— Qui nous manque de parole ? demanda Anie.

— Ce n'est pas d'un invité, dit madame Barincq après un moment de silence.

— Alors ?

Au lieu de répondre à sa fille, elle se tourna vers son mari.

— Ton frère est mort.

Elle lui tendit la dépêche :

— Gaston ! s'écria-t-il d'une voix qui se brisa dans sa gorge.

Ce fut d'une main tremblante qu'il prit la dépêche.

> « Triste nouvelle à t'apprendre ; Gaston mort subitement à quatre heures d'une embolie ; funérailles fixées à après-demain, onze heures, sauf contre-ordre ; fais faire invitations en ton nom.

RÉBÉNACQ. »

— Mon pauvre Gaston, dit-il en se laissant tomber sur une chaise.

Sa femme le regarda avec un étonnement mêlé de colère.

— Tu vas pleurer ton frère, maintenant, dit-elle, un égoïste, avec qui tu es fâché depuis dix-huit ans et dont tu n'hérites pas.

— Il n'en est pas moins mon frère ; dix-huit années de brouille n'effacent pas quarante ans d'amitié fraternelle.

— Elle a été jolie l'amitié fraternelle, qui nous a abandonnés le jour où nous avons eu besoin d'elle !

— Tu sais bien que Gaston était d'un caractère entier, qui ne pardonnait pas les torts qu'on avait envers lui.

— Ni surtout ceux qu'il avait envers les autres ; ton frère a été indigne envers nous, et plus encore envers Anie qui, elle, ne lui avait rien fait ; n'aurait-il pas dû lui laisser sa fortune ?

— Sais-tu s'il ne la lui a pas laissée ?

— Est-ce que Rébénacq ne te le dirait pas ? notaire de ton frère, son ami, son conseil, il connaît ses affaires : s'il se tait sur elles, c'est que, de ce côté, il n'aurait que de tristes nouvelles à t'apprendre, c'est-à-dire l'existence d'un testament qui nous déshérite.

— Il fait faire les invitations en mon nom.

— Seraient-elles décentes au nom du bâtard de ton frère ? Si nous ne sommes pas la famille pour l'héritage, on ne peut pas nous empêcher de l'être pour les invitations, et l'on se sert de nous ; elles seraient vraiment jolies celles qui seraient faites de la part de M. Valentin Sixte, capitaine de dragons, fils naturel du défunt, et un fils naturel non reconnu encore. Si, avec ta tête toujours tournée à l'espérance et aux illusions, tu t'es imaginé que tu pouvais hériter de ton frère, parce qu'il était ton frère, tu t'es abusé une fois de plus : quand vous vous êtes fâchés, il t'a bien dit que tu n'aurais jamais rien de lui sois tranquille, il a tenu sa parole ; et le notaire Rébénacq a aux mains un bon testament qui institue le capitaine Sixte légataire universel.

— Pourquoi Rébénacq ne le dit-il pas ?

— Dans l'espérance de t'avoir à l'enterrement.

— N'y serais-je pas allé quand même j'aurais eu la certitude du testament ?

— Tu veux aller à cet enterrement ?

— Admets-tu que j'y manque ?

Après avoir remis la dépêche qu'il apportait, Barnabé était entré dans la cuisine, et il y restait immobile, ne sachant que faire, écoutant sans en avoir l'air ce qui se disait dans le hall ; au lieu de répondre à son mari, madame Barincq vint à la porte de la cuisine :

— En attendant qu'on arrive, préparez vos verres et vos plateaux, dit-elle, ne laissez pas le feu s'éteindre ; vous ne ferez pas chauffer le chocolat avant minuit.

Revenant dans le hall, elle fit signe à son mari de la suivre, et passa dans la salle à manger, puis dans le salon d'où le bruit des voix ne pouvait pas arriver jusqu'à la cuisine.

— Qu'est-ce que c'est que cette folie ? demanda-t-elle.

— Quelle folie ?

— Celle de vouloir assister à l'enterrement ?

— N'est-ce pas tout naturel ?

— Naturel d'aller à l'enterrement de quelqu'un avec qui on avait rompu toutes relations, non ; qui pendant dix-huit ans ne vous a pas donné signe de vie bien qu'il vous sût dans une position gênée, alors que lui jouissait de cinquante mille francs de rente ! Non, non, mille fois non.

— Tout ce que tu diras ne fera pas que nous n'ayons été frères, que nous ne nous soyons aimés dans nos années de jeunesse, et qu'au jour de sa mort le souvenir de nos différends s'efface pour ne laisser vivace et douloureux que celui de notre affection fraternelle. Il n'était pas ton frère, je comprends que tu parles de lui avec cette indifférence ; il était le mien, je le pleure.

— Pleure-le tant que tu voudras, pourvu que ce soit en dedans et que tu n'attristes pas notre fête.

— Tu veux !

— Quoi ?

Il resta un moment sans répondre, stupéfait.

— Comme je vais partir, je ne vous attristerai pas.

— Partir !

— Par le train de onze heures.

— Tu es fou.

Il ne répondit pas et regarda sa fille les yeux noyés de larmes.

— Et comment comptes-tu partir ? Avec quel argent ? Je te préviens qu'il me reste quinze francs ; et ils sont pour Barnabé. D'ailleurs, si tu partais, qui ferait danser notre monde ?

— Tu veux faire danser !

— Pouvons-nous prévenir nos invités ? D'une minute à l'autre ils vont arriver. Est-il possible de les renvoyer ? En tout cas, alors même que cela serait possible, je ne le ferais pas : nous nous sommes imposé assez de sacrifices en vue de cette soirée, pour ne pas les perdre. D'ailleurs, qui la connaît cette dépêche ?

— Nous.

— Eh bien, faisons comme si nous ne la connaissions pas, ce sera la même chose.

— Pour toi peut-être qui n'aimais pas Gaston ; pour Anie aussi qui ne se souvient guère de son oncle...

— C'est là sa condamnation.

— ... Mais, pour moi, crois-tu que, sous le coup de cette mort, je pourrais montrer à tes invités un visage affable ?

— Avant de penser à ton frère, tu penseras à ta fille, je l'espère, et tu te feras le visage que tu dois montrer dans une fête qui est donnée pour elle ; si c'est beau d'être frère, c'est mieux d'être père ; si c'est bien d'être tendre aux morts, c'est mieux de l'être aux vivants. Je t'engage donc à réfléchir, ou plutôt à te dépêcher d'aller t'habiller.

Comme il ne bougeait pas, elle se tourna vers sa fille :

— Parle à ton père, dit-elle, fais-lui entendre raison, si tu peux, moi j'y renonce.

Les quittant elle retourna dans la cuisine donner ses derniers ordres à Barnabé.

Après un moment de silence il tendit la main à sa fille :

— J'aurais voulu ne pas t'attrister, dit-il, mais c'est plus fort que moi ; je ne peux pas ne pas penser à cette mort sans une sorte d'anéantissement, comme je ne peux pas me voir condamné à rester ici sans révolte ; et pourtant, tu sais si je suis un révolté. Depuis vingt ans j'ai terriblement souffert de la pauvreté, mais jamais à coup sûr autant qu'en cette soirée, en t'entendant parler de ton mariage, comme tu l'as fait tout à l'heure, et maintenant en restant là impuissant... Ah ! ma chère enfant, qu'on est malheureux, humilié dans sa dignité, atteint au plus profond de sa tendresse de ne pouvoir rien pour ceux qu'on aime ! Et c'est là mon cas : à la même heure je te vois prête à te jeter dans le mariage comme dans le suicide parce que, misérables que nous sommes, tu désespères de l'avenir ; et d'autre part je ne peux pas davantage donner à mon frère un dernier témoignage d'affection. Ah ! misère, que tu es dure à ceux que tu accables !

Il s'arrêta, et, attirant sa fille, il l'embrassa :

— Comprends-tu qu'il n'y a rien à me dire, et que, si mes yeux sont attristés, ce n'est pas ma faute ?

Un bruit de voix se fit entendre dans la salle.

— Va recevoir tes invités, dit-il, moi je monte m'habiller.

IV

Il avait rapidement grimpé les marches raides de l'escalier afin de revenir au plus vite, mais sa toilette lui prit plus de temps qu'il n'aurait voulu, car lorsqu'il essaya de boutonner sa chemise la nacre usée par les blanchissages s'émietta dans ses doigts, et il dut coudre un nouveau bouton : quand sa femme et sa fille s'occupaient à recevoir leurs invités, il n'allait pas appeler l'une ou l'autre à son secours. D'ailleurs, avec son vieux linge il était habitué à ce que pareil accident lui arrivât ; et dans cette petite pièce encombrée de malles, de caisses, de cartons, qui lui servait de cabinet de toilette, il savait où trouver des aiguilles et du fil.

En redescendant, comme il passait devant un petit appentis dont Anie avait fait son atelier en l'ornant avec quelques morceaux de peluche et de soie, il vit sa fille devant le tableau qu'elle venait d'achever, ayant près d'elle un petit homme jeune encore, mais chauve et à lunettes, qu'il reconnut pour René Florent, le rédacteur en chef de la *Butte*. Depuis quinze jours on parlait de cette visite du journaliste. Viendrait-il ? ne viendrait-il point ? Bien que sa critique fût hargneuse et méprisante, négative avec outrecuidance quand elle n'était pas bassement envieuse ; bien que la *Butte*, petit journal de quartier, ne fût guère lu qu'à Montmartre ou aux Batignolles, pour ses personnalités et ses méchancetés, Anie désirait qu'il parlât de son tableau. Dût-il en dire du mal, ce serait toujours une consécration. Plusieurs fois elle l'avait fait inviter par des amis communs. Toujours il avait promis. Jamais il n'était venu.

Maintenant quelle allait être son impression et son jugement ? Il se redressa, et reculant de deux pas, sans s'être aperçu que le père l'écoutait :

— Vous savez, dit-il, que si vous comptez sur cette petite chosette pour secouer l'indifférence du public et frapper un coup, il faudra en rabattre et déchanter. C'est propret, ce n'est même que trop propret, mais il faut autre chose que ça pour s'imposer.

Comme elle n'avait pas pu retenir un mouvement sous cette parole brutale, il la regarda :

— Ça vous blesse, ce que je vous dis là ; on m'a amené ici pour que je vous donne mon avis, je vous le donne. C'est mon rôle, ma raison d'être, la mission dont je suis investi, de décourager les vocations que je ne crois pas assez fortes pour sortir de l'ornière et fournir une marche glorieuse dans un sillon nouveau. Je manquerais à mes devoirs envers moi-même si je ne vous disais pas ce que je pense. Travaillez, travaillez ferme pendant des années et des années encore, si vous en avez le courage ; après nous verrons.

Il était sérieux, s'imaginant de bonne foi que quiconque tenait une brosse ou une plume était son justiciable, par cela seul qu'il lui avait plu de fonder la

Butte, et que ceux dont il ne goûtait point le talent étaient des coupables auxquels il avait le droit d'appliquer toutes les sévérités d'un code pénal qu'il avait édicté à son usage.

A ce moment Anie aperçut son père :

— Tu as entendu ? dit-elle en venant à lui.

— A peu près.

— Excusez ma franchise, dit Florent un peu gêné, il m'est impossible de n'être pas franc, même quand je parle à une femme.

— Cette franchise surprendra d'autant moins mon père, répondit Anie, que je lui disais la même chose que vous il n'y a pas dix minutes.

Quelques personnes s'approchèrent, et Florent n'eût pas à motiver son arrêt, ce qu'il eût fait en l'aggravant par ses considérants.

Dans le salon et dans la salle à manger on entendait un murmure de voix qui disait que les arrivants étaient déjà nombreux ; cependant on n'avait pas encore besoin que le père s'assît au piano, car la danse devait être précédée de quelques morceaux de musique, d'un monologue et d'une scène à deux personnages, qui formaient un programme complet : 1° une petite fille de sept ans, qu'on tenait à faire accepter comme prodige, exécuterait l'*Adieu* de Dussek ; 2° un élève d'un élève du Conservatoire, chez qui la vocation dramatique s'était révélée irrésistible à l'âge de cinquante-trois ans, dirait, en s'abritant sous un parapluie, un monologue qui, à ce qu'il racontait lui même, était d'un comique irrésistible ; 3° enfin un professeur de déclamation, dont les cartes de visite portaient pour qualités : « neveu de M. Michalon, membre de l'Académie des sciences », jouerait avec deux de ses élèves le *Caveau perdu des Burgraves*, non pas que cette scène fût bien en situation dans un salon, mais parce que le neveu du membre de l'Académie des sciences aimait à représenter les grands de ce monde.

Madame Barincq, ayant aperçu son mari, vint à lui vivement, et en quelques mots rapides le pressa de remplir ses devoirs de maître de maison : qu'avait-il fait depuis si longtemps ? à quoi pensait-il ? allait-il lui laisser la charge et le souci de toutes choses ? Il obéit, et alla de groupe en groupe, serrant la main aux nouveaux arrivés, et leur adressant quelques mots de remerciements. Comme il s'efforçait de mettre un masque sur son visage et de ne montrer à tous que des yeux souriants, il crut remarquer qu'on lui répondait avec une sympathie dont la chaleur le surprit.

C'est que déjà madame Barincq avait parlé du grand chagrin qui les menaçait, et que chacun s'était répété son récit arrangé pour la circonstance : son beau-frère venait d'être frappé d'une attaque d'apoplexie dans son château d'Ourteau en Béarn, et la dépêche qu'ils avaient reçue quelques minutes auparavant les laissait dans l'angoisse puisqu'ils ne sauraient que le lendemain matin ce qu'il était advenu de cette attaque ; à la vérité M. Barincq était le seul héritier légitime de son frère qui n'avait jamais été marié ; mais cent mille francs de rente à recueillir n'étaient pas une considération capable d'atténuer son chagrin ; il faudrait donc l'excuser s'il montrait un visage inquiet et ne pas paraître s'en apercevoir Il aimait tendrement son aîné.

Ces quelques mots avaient couru de bouche en bouche et l'on ne parlait que de la chance d'Anie :

— Cent mille francs de rente.

— En Gascogne.

— Mettons cinquante, mettons vingt-cinq seulement, c'est déjà bien joli pour une fille qui en était réduite à s'habiller de papier.

— Si vous saviez…

Celle qui savait, avait, le soir même, sur l'unique jupe en soie blanche de sa fille, épinglé du tulle rose, pour remplacer le tulle violet, indigo, bleu, vert, jaune, orange et rouge, qui, successivement, avait orné cette jupe depuis deux ans, et pendant trois heures la patiente était restée debout sans se plaindre ; aussi parlait-elle éloquemment des artifices de toilette auxquels sont condamnées les mères pauvres qui veulent que leurs filles fassent figure dans le monde. Dieu merci, elle n'en était pas là, mais cela ne l'empêchait pas de compatir aux misères de cette bonne madame de Saint-Christeau.

Cependant le petit prodige qui ne prenait intérêt à rien s'occupait à faire entasser des coussins sur une chaise, afin de se trouver à la hauteur du clavier ; lorsqu'il y en eut assez, on la jucha dessus et l'on vit pendre ses petites jambes torses qui, n'ayant jamais fait d'exercice, étaient restées grêles ; alors elle promena dans le salon un regard qui commandait l'attention ; puis sur un signe de sa mère elle commença et Barincq s'en alla dans le hall remplacer sa femme et recevoir les retardataires.

Parmi eux, ne s'en trouverait-il pas un avec qui il serait assez lié, ou en qui il aurait assez confiance pour lui emprunter les cent francs nécessaires à son voyage ? Ce fut la question qui pendant la grande heure qu'il passa là l'angoissa. Mais quand à la fin il dut revenir dans le salon pour s'asseoir au piano, il n'avait trouvé personne à qui il eût osé adresser sa demande avec chance de la voir accueillie : l'un n'était pas plus riche que lui ; l'autre, s'il pouvait ouvrir son porte-monnaie, ne le voudrait assurément jamais.

Les yeux attachés sur sa fille empressée à donner des vis-à-vis aux danseurs qui n'en avaient pas, il attendait qu'elle lui fît signe de commencer, et le sourire qu'à la fin elle lui adressa le réconforta ; l'accent en était si doux que son cœur se détendit, avec entrain il attaqua le quadrille de la *Mascotte*.

Après ce quadrille ce fut une valse, puis une polka, puis vinrent d'autres quadrilles, d'autres valses, d'autres polkas. Adossé à une fenêtre, il voyait les danseurs s'agiter devant lui, et dans ce tourbillon il n'avait de regards que pour sa fille. Comme elle lui paraissait charmante, souriant à tous de ses grands yeux caressants, le visage animé, les lèvres frémissantes ! c'était merveille que ce sourire, merveille aussi que la légèreté et la grâce de ses manières. Mais par contre comme il trouvait laids, ou gauches, ou mal bâtis, ou maladroits, les danseurs qui l'accompagnaient, quand ils n'étaient pas tout cela à la fois ; et l'un d'eux, peut-être, serait le mari qu'elle accepterait. Il n'y avait en lui aucune jalousie paternelle, et jamais il n'avait éprouvé de douleur à se dire que sa fille le quitterait un jour pour aimer un mari et vivre heureuse auprès d'un homme qui prendrait la place que lui, père, avait jusqu'à ce moment occupée seul. Mais ce mari rêvé ne ressemblait en rien à ceux qui passaient devant lui, car c'était à travers sa fille qu'il l'avait vu et en rapport avec elle, c'est à dire jeune, élégant, droit de caractère, de nature honnête et franche comme celle d'Anie.

Hélas ! combien ceux qu'il examinait ressemblaient peu à ce type !

Et, cependant, elle leur souriait, aimable, gracieuse, leur parlant, les écoutant, paraissant intéressée par ce qu'ils lui disaient. Elle les acceptait donc, les uns comme les autres, indifféremment, celui-ci comme celui-là, n'exigeant d'eux qu'une qualité, celle de mari, et ce mari la façonnerait à son image, lui imposerait ses goûts, ses idées, sa vie.

Si la vue de ces futurs gendres le blessait, leurs paroles, au cas où il eût pu les entendre, l'eussent révolté bien plus encore.

L'histoire du frère se mourant en Béarn avait été acceptée, et si personne n'avait cru au chiffre de cent mille francs de rente, tout le monde avait admis un héritage, changeant du tout au tout la situation d'Anie qui n'était plus celle d'une pauvre fille sans dot, condamnée à traîner la misère toute sa vie, et à ne se marier jamais. Dangereuse quelques instants auparavant, à ce point qu'il n'était pas un jeune homme qui ne se tint avec elle sur la réserve et la défensive, elle était instantanément devenue désirable et épousable ; sa beauté même avait changé de caractère, on ne pensait plus à la contester ou à lui chercher des défauts, c'était éblouissante, irrésistible qu'on la voyait maintenant, la belle fille !

René Florent, le premier, lui avait révélé ce changement comme le prodige achevait son morceau ; il s'était, au milieu du brouhaha soulevé par les applaudissements, approché d'elle, pour lui demander le premier quadrille. Il dansait donc, le critique hargneux ! Surprise, elle avait répondu que ce quadrille était promis. Il avait insisté, il ne pouvait pas rester tard, étant obligé de se montrer dans trois autres maisons encore ce soir-là, et il tenait à danser avec elle ; c'était une manière d'affirmer le cas qu'il faisait de son talent ; cela serait compris de tous ; rien n'est à négliger au début d'une carrière d'artiste.

Bien que Florent ne fût pas d'âge à ne pas danser, c'était la première fois qu'elle le voyait faire une invitation, et cette insistance chez un homme rogue, qui partout pontifiait, avait de quoi la surprendre. Il l'avait à peine quittée, que d'autres danseurs s'étaient empressés autour d'elle ; jamais elle n'avait eu pareil succès ; était-ce donc à l'originalité de sa toilette qu'elle le devait ?

Mais sa conversation avec Florent pendant le quadrille lui montra que sa robe en papier n'était pour rien dans l'amabilité subite du critique.

— Vous avez dû me trouver bien sévère tout à l'heure, dit-il d'un ton gracieux qu'elle ne lui connaissait pas.

— Juste, simplement.

— Je me demande si le besoin de justice qui est en moi ne m'a pas entraîné précisément dans l'injustice ; je n'ai parlé que de ce que j'avais sous les yeux et évidemment il y a en vous autre chose que cela ; cet autre chose, j'aurais dû le dégager.

Ils furent séparés pour un moment.

— Ce qui vous a manqué jusqu'à présent, dit-il lorsqu'il fut revenu à elle, c'est une direction ferme qui vous arrache aux contradictions de vos divers professeurs. Avec cette direction, je suis certain que vous ne tarderez pas à vous faire une belle place ; il y a en vous assez de qualités pour cela.

Comme elle le regardait, surprise :

— C'est sérieusement que je parle, dit-il, sincèrement.

— Où la trouver, cette direction ? demanda-t-elle.

— Qui ne serait heureux de mettre son savoir au service d'une organisation telle que la vôtre ? Ce serait un mariage comme un autre. Au reste, nous en reparlerons si vous le voulez bien.

Le quadrille était fini ; il la ramena à sa place, et la salua avec toutes les marques d'une déférence stupéfiante pour ceux qui la remarquèrent.

Que signifiait ce langage extraordinaire et cette attitude inexplicable chez un homme de ce caractère ? Elle n'avait pas encore trouvé de réponses satisfaisantes, quand son danseur vint la prendre pour la polka qui suivait le quadrille.

Celui-là appartenait à un genre opposé à celui de Florent ; aussi aimable, aussi insinuant, aussi souriant que le critique était rogue et hargneux. Dans le monde où allait Anie, plus d'une jeune fille aurait bien voulu, et avait même tenté de se faire épouser par lui, mais aucune n'avait persévéré, car toutes avaient vite reconnu que s'il était d'une abondance intarissable tant qu'on restait dans le domaine du sentiment, il devenait instantanément sourd et muet dès qu'on menaçait de glisser dans celui des choses sérieuses : offrir son cœur, tant qu'on voulait, sa main, jamais ; et, si on le poussait, il expliquait franchement qu'on ne peut pas raisonnablement penser au mariage, quand on n'est qu'un petit employé de la ville.

Après quelques tours de polka, il amena Anie dans le hall, et là s'arrêtant :

— Excusez-moi d'être préoccupé ce soir, dit-il, j'ai reçu de mauvaises nouvelles de mes parents.

C'était la première fois qu'il parlait de ses parents, et elle n'avait pas remarqué qu'il fût le moins du monde préoccupé, elle le regarda donc avec un peu d'étonnement.

Il reprit :

— Mon père en est à sa seconde attaque, et ma mère est tombée dans une faiblesse extrême. Je crains de les perdre d'un instant à l'autre. Voulez-vous que nous fassions encore un tour ?

Il dura peu, ce tour, et la conversation recommença au point où elle avait été interrompue :

— Cela amènera de grands changements dans ma vie, car ce n'est pas systématiquement que j'ai, jusqu'à ce moment, refusé de me marier ; comment prendre une femme quand on n'a pas une position digne d'elle à lui offrir ? Sans être riches, mes parents sont à leur aise, et si je les perds, comme tout le fait craindre, je pourrai réaliser un rêve de bonheur que je caresse depuis longtemps.

Et, la ramenant dans le salon, il ajouta :

— Ils avaient toujours joui d'une bonne santé qu'ils m'ont transmise.

Est-ce que c'était là une esquisse de demande en mariage ? Mais alors les paroles bizarres de René Florent en seraient une autre !

Son père joua l'introduction d'une valse, et le jeune homme à qui elle l'avait promise lui offrit le bras.

C'était la première fois qu'il venait rue de l'Abreuvoir, et ç'avait été un souci pour Mme Barincq et aussi pour Anie de savoir s'il accepterait leur invitation, car on en avait fait un personnage parce qu'il figurait dans le *Tout-Paris* avec la qualité d'homme de lettres et une série de signes qui signifiaient qu'il était officier de l'instruction publique et chevalier de quatre ordres étrangers. En réalité il n'avait jamais publié le moindre volume, et ses croix avaient été gagnées, comme il le disait lui-même en ses jours de modestie, « par relations », c'est-à-dire pour avoir conduit chez des photographes des personnages exotiques en vue qui le remerciaient de sa peine par la décoration de leur pays, tandis que de son côté le photographe lui payait son courtage un louis ou cent francs selon la qualité du sujet.

Lui aussi, après quelques tours de valse dans le salon, amena Anie dans le hall, qui décidément était le lieu des confidences ; et là, s'arrêtant, il lui dit brusquement sans aucune préparation, d'une voix que la valse rendait haletante :

— Est-ce que vous aimez la vie politique, mademoiselle ? Aux prochaines élections j'aurai juste l'âge pour être député, et comme le ministre de l'intérieur, qui est mon cousin, m'a promis l'appui du gouvernement, je suis sûr d'être nommé. Député je deviendrai bien vite ministre. La femme d'un ministre compte dans le monde, et quand elle est belle, intelligente, distinguée, elle tient un rang qu'on envie. Nous continuons, n'est-ce pas ?

Et sans un mot de plus ils retournèrent dans le salon en valsant.

Ce qui tout d'abord était vague et incompréhensible se précisait maintenant, et s'expliquait : on la croyait l'héritière de son oncle, et l'on prenait rang pour épouser cet héritage.

Quand la vérité serait connue, que deviendraient ces prétendants si empressés aujourd'hui ? son mariage, déjà si difficile, n'en serait rendu que plus difficile encore : on ne se remet pas d'une si lourde déception.

V

Jusqu'à minuit Barincq resta au piano, et sans relâche joua avec l'énergie et l'entrain d'un musicien de profession qui cherche à faire ajouter une gratification à son cachet : à l'entendre, on pouvait croire qu'il n'avait pas d'autre souci que le plaisir de ses invités et cela même était relevé avec des commentaires où la sympathie manquait.

— Il fait très bien danser, M. Barincq.

— Avec un brio étonnant...

— Surtout pour la circonstance.

— Madame Barincq m'a dit qu'il aimait tendrement son frère.

— La pensée de l'héritage fait oublier celle du frère.

Cependant, dans les courts instants de repos qui coupaient les danses, son visage s'allongeait, ses lèvres s'abaissaient, et quand Anie le regardait elle lisait dans ses yeux la sombre préoccupation qui, plus d'une fois, lui eût fait oublier son rôle si elle ne le lui avait rappelé en posant simplement sa main sur le piano ; alors il frappait bruyamment quelques mesures comme s'il se réveillait et se remettait à jouer jusqu'à ce qu'un nouveau repos laissât retomber le poids de cette préoccupation sur son cœur.

Et sa pensée était toujours la même : ne trouverait-il pas un moyen pour partir par le train du matin, et parmi ces gens qu'il amusait n'en découvrirait-il pas un à qui il pourrait emprunter le prix de son voyage en Béarn ?

Vers minuit, le petit prodige qui ne dansait pas, mais prenait plaisir à voir danser, s'endormit, et sa mère, l'ayant étendue sur une chaise longue dans l'atelier d'Anie, voulut relayer Barincq au piano ; il eut alors la liberté d'approcher ceux dont il n'avait pu jusqu'à ce moment tâter que de loin la bourse en même temps que la bonne volonté.

Malheureusement, il avait toujours été d'une timidité paralysante pour demander quoi que ce fût, et les conditions dans lesquelles il devait risquer sa tentative la rendaient presque impossible pour lui : parmi ces gens il n'avait pas un ami, et il s'en trouvait même dont il ignorait le nom ; comment s'adresser à eux, leur expliquer ce qu'il désirait, les toucher ?

A la fin, il se décida pour la femme d'un inventeur de papiers pharmaceutiques avec laquelle il se croyait en assez bons termes, pour avoir maintes fois rendu des services au mari à l'*Office cosmopolitain* : riche maintenant, elle avait connu la misère assez durement pour que sa fille en fût réduite pendant dix ans à chanter dans les plus humbles cafés-concerts, et cela, s'imaginait-il, devait la rendre douce aux misères des autres ; d'ailleurs, qu'étaient cent francs pour elle !

Décidé à risquer son aventure avec elle, il la conduisait dans le *hall*, et là, pendant qu'elle dégustait, à petites gorgées, une tasse de chocolat, que Barnabé lui avait servie, avec une hésitation qui étranglait ses paroles, il exposa sa demande.

Mais précisément parce qu'elle connaissait la misère, elle avait acquis un flair d'une rare subtilité pour deviner au premier mot ce qui devait tourner à l'emprunt : comment ! ce prétendu héritier en était réduit à risquer une demande embarrassée quand il pouvait parler haut ? Certainement, il y avait là-dessous quelque chose de louche. A côté de l'héritier légitime il y a bien souvent le légataire choisi. Il convenait donc d'être sur ses gardes.

Il avait à peine parlé de son frère qu'elle l'arrêta.

— Vraiment, c'était héroïque d'avoir la force de faire danser ses amis en un pareil moment. Quel courage ! quelle volonté ! Elle l'avait examiné au piano, et, en voyant ses efforts pour se contenir, elle avait eu les larmes aux yeux. Ce n'était certainement pas elle qui, comme certaines personnes, s'étonnerait qu'on pût s'amuser en des circonstances si cruelles.

Ainsi encouragé, il avait sans trop de circonlocutions abordé la question d'argent ; alors elle avait montré un vrai chagrin : — Quelle malechance de n'avoir que quelque menue monnaie dans sa bourse ! Heureusement cela pouvait se réparer ; s'il voulait bien venir chez elle vers midi, elle se serait alors entendue avec son mari, et ils se feraient un plaisir de mettre à sa disposition toutes les sommes dont il pouvait avoir besoin ; si elle fixait midi, c'est que son mari, souffrant, ne se levait qu'après onze heures et demie.

Comme il avait eu soin de dire qu'il partait à neuf heures du matin, la défaite était assez claire pour qu'il ne pût pas insister ; il avait remercié, et, le chocolat avalé, il l'avait ramenée dans le salon, se demandant à qui, maintenant, s'adresser.

Il tournait et retournait cette question les yeux perdus dans le vague ; quand Barnabé, qui circulait de groupe en groupe son plateau à la main, lui fit un signe pour le prier de venir dans la cuisine ; il le suivit.

L'embarras de Barnabé était si manifeste, qu'il craignit quelque accident.

— Qu'est-ce qui vous manque ? Avez-vous cassé quelque chose ?

— La grande carafe, mais ce n'est pas de ça qu'il s'agit.

— Alors ?

— Voilà la chose : par ce que j'ai entendu, sans écouter, il paraîtrait que vous êtes dans les arias pour votre voyage. Si ce n'est que ça, je peux mettre demain matin deux cents francs à votre disposition, et avec plaisir, monsieur Barincq, croyez-le ; quand tout le monde sera parti, j'irai les chercher et vous les apporterai.

Les larmes lui montèrent aux yeux ; avant qu'il eût dominé son émotion, Barnabé s'était sauvé son plateau à la main.

Quand il reprit sa place au piano, ceux des invités qui s'étaient étonnés qu'il pût si bien les faire danser se dirent que, décidément, la joie d'hériter était scandaleuse : on pleure son frère, que diable ! ou tout au moins les convenances exigent qu'on ne se réjouisse pas publiquement de sa mort.

Maintenant il n'avait plus qu'un souci : faire sa valise à temps pour ne pas manquer le train de neuf heures, car il ne pouvait pas compter sur sa femme qui, morte de fatigue quand les derniers danseurs partiraient au soleil levant, n'aurait plus de forces que pour se mettre au lit.

Vers trois heures du matin on voulut bien encore le remplacer, et il monta à son cabinet où, après avoir retiré habit et gilet, il atteignit une vieille valise en cuir, qui ne lui avait pas servi depuis quinze ans. En quel état allait-il la trouver ? Elle était bien poussiéreuse, durcie, une courroie manquait, la clef était perdue ; mais enfin elle pouvait encore aller tant bien que mal.

Comme il ne devait rester à Ourteau que le temps strictement nécessaire à l'enterrement de son frère, il ne lui fallait que peu de linge ; une chemise, des mouchoirs, une cravate blanche ; mais il lui fut difficile de trouver une chemise à peu près mettable, et encore dut-il recoudre tous les boutons de celle sur laquelle son choix s'arrêta. Heureusement son habit, son gilet et son pantalon avaient été réparés en vue de la soirée, ils seraient décents pour conduire le deuil : il n'entrerait point en misérable dans la vieille église où, en son enfance, il occupait près de son père et de son frère la place d'honneur, et n'aurait point à rougir de sa pauvreté sous les regards curieux de ses amis de jeunesse.

C'est dans le monde où les bals se suivent et s'enchaînent qu'on arrive tard et qu'on part tôt ; dans celui où les occasions de s'amuser ne reviennent pas tous les soirs, on profite gloutonnement de celles qui se présentent, on arrive de bonne heure et l'on ne s'en va plus. Il en fut ainsi pour les invités de madame Barincq ; quand le soleil se leva ils dansaient encore ; il fallut pour les chasser le froid et la dure lumière du matin qui ne respecte rien ; d'ailleurs, la faim se faisait sentir plus encore que la fatigue, et depuis deux heures Barnabé, qui avait vidé les bouteilles et les soupières, gratté l'os du jambon, raclé l'assiette au beurre, n'offrait plus que du sirop de groseille noyé d'eau, ce qui était tout à fait insuffisant.

Enfin, à six heures le hall fut vide et le père, la mère et la fille se trouvèrent seuls en face l'un de l'autre, tandis que dans la cuisine Barnabé se préparait à partir.

— Allons nous coucher, dit madame Barincq, nous avons bien gagné quelques heures de bon sommeil.

Barnabé s'approcha de Barincq :

— Je reviens dans un quart d'heure, dit-il discrètement, le temps d'aller et de revenir.

Mais, bien qu'il eût parlé à mi-voix, madame Barincq l'avait entendu.

— Pourquoi Barnabé veut-il revenir ? demanda-t-elle à son mari.

Il eût préféré que cette question ne lui fût pas adressée, mais il ne pouvait pas ne pas y répondre ; Il dit donc ce qui s'était passé, sa demande, le refus qui l'avait accueillie, l'invention de Barnabé.

Madame Barincq leva au ciel ses mains tremblantes d'indignation.

— Emprunter à un domestique ! s'écria-t-elle, il ne manquait plus que ça.

— Barnabé s'est conduit en ami, dit Anie en tâchant d'intervenir.

— Ne vas-tu pas défendre ton père ? s'écria madame Barincq ; tu ferais bien mieux de lui demander comment il compte rendre cet argent.

Sans attendre que cet appel à l'intervention de sa fille eût produit un effet, elle se tourna vers son mari :

— Et quand veux-tu partir ? demanda-t-elle.

— A 9 heures 30.

— Ce matin ?

— Je n'ai que juste le temps pour arriver demain à l'heure de l'enterrement.

— Et tu nous laisses au milieu de ce désordre, sans personne pour nous aider ? comment allons-nous nous en tirer ? je suis morte de fatigue.

— Pour cela, maman, ne t'inquiète pas, dit Anie, je n'irai pas à l'atelier aujourd'hui et avant ce soir tout sera mis en état.

— Si tu prends le parti de ton père, je n'ai plus rien à dire. Adieu.

Sans un mot de plus elle quitta le hall pour monter au premier étage.

— N'emportes-tu rien ? demanda Anie lorsqu'elle fut seule avec son père.

— J'ai fait ma valise cette nuit et l'ai descendue je vais mettre mon habit dedans et serai prêt à partir.

— Sans déjeuner ?

— Barnabé m'a dit qu'il ne restait rien.

— Je vais te faire du café ; pendant ce temps, la porteuse de pain arrivera.

Comme elle se dirigeait vers la cuisine, il l'arrêta :

— Tu ne vas pas allumer le feu, habillée comme tu l'es ?

— Ma robe n'a plus grand'chose à craindre, dit-elle en se regardant.

En effet, elle était en lambeaux, déchirée aux entournures et surtout à la taille par les doigts gros des danseurs.

— Elle a le feu à craindre, dit-il.

— Eh bien, je me déshabille et reviens tout de suite.

— Tu ferais mieux de te coucher.

— Crois-tu que je sois fatiguée pour une nuit passée à danser ? A mon âge, cela serait honteux.

Quand elle redescendit, elle trouva son père, qui avait revêtu ses vêtements de tous les jours, en train de boucler sa valise. Vivement elle alluma un feu de braise et mit dessus une bouillotte d'eau ; puis elle ouvrit la porte du jardin.

— Où vas-tu ? demanda-t-il.

— J'ai mon idée.

Elle revint presque aussitôt, tenant d'un air triomphant un œuf dans chaque main.

— Il me semblait bien avoir entendu les poules chanter, dit-elle ; au moins tu ne partiras pas à jeun ; deux œufs frais, une bonne tasse de café, te remettront un peu des fatigues de cette nuit, d'autant plus dures pour toi qu'elles s'ajoutaient à ton chagrin. Pauvre père, je t'assure que je t'ai plaint de tout mon cœur, et que plus d'une fois je me suis reproché le supplice que je t'imposais en te faisant jouer ces airs de danse qui exaspéraient ta douleur.

— Au moins t'es-tu amusée ?

— Je devrais te dire oui, mais cela ne serait pas vrai.

— Tu as éprouvé quelque déception ?

Elle hésita un moment, non parce qu'elle ne comprenait pas à quelle déception son père faisait allusion, mais parce qu'elle avait une certaine honte à répondre.

— J'ai été demandée en mariage plus de dix fois depuis hier soir, dit-elle enfin avec un demi-sourire.

— Eh bien ?

— Eh bien, sais-tu à qui ces demandes s'adressaient ?

— A toi, bien sûr.

— A moi ta fille, non ; à moi l'héritière de mon oncle, oui ; sur une parole de maman, mal entendue ou mal comprise, on s'est imaginé que la fortune de mon oncle allait nous revenir, et chacun a voulu prendre rang.

— Et si ce qu'on s'est imaginé se réalisait ?

— As-tu des raisons pour le croire ?

— Le croire, non ; l'espérer, oui : car je ne peux pas admettre que Gaston, malgré notre rupture, ne t'ait rien laissé par son testament, toi, sa nièce, contre qui il n'avait aucun grief.

— Mais s'il n'a pas fait de testament ?

— Alors ce ne serait pas une part quelconque de sa fortune qui te reviendrait, ce serait de cette fortune entière que nous hériterions.

Que cela soit, je te promets que je n'épouserai aucun de mes prétendants de cette nuit : les vilains bonshommes, hypocrites et plats.

VI

En entrant dans la gare d'Orléans, après une course d'une heure et demie faite à pied, sa petite valise à la main, il vit le rapide de Bordeaux partir devant lui.

Autrefois, quand de Paris il retournait au pays natal, c'était ce train qu'il prenait toujours ; une voiture l'attendait à la gare de Puyoo, et de là le portait rapidement à Ourteau où il arrivait assez à temps encore pour passer une bonne nuit dans son lit.

Maintenant au lieu du rapide, l'omnibus ; au lieu d'un confortable compartiment de première, les planches d'un wagon de troisième ; au lieu d'une voiture en descendant du train, les jambes.

Son temps heureux avait été celui de la jeunesse, le dur était celui de la vieillesse ; la ruine avait fait ce changement.

Il eût pu lui aussi mener la vie tranquille du gentilhomme campagnard, sans souci dans son château, honoré de ses voisins, cultivant ses terres, élevant ses bêtes, soignant son vin, car il aimait comme son frère les travaux des champs, et même plus que lui, en ce sens au moins qu'à cette disposition se mêlait un besoin d'améliorations qui n'avait jamais tourmenté son aîné, plus homme de tradition que de science et de progrès.

Avec une origine autre que la sienne, il en eût été probablement ainsi, et comme ils n'étaient que deux enfants, ils se fussent trouvés assez riches, la fortune paternelle également partagée entre eux, pour mener cette existence chacun de son côté : l'aîné sur la terre patrimoniale, le jeune dans quelque château voisin. Mais, bien que sa famille fut fixée en Béarn depuis assez longtemps déjà, elle était originaire du pays Basque, et comme telle fidèle aux usages de ce pays où le droit d'aînesse est toujours assez puissant pour qu'on voie communément les puînés ne pas se marier afin que la branche aînée s'enrichisse par l'extinction des autres.

Élevés dans ces principes ils s'étaient habitués à l'idée que l'aîné continuerait le père, avec la fortune du père, dans le château du père, et que le cadet ferait son chemin dans le monde comme il pourrait cela était si naturel pour eux, si légitime, que ni l'un ni l'autre, le dépouillé pas plus que l'avantagé, n'avait pensé à s'en étonner. A la vérité ils savaient qu'une loi, qui est le Code civil prohibe ses arrangements, mais cette loi bonne pour les gens du nord, n'avait aucune valeur dans le pays basque ; et Basques ils étaient, non Normands ou Bourguignons.

D'ailleurs, cette perspective de vie laborieuse n'avait rien pour effrayer le cadet, ou contrarier ses goûts qui dès l'enfance s'étaient affirmés tout différents de ceux de son aîné. Tandis que pour celui-là rien n'existait en dehors des chevaux, de la chasse, de la pêche, lui était capable de travail d'esprit et même de travail manuel ; s'il aimait aussi la chasse et la pêche, elles ne le prenaient pourtant pas tout entier ; il lisait, dessinait, faisait de la musique ; au collège de Pau il couvrait ses livres, ses cahiers et les murailles de bonshommes, à Ourteau pendant les vacances il construisait des mécaniques ou des outils qui par leur ingéniosité émerveillaient son père, son frère, aussi bien que les gens du village qui les voyaient.

N'était-ce pas là l'indice d'une vocation ? Pourquoi n'utiliserait-il pas les dispositions dont la nature l'avait doué ?

A quinze ans pendant les grandes vacances, tout seul, c'est-à-dire sans les conseils d'un homme du métier et en se faisant aider seulement par le maréchal-ferrant du village il avait construit une petite machine à vapeur qui, pour ne pouvoir rendre aucun service pratique n'en était pas moins très ingénieuse et révélait des aptitudes pour la mécanique. Il est vrai qu'elle coûtait vingt ou trente fois plus cher qu'une du même genre construite par un mécanicien de profession ; mais à cela quoi d'étonnant, c'était un apprentissage.

Il est assez rare que l'esprit de recherches et de découvertes se spécialise : inventeur, on l'est pour tout, les petites comme les grandes choses, on l'est spontanément, en quelque sorte sans le vouloir, et cela est vrai surtout quand dès la jeunesse on n'a pas été rigoureusement enfermé dans des études délimitées.

Il en avait été ainsi pour lui. Au lieu de le diriger son père l'avait laissé libre ; et puisqu'il paraissait également bien doué pour le dessin, la mécanique, la musique, qu'importait qu'il étudiât ceci plutôt que cela ? Plus tard il choisirait le chemin qui lui plairait le mieux, il n'y avait pas de doute qu'avec des aptitudes comme les siennes, il ne trouvât au bout la fortune et peut-être même la gloire.

Sans études préalables qui l'eussent guidé, sans relations qui l'eussent soutenu, sans camaraderies officielles qui l'eussent poussé, après des années de luttes, de déceptions, d'efforts inutiles, de fièvre, de procès, c'était la ruine qu'il avait trouvée.

Cependant ses débuts avaient été heureux ; pendant ses premières années à Paris, tout ce qu'il avait essayé lui avait réussi, et quelques-unes de ses inventions simplement pratiques, sans aucunes visées à la science, avaient eu assez de vogue pour qu'il pût croire qu'elles lui constitueraient de jolis revenus tant que durerait la validité de ses brevets.

Il n'avait donc qu'à marcher librement et à suivre la voie ouverte : il était bien l'homme que l'enfant annonçait.

C'est ce qu'à sa place un autre eût fait sans doute ; mais il y avait en lui du chercheur, du rêveur, l'argent gagné ne suffisait pas à son ambition, il lui fallait plus et mieux.

A la mort de son père, son frère et lui, fidèles à la tradition, avaient réglé leurs affaires de succession, non d'après la loi française mais d'après l'usage basque, c'est-à-dire en respectant le droit d'aînesse qui supprimait tout partage entre eux de l'héritage paternel : l'aîné avait gardé le château avec toutes les terres patrimoniales, le cadet s'était contenté de l'argent et des valeurs qui se trouvaient dans la succession ; l'aîné prendrait le nom de Saint-Christeau et le transmettrait à ses enfants quand il se marierait ; le cadet se contenterait de celui de Barincq qu'il illustrerait, s'il pouvait. Cela s'était fait d'un parfait accord entre eux, sans un mot de discussion, comme il convenait aux principes dans lesquels ils avaient été élevés, aussi bien qu'à l'affection qui les unissait. Pour l'aîné, il était tout naturel qu'il en fût ainsi. Pour le cadet qui avait des millions dans la tête, quelques centaines de mille francs étaient des quantités négligeables.

Mais ces millions ne s'étaient pas monnayés comme il l'espérait, car à mesure qu'il s'était élevé, les ailes lui avaient poussé ; par le travail, l'appétit scientifique s'était développé, et les petites choses qui avaient pu le passionner à ses débuts lui paraissaient insignifiantes ou méprisables maintenant. C'était plus haut qu'il visait, plus haut qu'il atteindrait, et au lieu de s'enfermer dans le cercle assez étroit où l'ignorance autant que la prudence l'avaient pendant quelques années maintenu, il avait voulu en sortir. Puisqu'il avait réussi alors qu'il était jeune, sans expérience, sans appuis, n'ayant que l'audace de l'ignorance, pourquoi ne réussirait-il pas encore, alors qu'on le connaissait, et que par le travail il avait acquis ce qui tout d'abord lui manquait ?

A son grand étonnement, il n'avait pas tardé à reconnaître l'inanité de ces illusions.

D'où venait-il donc, celui-là qui ne sortant d'aucune école se figurait qu'on allait l'écouter tout simplement par sympathie et parce qu'il avait la prétention de dire des choses intéressantes ? Tenait-il au monde officiel ? De qui était-il le camarade ? Qui le recommandait ? Il avait gagné de l'argent avec des niaiseries ; la belle affaire, en vérité !

Mais elles portaient témoignage contre lui, ces niaiseries, et plus elles lui avaient été productives, plus elles criaient fort contre son ambition. Pourquoi voulait-il qu'on comptât avec lui, quand lui-même ne comptait que par l'argent gagné ? Il voulait sortir du rang ; on l'y ferait rentrer.

Autant la montée avait été douce au départ, quand il marchait au hasard et à l'aventure, autant elle fut rude lorsqu'il eut la prétention de prendre rang parmi les réguliers de la science, qui, s'ils ne lui dirent pas brutalement :

« Vous n'êtes pas des nôtres », le lui firent comprendre de toutes les manières !

Combien de banquettes d'antichambre avait-il frottées dans les ministères ; à combien d'huissiers importants avait-il souri ! combien de garçons de bureau l'avaient rabroué ! et quand, après des mois d'audiences ajournées, on le recevait à la fin, combien de fois ne l'avait-on pas écouté avec des haussements d'épaules, ou renvoyé avec des paroles de pitié : « Mais c'est insensé, ce que vous nous proposez là ! »

A côté des indifférents qui ne daignaient pas l'entendre, il avait aussi rencontré des avisés qui ne lui prêtaient qu'une oreille trop attentive ou des yeux trop clairvoyants ; plus dangereux ceux-là ; et ils le lui avaient bien prouvé en mettant habilement en œuvre ce qu'ils avaient qualifié d'insensé.

Avec les réclamations, les procès, il était descendu dans l'enfer, et désormais sa vie avait été faite d'attentes dans les agences, de visites chez les avoués, les agréés, les huissiers ; de conférences avec les avocats, de comparutions chez les experts, de fièvres, d'exaspérations, d'anéantissements aux audiences à Paris, en province, partout où on l'avait traîné.

VII

A son arrivée à Paris, tout occupé de l'invention d'une bouée lumineuse, il avait été consulter un chimiste dont les livres qu'il avait longuement travaillés lui inspiraient confiance, et dont le nom faisait autorité dans la science, François Sauval ; et pendant assez longtemps il avait poursuivi, sous la direction de celui-ci, une série d'expériences sur les matières à employer pour la production de l'éclairage dans l'eau. De là étaient nées des relations entre eux, bienveillantes chez le maître, très attentif à séduire la jeunesse, respectueuses chez l'élève, et quand il avait un conseil à demander ou un doute à éclaircir, c'était toujours à Sauval qu'il s'adressait.

Sauval était chimiste parce que son grand-père ainsi que son père l'avaient été, et parce qu'avec son sens juste de la vie il avait, tout jeune, compris les avantages qu'il y avait pour lui à profiter du nom et de l'autorité qu'ils s'étaient acquis dans le monde scientifique, et à se mettre en état d'hériter des positions officielles qu'ils avaient successivement occupées ; mais, plus que chimiste encore, plus que savant, il était, bien qu'il s'en défendît, un homme d'affaires incomparable, devant qui l'agréé le plus fin, l'avoué le plus retors n'étaient que des écoliers.

En écoutant d'une oreille complaisante les projets et les rêveries de Barincq, il avait sagement douché son ambition d'une main impitoyable, et, avec l'expérience que lui donnaient son autorité et sa situation, il lui avait prouvé qu'il ne devait pas chercher à sortir de l'ordre de recherches dans lequel il avait eu la chance de réussir.

— Tenez-vous-en à l'industrie, ne cessait-il de lui répéter ; gagnez de l'argent, et, puisque vous n'avez pas pris dès le départ le chemin qui conduit au mandarinat scientifique, laissez la science aux mandarins. Ah ! si j'étais à votre place, et si j'avais vos aptitudes pour les affaires, quelle fortune je ferais !

« Faire fortune, gagner de l'argent », était le refrain de sa conversation ; et, s'il est vrai que le mot qui revient le plus souvent sur nos lèvres soit celui qui donne la clé de notre nature, on pouvait conclure en l'écoutant qu'il était un homme d'argent. Cela surtout, avant tout et par-dessus tout, avec un but aussi généreux que touchant, qui était de donner à chacune de ses cinq filles un million en la mariant. Le type du savant, gauche, simple, maladroit, timide ou rébarbatif, qui ne sort pas de son laboratoire, ignore le monde, ne voit dans l'argent qu'un métal ductile et malléable qui fond vers 1000°, et peut se combiner avec l'oxygène, n'était nullement celui de Sauval qui, au contraire, représentait mieux que tout autre le savant aimable, élégant, homme du monde autant qu'homme d'affaires, assez prudent pour ne pas se laisser exploiter par les industriels, et assez habile pour les exploiter lui-même par

- 42 -

des procédés perfectionnés qui en exprimaient jusqu'à la dernière goutte la substance utilisable.

Toutes les positions officielles que l'État peut donner, Sauval les avait successivement occupées ou les occupait encore, à l'Institut agronomique, au Conservatoire, aux Gobelins, au Muséum, à l'École centrale, à la préfecture de la Seine, à la préfecture de police ; de plus il était le directeur-conseil de nombreuses fabriques de produits chimiques ou pharmaceutiques qui payaient de cette façon son influence ; mais, comme tout cela, si important qu'en fût le total cumulé, n'était point encore assez gros pour son appétit, et ne pouvait pas lui gagner les millions qu'il voulait, il les demandait à l'industrie en prenant des brevets dans les branches de la chimie où il y a de l'argent à gagner, celle des engrais et celle des matières colorantes.

Ces brevets, il ne les exploitait pas lui-même, retenu par sa situation, mais il les cédait à des commerçants, à des spéculateurs que cette situation précisément éblouissait, et qui se laissaient entraîner par l'espoir de produire avec rien quelque chose de valeur, tout comme les dupes des anciens alchimistes espéraient obtenir la transmutation des métaux. Comment n'eussent-ils pas subi le prestige de son nom qu'il savait très habilement faire tambouriner par les journaux ! Ce n'était pas avec un pauvre diable d'inventeur qu'ils traitaient, mais avec un savant dont les titres occupaient une longue suite de lignes dans les annuaires ; ce n'était pas dans un galetas que les signatures s'échangeaient, mais dans une noble maison donnée par l'État, sur la cour de laquelle s'ouvraient les portes d'écuries habitées par quatre chevaux, et de remises abritant trois voitures élégantes dignes du mondain le plus correct.

En conseillant à Barincq de gagner de l'argent, jamais Sauval ne lui avait conseillé d'exploiter un de ses nombreux brevets ; seulement ce qu'il ne disait pas franchement il l'insinuait avec des finesses auxquelles on ne pouvait pas ne pas se laisser prendre. Mais, féru de ses idées en vrai inventeur qu'il était, Barincq avait longtemps résisté à ses avances : pourquoi acheter les découvertes des autres quand on en a soi-même à revendre ; ce n'était pas du manque d'idées qu'il souffrait, mais bien de ne pouvoir pas faire accepter les siennes.

Cependant, à la longue, exaspéré par l'hostilité qu'il rencontrait, découragé par l'indifférence qu'on lui opposait, écrasé par l'injustice, il avait fini par se demander si ces idées que tout le monde repoussait, valaient réellement quelque chose ; si on se les appropriait par d'adroites modifications, n'était-ce pas parce qu'elles manquaient d'une forte empreinte personnelle ? Enfin, s'il ne réussissait en rien maintenant, n'était-ce pas parce qu'il avait épuisé sa veine ? Il y a du joueur dans tout inventeur, et quel joueur ne croit pas à la chance ?

Si la sienne déclinait, celle de Sauval s'affirmait chaque jour davantage, à ce point qu'il ne touchait pas à une chose sans la réussir. Dans ces conditions ne serait-ce pas pousser l'infatuation jusqu'à l'aveuglement que de s'obstiner dans ses luttes stériles au lieu de saisir l'occasion qui s'offrait à lui ?

Bien souvent, Sauval lui parlait d'expériences poursuivies depuis longtemps dans son laboratoire, qui, le jour où elles aboutiraient, seraient pour certaines matières extraites du goudron de houille ce que la découverte de Lightfoot avait été pour le noir d'aniline. Un jour, en venant consulter Sauval, il aperçut exposées en belle place des bandes de calicot teintes en rouge, en ponceau, en jaune, en bleu, en violet.

— Je vois que ces échantillons vous intéressent, dit Sauval qui avait suivi ses regards ; ils vous intéresseront encore bien davantage quand vous saurez que ces couleurs qui ont subi l'opération du vaporisage sont pour quelques-unes aussi indestructibles que le noir d'aniline.

Sans être chimiste de profession, et sans avoir étudié spécialement la chimie des matières colorantes, Barincq savait cependant qu'on ne possédait encore que le noir d'aniline qui fût indestructible, et que les autres couleurs qu'on essayait d'extraire de la houille ne présentaient aucune solidité. En disant que la teinture de ces bandes de calicot était aussi indestructible que celle du noir d'aniline, Sauval annonçait donc une découverte considérable, qui allait produire une révolution dans l'industrie des étoffes et apporter à son inventeur une fortune énorme.

— Croyez-vous que vous n'auriez pas mieux fait, mon pauvre Barincq, de suivre cette voie pratique que je vous ouvrais, dit Sauval, que celle qui vous a mené dans le bagne où vous vous débattez ? Ah ! si au lieu d'être un savant, fils et petit-fils de savant, j'étais un industriel, si, au lieu d'être enchaîné par ma situation, j'étais libre, quelle fortune je ferais ! Tandis que je vais me laisser rouler, et finalement dépouiller par des coquins qui se moqueront de moi. Que n'ai-je un gendre dans l'industrie ! Il y a des moments où, pensant à l'avenir de mes filles, je me demande si je ne manque pas à mes devoirs de père en ne me démettant pas de toutes mes fonctions pour exploiter moi-même mes brevets.

Ainsi engagé, l'entretien était vite arrivé à une proposition pratique.

Au lieu de se démettre de ses fonctions, Sauval cédait ses brevets à Barincq, qui avait à ses yeux le grand mérite de n'être point un commerçant de profession, c'est-à-dire un exploiteur et lui inspirait toute confiance ; par ce moyen, il assurait la fortune de ses filles, et, d'autre part, il faisait celle d'un brave garçon pour qui il avait autant de sympathie que d'estime. Cette cession il la consentait aux conditions les plus douces : quatre cent mille francs pour le prix des brevets, et en plus, pendant leur durée, une redevance de dix pour cent sur le montant brut de toutes les ventes des produits fabriqués ; comme ce qu'on vendrait cent cinquante ou deux cents francs le kilogramme ne coûterait pas plus de trois ou quatre francs à fabriquer, il était facile dès maintenant de calculer les bénéfices.

Barincq ne pouvait pas ne pas se laisser éblouir par une affaire ainsi présentée, pas plus qu'il ne pouvait pas ne pas se laisser toucher au cœur par l'amitié dont son maître lui donnait une si grande preuve ; enfin, découragé par ses déboires, il ne pouvait pas non plus ne pas reconnaître que ce serait folie de s'obstiner dans ses rêves creux, au lieu d'accepter ces propositions généreuses.

Il est vrai que pour les accepter il fallait pouvoir exécuter les conditions sous lesquelles elles étaient faites, et ce n'était pas son cas : de son père, il avait reçu environ deux cent mille francs et c'était son seul capital, car les grosses sommes que ses inventions lui avaient rapportées jusqu'à ce jour avaient été dévorées par ses expériences ou englouties dans ses procès : comment, avec ces deux cent mille francs, payer les brevets et faire les fonds pour établir une usine de fabrication ?

Ce qui était une difficulté, une impossibilité pour lui, n'était rien pour Sauval. Des spéculateurs trouvés par lui achetèrent les brevets de Barincq, bon marché, il est vrai, trop bon marché, beaucoup au-dessous de leur valeur réelle, c'était lui-même qui le disait, mais ils payeraient comptant, ce qui était à considérer. En même temps il le marierait à une orpheline qui apporterait une dot de quatre cent mille francs en argent. De plus, il lui ferait vendre dans les conditions les plus favorables une fabrique de matières colorantes établie depuis longtemps, de telle sorte que tout en organisant la fabrication des produits créés par ses procédés, on continuerait celle des anciens qui ne seraient pas remplacés par les nouveaux ; il donnerait son concours à cette fabrication, et, pour l'en payer, sa redevance de dix pour cent s'étendrait à toutes les ventes que ferait l'usine. Enfin il obtiendrait d'une fabrique de produits chimiques, dans laquelle il était intéressé, un marché par lequel cette fabrique s'engagerait à livrer, pendant dix ans, à un prix très au-dessous du cours, toutes les matières nécessaires à la production des nouvelles couleurs.

C'était le propre de Sauval de mener rondement tout ce qu'il entreprenait ; ce qui tenait, disait-il, à ce que, n'entendant rien aux affaires, il ne se noyait pas dans les détails. En trois mois les brevets de Barincq furent vendus, ses procès abandonnés, son mariage fut fait, l'usine fut achetée et l'on se trouva en état de marcher ; l'industrie de la teinture, chauffée par les articles des journaux que Sauval inspirait quand il ne les dictait pas, était dans l'attente de la révolution annoncée.

On marcha, en effet, mais, chose extraordinaire, les expériences si concluantes, si admirables dans le laboratoire de Sauval, ne donnèrent pas industriellement les résultats attendus : si les rouges présentaient une certaine solidité bien éloignée cependant de l'indestructibilité du noir d'aniline, les autres couleurs étaient d'une extrême fugacité.

Cette chute terrible n'avait pas écrasé Sauval, et même elle ne l'avait nullement ébranlé ; à l'émoi de Barincq il s'était contenté de répondre qu'il fallait rester calme parce qu'il voyait clair. Cette déception n'était rien. Il allait se mettre au travail comme il le devait, puisqu'il s'était engagé à faire profiter la fabrique de tous les développements et de toutes les améliorations que ses brevets pouvaient recevoir de ses recherches scientifiques, et avant peu ce léger accroc serait réparé. Il voyait clair. En attendant il n'y avait qu'à continuer la fabrication des anciens produits. Cela sauvait la situation et démontrait combien il avait été sage de faire acheter cette vieille usine au lieu d'en créer une nouvelle qui n'eût pas eu de clientèle.

Ce qu'il avait été surtout, c'était avisé pour ses intérêts, puisque, sur la vente des produits fabriqués d'après les anciens procédés, il touchait sa redevance : un peu de patience, ce n'était plus maintenant qu'une affaire de temps ; le succès était certain ; encore quelques jours, encore un seul.

Le temps avait marché sans que les couleurs qui devaient bouleverser l'industrie devinssent plus solides ; on vendait du rouge ; personne n'achetait du ponceau, du bleu, du vert, du jaune ; et, pendant que les perfectionnements annoncés se faisaient attendre, la fabrique de produits chimiques exécutant son marché continuait à livrer chaque jour les matières nécessaires à la fabrication des nouvelles couleurs… qu'on ne fabriquait pas, par cette raison qu'on ne trouvait pas à les vendre.

La foi que le maître avait inspirée à l'élève s'était ébranlée : à payer la redevance de dix pour cent, le plus clair des bénéfices réalisés sur la fabrication par les anciens procédés s'en allait dans la caisse de Sauval, et prendre chaque jour livraison de dix mille kilogrammes de produits chimiques qu'il fallait revendre à perte, ou même jeter à l'égout quand on ne trouvait pas à les vendre, conduisait à une ruine aussi certaine que rapide.

Cependant Sauval, qui continuait à rester calme dans son stoïcisme scientifique, et à voir très clair, poursuivait ses recherches en répétant son même mot :

— Patience ! encore un jour.

Ce jour écoulé, il en prenait un autre, puis un autre encore.

En réponse à ces demandes du maître, l'élève en avait formulé deux à son tour : ne plus payer la redevance ; résilier le marché de la fourniture des produits chimiques. Mais le maître n'avait rien voulu entendre : puisqu'il donnait son temps et sa science, la redevance lui était due ; puisqu'un marché avait été conclu, il devait être exécuté ; s'il ne connaissait rien aux affaires commerciales, il savait cependant, comme tout galant homme, qu'on ne revient pas sur un engagement pris.

C'était beaucoup pour échapper aux procès, dont il avait l'horreur, que Barincq avait accepté les propositions de Sauval, qui semblaient devoir lui offrir une sécurité absolue ; cependant devant ce double refus il avait fallu se résoudre à plaider de nouveau ; une fille lui était née, il ne pouvait pas la laisser ruiner, pas plus qu'il ne devait laisser dévorer la fortune de sa femme déjà gravement compromise. Il avait donc demandé aux tribunaux la nomination d'experts qui auraient à examiner si les procédés de Sauval étaient susceptibles d'une application industrielle ; à constater que si dans le laboratoire ils donnaient des résultats superbes, dans la pratique ils n'en donnaient d'aucune sorte ; enfin à reconnaître qu'ils ne reposaient pas sur une base sérieuse et que ce qu'il avait vendu était le néant même.

Quelle stupéfaction, quelle indignation pour Sauval !

Il croyait bien pourtant s'être entouré de toutes les précautions en ne traitant pas avec un de ces commerçants de profession qui n'achètent une découverte que pour dépouiller son inventeur ; mais voilà le terrible, c'est que l'esprit commercial est contagieux, et qu'aussitôt qu'on touche aux affaires on devient un homme d'affaires.

Sans doute il ferait facilement le sacrifice des bénéfices qui étaient le fruit de son travail, et sur ce point il était prêt à toutes les concessions ; mais il y en avait un que sa position ne lui permettait pas de mettre en discussion : c'était de subir le contrôle d'experts qui dans la science ne pouvaient pas être ses pairs.

Il fallait donc qu'il se défendît et n'acceptât pas qu'en sa personne le savant fût une fois de plus exploité par le commerçant.

L'affaire s'était traînée de juridiction en juridiction, et, pendant que les clercs grossoyaient des monceaux de papier timbré en expliquant longuement la technique des matières colorantes à deux francs le rôle ; pendant que les avocats plaidaient et refaisaient chacun à son point de vue l'histoire de la chimie ; pendant que les juges écoutaient, somnolaient ou jugeaient, la situation commerciale, de Barincq sombrait, s'enfonçant chaque jour un peu plus. Il lui aurait fallu des capitaux pour faire marcher sa maison en même temps que pour continuer ses procès, et il ne se soutenait plus que par des miracles d'énergie appuyés par des sacrifices désespérés.

Alors qu'il pensait faire lui-même sa vie, sans secours d'aucune sorte, au moyen des seules idées qu'il avait en tête, il avait pu abandonner avec indifférence la plus grosse part de son héritage paternel ; aux abois, traqué de tous les côtés, affolé, il revint à Ourteau pour expliquer sa situation à son frère, et lui demander de le sauver en consentant une garantie hypothécaire pour une somme de cent cinquante mille francs. Bien que le mot hypothèque fût un épouvantail pour Gaston, la garantie fut accordée, sinon sans inquiétude, au moins sans marchandages :

— Puisque tu as besoin de moi, cadet, c'est mon devoir de te venir en aide.

Ces cent cinquante mille francs avaient été une goutte d'eau. Six mois après leur versement, c'était du garant que le créancier exigeait par acte d'huissier le paiement de ses intérêts, le garanti étant dans l'impossibilité de se libérer.

Les rapports des deux frères, jusque-là affectueux, s'étaient aigris : un huissier au château, c'était la première fois que pareil scandale se produisait ; la lettre qui l'annonçait avait été dure malgré le parti-pris de modération.

« Tu n'as donc pas pensé que le « parlant à » pourrait être rempli au nom d'un de mes domestiques, ce qui a eu lieu ? »

Pour arranger la situation, Mme Barincq avait voulu venir à Ourteau avec sa fille. Gaston n'était-il pas un oncle à héritage ? Il importait de le ménager.

Au lieu d'aplanir les difficultés, elle les avait exaspérées, en insistant plus qu'il ne convenait sur la générosité que son mari avait montrée lors du partage de la succession paternelle. Comment l'aîné pouvait-il admettre la générosité, quand il était convaincu que son cadet avait simplement accompli son devoir ?

Lorsqu'au bout de huit jours elle avait quitté le château pour rentrer à Paris, la rupture entre les deux frères était irréparable.

Les procès se prolongèrent pendant dix-huit mois encore, au bout desquels un arrêt définitif prononçait la nullité des brevets ; mais il était trop tard. Barincq, épuisé, n'avait plus qu'à abandonner à ses créanciers le peu qu'il lui restait, et s'il échappait à la mise en faillite, c'était grâce à la généreuse intervention de Sauval.

Un ami le recueillit par pitié dans la petite maison de l'Abreuvoir, et le directeur de l'*Office cosmopolitain des inventeurs*, qui avait gagné tant d'argent avec lui, le prenait comme dessinateur aux appointements de deux cents francs par mois.

VIII

A six heures du matin le train déposa Barincq à la gare de Puyoo ; de là à Ourteau, il avait deux lieues à faire à travers champs. Autrefois, une voiture se trouvait toujours à son arrivée, et, par la grande route plus longue de trois ou quatre kilomètres, le conduisait au château ; mais il n'avait pas voulu demander cette voiture par une dépêche, et l'état de sa bourse ne lui permettait pas d'en prendre une à la gare. D'ailleurs, cette course de deux lieues ne l'effrayait pas plus que le chemin de traverse qu'il connaissait bien ; le temps était doux, le soleil venait de se lever dans un ciel serein ; après une nuit passée dans l'immobilité d'un wagon, ce serait une bonne promenade ; sa valise à la main, il se mit en route d'un pas allègre.

Mais il ne continua pas longtemps cette allure, et sur le pont il s'arrêta pour regarder le Gave, grossi par la première fonte des neiges, rouler entre ses rives verdoyantes ses eaux froides qui fumaient par places sous les rayons obliques du soleil levant et pour écouter leur fracas torrentueux. Il venait de quitter les lilas de son jardin à peine bourgeonnants et il trouvait les osiers, les saules, les peupliers en pleine éclosion de feuilles, faisant au Gave une bordure vaporeuse au-dessus de laquelle s'élevaient les tours croulantes du vieux château de Bellocq. Que cela était frais, joli, gracieux, et, pour lui, troublant par l'évocation des souvenirs ! Mais ce qui, tout autant que le bruit des eaux bouillantes, le bleu du ciel, la verdure des arbres, réveilla instantanément en lui les impressions de ses années de jeunesse, ce fut la vue d'un char qui arrivait à l'autre bout du pont : formé d'un tronc de sapin dont l'écorce n'avait même pas été enlevée, il était posé sur quatre roues avec des claies de coudrier pour ridelles ; deux bœufs au pelage bringé, habillés de toile, encapuchonnés d'une résille bleue, le traînaient d'un pas lent, et devant eux marchait leur conducteur, la veste jetée sur l'épaule, une ceinture rouge serrée à la taille, les espadrilles aux pieds, un long aiguillon à la main ; pour s'abriter du soleil il avait tiré en avant son béret qui formait ainsi visière au-dessus de ses yeux brillants dans son visage rasé de frais.

Que de fois avait-il ainsi marché devant ces attelages de bœufs, l'aiguillon à la main, à la grande indignation de son frère qui, n'aimant que la chasse, la pêche et les chevaux, l'accusait d'être un paysan !

Après un bonjour échangé, il se remit en marche, et, au lieu de continuer la grande route, prit le vieux chemin qui montait droit à la colline.

Pour être géographiquement dans le midi et même dans l'extrême midi de la France, il n'en résulte pas que le Béarn soit roussi ou pelé, c'est au contraire le pays du vert, et d'un vert si frais, si intense, qu'en certains endroits on pourrait se croire en Normandie, n'était la chaleur du soleil, le bleu du ciel, la sérénité, la limpidité, la douceur de l'atmosphère ; l'Océan est près, les

Pyrénées sont hautes, et, tandis que la montagne le défend des vents desséchants du sud, la mer lui envoie ses nuages qui, tombant sur une terre forte, y font pousser une vigoureuse végétation ; dans les prairies l'herbe monte jusqu'au ventre du bétail ; sur les collines, dans les *touyas* que les paysans routiniers s'obstinent à conserver en landes, les ajoncs, les bruyères et les fougères dépassent la tête des hommes ; le long des chemins les haies sont épaisses et hautes.

De profondes ornières pleines d'eau coupaient celui qu'il avait pris, mais trop large de moitié, il offrait de chaque côté des tapis herbus qu'on pouvait suivre. De ce gazon, le printemps avait fait un jardin fleuri jusqu'au pied des haies où pâquerettes, primevères et renoncules se mêlaient aux scolopendres et aux tiges rousses de la fougère royale qui, au bord des petites mares et dans les fonds tourbeux, commençait déjà à pousser des jets vigoureux.

Quelle fête pour ses yeux que cette éclosion du printemps, si superbe dans cette humilité de petites plantes mouillées de rosée, et combien le léger parfum que dégageait leur floraison évoquait en lui de souvenirs restés vivants !

Ce fut en égrenant le chapelet de ces souvenirs qu'il continua son chemin jusqu'au haut de la montée. Déjà une fois il l'avait vu aussi fleuri dans une matinée pareille à celle-ci et il lui était resté dans les yeux tel qu'il le retrouvait.

A la suite d'une épidémie on avait licencié le collège, et le train venant de Pau les avait descendus à Puyoo à cette même heure, son frère et lui. Comme on n'était pas prévenu de leur retour, personne ne les attendait à la gare, et, au lieu de louer une voiture, ils s'étaient fait une joie de s'en aller bride abattue à travers champs pour surprendre leur père. Que de changements cependant, tandis que tout restait immuable dans ce coin de campagne, que de tristesses : son père, son frère morts, lui debout encore, mais secoué si violemment que c'était miracle qu'il n'eut pas le premier disparu. Combien à sa place se fussent abandonnés, et certainement il eût cédé aussi à la désespérance s'il n'avait pas lutté pour les siens. Le secours qui lui venait d'eux l'avait jusqu'au bout soutenu : un sourire, une caresse, un mot de sa fille, son regard, la musique de sa voix.

Au haut de la colline il s'arrêta, et, posant sa valise au pied d'un arbre, il s'assit sur le tronc d'un châtaignier qui attendait, couché dans l'herbe, que les chemins fussent assez durcis pour qu'on pût le descendre à la scierie.

De ce point culminant qu'un abatage fait dans les bois avait dénudé, la vue s'étendait libre sur les deux vallées, celle du Gave de Pau qu'il venait de quitter aussi bien que sur celle du Gave d'Oloron où il allait descendre, et au-delà, par-dessus leurs villages, leurs prairies et leurs champs, sur un pays immense, de la chaîne des Pyrénées couronnée de neige aux plaines sombres des Landes qui se perdaient dans l'horizon.

Comme il n'avait pas mis plus d'une heure à la montée et qu'il ne lui faudrait que quarante ou cinquante minutes pour la descente, il pouvait, sans crainte de retard, se donner la satisfaction de rester là un moment à se reposer, en regardant le panorama étalé devant lui.

Tandis que la base des montagnes était encore noyée dans des vapeurs confuses, les sommets neigeux, frappés par le soleil, se découpaient assez nettement pour qu'il pût les reconnaître tous, depuis le pic d'Anie, qui avait donné son nom à sa fille, comme à toutes les aînées de la famille, jusqu'à la Rhune, dont le pied trempe dans la mer à Saint-Jean-de-Luz. En temps ordinaire il se serait amusé à distinguer chaque pic, chaque col, chaque passage, en se rappelant ses excursions et ses chasses ; mais, en ce moment, ce qui le touchait plus que la chaîne des Pyrénées, si pleine de souvenirs et d'émotions qu'elle fût pour lui, c'était le village natal ; aussi, quittant les croupes vertes qui de la montagne s'abaissent vers la plaine, chercha-t-il tout de suite le Gave qui, en un long ruban blanc courant entre la verdure de ses rives, l'amenait à la maison paternelle : isolée au milieu du parc, il la retrouva telle qu'elle s'était si souvent dressée devant lui en ses mauvais jours, quand il pensait à elle instinctivement comme à un refuge, avec ses combles aux ardoises jaunies, ses hautes cheminées et sa longue façade blanche, coupée de chaînes rouges, mais aussi avec un changement qui lui serra le cœur ; au lieu d'apercevoir toutes les persiennes ouvertes, il les vit toutes fermées, faisant à chaque étage des taches grises qui se répétaient d'une façon sinistre. Personne non plus au travail, ni dans les jardins, ni dans le parc, ni devant les écuries, les remises, les étables ; pas de bêtes au pâturage dans les prairies, le long du Gave, ou dans les champs ; certainement la roue de la pêcherie de saumon qui détachait sa grande carcasse noire sur la pâle verdure des saules ne tournait plus ; partout le vide, le silence, et dans la vaste chambre du premier étage, celle où il était né, celle où son père était mort, son frère dormant son dernier sommeil.

Cette évocation qui le lui montrait comme si, par les persiennes ouvertes, il l'eût vu rigide sur son lit, l'étouffa, et tout se brouilla devant ses yeux pleins de larmes.

IX

En entendant huit heures sonner à l'horloge de l'église lorsqu'il arrivait aux premières maisons du village, l'idée lui vint de passer d'abord chez le notaire Rébénacq ; c'était un camarade de collège avec qui il causerait librement. Si Gaston avait fait un testament en faveur de son fils naturel, Rébénacq devait le savoir, et pouvait maintenant sans doute en faire connaître les dispositions.

Le caractère de son frère, porté à la rancune, d'autre part l'affection et les soins qu'il avait toujours eus pour ce jeune homme, tout donnait à croire que ce testament existait, mais enfin ce n'était pas une illusion d'héritier de s'imaginer que, tout en instituant son fils son légataire universel, il avait pu, il avait dû laisser quelque chose à Anie. En réalité, ce n'était point d'une fortune gagnée par son industrie personnelle et que son travail avait faite sienne, que Gaston jouissait et dont il pouvait disposer librement, sans devoir compte de ses intentions à personne, c'était une fortune patrimoniale, acquise par héritage, sur laquelle, par conséquent, ses héritiers naturels avaient certains droits, sinon légaux, au moins moraux. Or, Gaston avait un héritier légitime, qui était son frère, et s'il pouvait déshériter ce frère, ainsi que la loi le lui permettait, les raisons ne manquaient pas pour appuyer sa volonté et même la justifier : rancune, hostilité, persuasion que son legs, s'il en faisait un, serait gaspillé ; mais aucune de ces raisons n'existait pour Anie, qui ne lui avait rien fait, contre laquelle il n'avait pas de griefs, et qui était sa nièce. Dans ces conditions, il semblait donc difficile d'imaginer qu'elle ne figurât pas sur ce testament pour une somme quelconque ; si minime que fût cette somme, ce serait la fortune, et, mieux que la fortune, le moyen d'échapper aux mariages misérables auxquels elle s'était résignée.

Deux minutes après, il s'arrêtait devant les panonceaux rouillés qui, sur la place, servaient d'enseigne au notariat, et dans l'étude où il entrait il trouvait un petit clerc en train de la balayer.

— C'est à M. Rébénacq que vous voulez parler ? dit le gamin.

— Oui, mon garçon.

— Je vas le chercher.

Presque aussitôt le notaire arriva, mais au premier abord il ne reconnut pas son ancien camarade.

— Monsieur...

— Il faut que je me nomme ?

— Toi !

— Changé, paraît-il ?

— Comme tu n'as pas répondu à mes dépêches, je ne t'attendais plus ; car je t'en ai envoyé deux et je t'ai écrit.

— C'est parce que je venais que je ne t'ai pas répondu ; pouvais-tu penser que je laisserais disparaître mon pauvre Gaston sans un dernier adieu ?

— Tu es venu à pied de Puyoo ? dit le notaire sans répondre directement et en regardant la valise posée sur une chaise.

— Une promenade ; les jambes sont toujours bonnes.

— Entrons dans mon cabinet.

Après l'avoir installé dans un vieux fauteuil en merisier, le notaire continua :

— Comment vas-tu ? Et madame Barincq ? Et ta fille ?

— Merci pour elles, nous allons bien. Mais parle-moi de Gaston ; ta dépêche a été un coup de foudre.

— Sa mort en a été un pour nous. C'est il y a deux ans environ que sa santé, jusque-là excellente, commença à se déranger, mais sans qu'il résultât de ces dérangements un état qui présentât rien de grave, au moins pour lui, et pour nous. Il eut plusieurs anthrax qui guérirent naturellement, et pour lesquels il n'appela même pas le médecin, car c'était son système, de traiter, comme il le disait, les maladies par le mépris. Va-t-on s'inquiéter pour un clou ? Cependant, il était moins solide, moins vigoureux, moins actif ; un effort le fatiguait ; il renonça à monter à cheval, et bientôt après il renonça même à sortir en voiture, se contentant de courtes promenades à pied dans les jardins et dans le parc. En même temps son caractère changea, tourna à la mélancolie et s'aigrit ; il devint difficile, inquiet, méfiant. J'appelle ton attention sur ce point parce que nous aurons à y revenir. Un jour, il se plaignit d'une douleur violente dans la jambe et dut garder le lit. Il fallut bien appeler le médecin qui diagnostiqua un abcès interne qu'on traita par des cataplasmes, tout simplement. L'abcès guérit, et Gaston se releva, mais il se rétablit mal ; l'appétit était perdu, le sommeil envolé. Pourtant, peu à peu, le mieux se produisit, la santé parut revenir. Mais ce qui ne revint pas, ce fut l'égalité d'humeur.

— Avait-il des causes particulières de chagrin ?

— Je le pense, et même j'en suis certain, bien qu'il ne m'ait jamais fait de confidences entières, pas plus à moi qu'à personne, d'ailleurs. Il m'honorait de sa confiance pour tout ce qui était affaires, mais pour ses sentiments personnels il a toujours été secret, et en ces derniers temps plus que jamais ; il est vrai qu'un notaire n'est pas un confesseur. Mais nous reviendrons là-dessus ; j'achève ce qui se rapporte à la santé et à la mort. Je t'ai dit que l'état général paraissait s'améliorer, avec le printemps il avait repris goût à la promenade, et chaque jour il sortait, ce qui donnait à espérer que bientôt il reprendrait sa vie d'autrefois ; à son âge cela n'avait rien d'invraisemblable. Les choses en étaient là, lorsqu'avant hier Stanislas, le cocher, se précipite dans ce cabinet et m'annonce que son maître vient de se trouver mal ; qu'il est décoloré, sans mouvement, sans parole ; qu'on ne peut pas le faire revenir. Je cours au château. Tout est inutile. Cependant, j'envoie chercher le médecin, qui ne peut que constater la mort causée par une embolie ; un caillot formé au moment de la poussée des anthrax ou de la formation des abcès de la jambe a été entraîné dans la circulation et a obstrué une artère.

— La mort a été foudroyante ?

— Absolument.

Il s'établit un moment de silence, et le notaire, ému lui-même par son récit, ne fit rien pour distraire la douleur de son ancien camarade, qu'il voyait profonde ; enfin il reprit :

— Je t'ai dit que Gaston s'était montré en ces dernières années triste et sombre ; je dois revenir là-dessus, car ce point est pour toi d'un intérêt capital ; mais, quel que soit mon désir de l'éclaircir, je ne le pourrai pas, attendu que pour beaucoup de choses j'en suis réduit à des hypothèses, et que tous les raisonnements du monde ne valent pas des faits ; or, les faits précis me manquent. Bien que, comme je te l'ai dit, Gaston ne m'ait jamais fait de franches confidences, les causes de son chagrin et de son inquiétude ne sont pas douteuses pour moi : elles provenaient pour une part de votre rupture, pour une autre d'un doute qui a empoisonné sa vie.

— Un doute ?

— Celui qui portait sur la question de savoir s'il était ou n'était pas le père du capitaine Sixte.

— Comment...

— Nous allons arriver au capitaine tout à l'heure ; vidons d'abord ce qui te regarde. Si tu as été affecté de la rupture avec ton frère, lui n'en a pas moins souffert, et peut-être même plus encore que toi, attendu que, tandis que tu étais passif, il était actif ; tu ne pouvais que supporter cette rupture, lui pouvait la faire cesser, n'ayant qu'un mot à dire pour cela, et luttant par conséquent pour savoir s'il le dirait ou ne le dirait pas ; j'ai été le témoin de ces luttes ; je puis t'affirmer qu'il en était très malheureux ; positivement, elles ont été le tourment de ses dernières années.

— Nous nous étions si tendrement aimés.

— Et il t'aimait toujours.

— Comment ne s'est-il pas laissé toucher par mes lettres ?

— C'est qu'à ce moment il payait les intérêts de la somme dont il avait répondu pour toi, et que l'ennui de cette dépense le maintenait dans son état d'exaspération et son ressentiment.

— Pour lui, cette dépense était cependant peu de chose.

— Il faut que tu saches, et je peux le dire maintenant, que précisément, lorsque les échéances des intérêts de la garantie arrivèrent, Gaston venait de perdre une grosse somme dans un cercle à Pau qu'il ne put payer qu'en empruntant. Cela embrouilla ses affaires ; il se trouva gêné. Il le fut bien plus encore quand, par suite du phylloxera d'abord et du mildew ensuite, le produit de ses vignes fut réduit à néant. Un autre à sa place eût sans doute essayé de combattre ces maladies ; lui, ne le voulut pas ; c'étaient des dépenses qu'il prétendait ne pas pouvoir entreprendre, et cela par ta faute, disait-il. La vérité est qu'il ne croyait pas à l'efficacité des remèdes employés ailleurs, et que, par apathie, obstination, il laissait aller les choses ; et, en attendant que le hasard amenât un changement, il rejetait la responsabilité de son inertie sur ceux qui le condamnaient à se croiser les bras. C'est ainsi que toutes ses vignes sont perdues, et que celles qui n'ont point été arrachées, n'ayant reçu aucune façon depuis longtemps, sont devenues des *touyas* où ne poussent que des mauvaises herbes et des broussailles. Vois-tu maintenant la situation et comprends-tu la force de ses griefs ?

— Hélas !

— Comme, malgré tout, il ne pouvait pas, avec ses revenus, rester toujours dans la gêne, il arriva un moment où les économies qu'il faisait quand même lui permirent de rembourser et la somme qu'il avait garantie pour toi et celle qu'il avait empruntée pour payer sa dette de jeu. J'attendais ce moment avec une certaine confiance, espérant que, quand ton souvenir ne serait plus rappelé à ton frère par des échéances, un rapprochement se produirait ; comme il n'aurait plus de griefs contre toi, votre vieille amitié renaîtrait ; et je crois encore qu'il en eût été ainsi, si Gaston, isolé, n'avait pu trouver d'affection que de ton côté et du côté de ta fille ; mais alors, précisément, quelqu'un se plaça entre vous qui empêcha ce retour : ce quelqu'un, c'est le Capitaine Valentin Sixte. Je t'avais dit que j'arriverais à lui, nous y sommes.

— Je t'écoute.

— Le capitaine est-il ou n'est-il pas le fils de ton frère ? c'est la question que je me pose encore, bien que pour tout le monde, à peu près, elle soit résolue dans le sens de l'affirmative ; mais, comme elle ne l'était pas pour Gaston, qui devait avoir cependant sur ce point des clartés qui nous manquent, et des raisons pour croire à sa paternité, tu me permettras de rester dans le doute. D'ailleurs tu en sais peut-être autant que moi là-dessus, puisqu'à la naissance de l'enfant, tu étais dans les meilleurs termes avec ton frère.

— Il ne m'a rien dit alors de mademoiselle Dufourcq ; et plus tard je n'en ai appris que ce que tout le monde disait ; deux ou trois fois j'ai essayé d'en parler à Gaston, qui détourna la conversation comme si elle lui était pénible.

— Elle l'était, en effet, pour lui, par cela même qu'elle le ramenait à un doute qui jusqu'à sa mort l'a tourmenté, et même plus que tourmenté, angoissé, désespéré. C'est il y a trente-et-un ans que Gaston fit la connaissance des demoiselles Dufourcq qui demeuraient à deux kilomètres environ de Peyrehorade au haut de la côte, à l'endroit où la route de Dax arrive sur le plateau. Là se trouvait autrefois une auberge tenue par le père et la mère Dufourcq ; à la mort de leurs parents, les deux filles, qui étaient intelligentes et qui avaient reçu une certaine instruction, eurent le flair de comprendre le parti qu'elles pouvaient tirer de leur héritage en transformant l'auberge en une maison de location pour les malades qui voudraient jouir du climat de Pau, en pleine campagne et non dans une ville. Tu connais l'endroit.

— Je me rappelle même la vieille auberge.

— Tu vois donc que la situation est excellente, avec une étendue de vue superbe ; ce fut ce qui attira les étrangers, et aussi la transformation que ces deux filles avisées firent subir à la vieille auberge, devenue par elles une maison confortable avec bon mobilier, jardins agréables, cuisine excellente, et le reste. De l'une de ces filles, l'aînée, Clotilde, il n'y a rien à dire, c'était une personne qui ne se faisait pas remarquer et ne s'occupait que de sa maison ; de la jeune Léontine il y a beaucoup à dire, au contraire : jolie, coquette, mais jolie d'une beauté à faire sensation, et coquette à ne repousser aucun hommage. Ton frère la connut en allant voir un de ses amis établi chez les sœurs Dufourcq pour soigner sa femme poitrinaire, et il devint amoureux d'elle. Tu penses bien qu'une fille de ce caractère n'allait pas tenir à distance un homme tel que M. de Saint-Christeau. Quelle gloire pour elle de le compter parmi ses soupirants ! Ils s'aimèrent ; tous les deux jours Gaston faisait trente kilomètres pour aller prendre des nouvelles de la femme de son ami. Où cet amour pouvait-il aboutir ? Léontine Dufourcq s'imagina-t-elle qu'elle pouvait devenir un jour la femme de M. de Saint-Christeau ? C'était bien gros pour une fille de sa condition. De son côté Gaston dominé par sa passion promit-il le mariage pour l'emporter sur un jeune Anglais, fort riche et malade qui, habitant la maison, proposait, dit-on, à Léontine de l'épouser ? C'est ce que j'ignore, car je n'ai appris toute cette histoire que par bribes, un peu par celui-ci, un peu par celui-là, c'est-à-dire d'une façon contradictoire. Ce qu'il y a de certain, c'est que Léontine devint enceinte. Pourquoi à ce moment Gaston ne l'épousa-t-il pas ? Probablement parce qu'il désespéra d'obtenir un consentement, qu'il n'aurait même pas osé demander. Vois-tu la fureur de votre père, en apprenant que son aîné voulait épouser la fille d'un aubergiste ?

— Notre père n'aurait jamais donné son consentement ; il aurait plutôt rompu avec Gaston, malgré toute sa tendresse, toute sa faiblesse pour son aîné.

— On n'en vint pas à cette extrémité, et si votre père connut la liaison de son fils avec Léontine, il ne crut certainement qu'à une amourette sans conséquence. D'ailleurs, avant que la grossesse fut apparente, Léontine quitta Peyrehorade pour aller habiter Bordeaux, où elle se cacha ; on dit dans le pays qu'elle était auprès d'une sœur aînée, mariée en Champagne. Chaque semaine Gaston fit le voyage de Bordeaux ; à Royan on les rencontra ensemble. En même temps qu'elle quittait Peyrehorade, le jeune Anglais, qui s'appelait Arthur Burn, partait aussi ; on a raconté qu'on les avait vus, lui et elle, à Bordeaux ; est-ce vrai, est-ce faux ? je l'ignore ; mais tout me paraît croyable avec une femme coquette comme celle-là ; si elle n'épousait pas Gaston qu'elle devait, semblait-il, préférer, elle retrouverait son Anglais ; condamné à une mort prochaine, celui-là était à ménager. Chose extraordinaire, ce ne fut pas le malade qui mourut, ce fut la belle fille, saine et forte : un mois après l'accouchement, elle fut emportée tout d'un coup. L'enfant n'avait pas été reconnu par Gaston qui, sans doute, voulait le légitimer par mariage subséquent quand il le pourrait faire. La tante Clotilde le prit avec elle à Peyrehorade et l'éleva comme son neveu en le disant fils de sa sœur aînée, la Champenoise. Des années s'écoulèrent sur lesquelles je ne sais rien, si ce n'est que Gaston allait voir l'enfant quelquefois chez sa tante, et que, quand le moment arriva de le mettre au collège à Pau, il paya sa pension. Il se montra élève appliqué, studieux, intelligent, et il entra à Saint-Cyr dans les bons numéros. Ce fut en costume de Saint-Cyrien que, pour la première fois, il vint au château où il passa une partie de ses vacances à pêcher, à chasser, à galoper. Pour ceux qui n'avaient pas oublié les amours avec Léontine, ce séjour fut le commencement de la reconnaissance du fils par le père, car pour tout le monde Valentin était bien le fils de Gaston ; personne ne doutait de cette paternité, et moi-même qui, jusque-là, m'étais tenu sur la réserve...

— Avais-tu des raisons pour la justifier ?

— Pas d'autres que celles qui résultaient de la non-reconnaissance par Gaston, mais pour moi celles-là étaient d'un grand poids, car, avec un homme du caractère de ton frère, il me paraissait impossible d'admettre que, croyant ce garçon son fils, il ne lui donnât pas son nom ; s'il ne le faisait pas, c'est qu'il en était empêché ; et, comme il ne dépendait plus de personne, ce ne pouvait être que par un doute basé sur les relations qui avaient existé entre Léontine et Arthur Burn. Quelles avaient été au juste ces relations ? Innocentes ou coupables ? Bien malin qui pouvait le dire après vingt ans, alors que l'un et l'autre avaient emporté leur secret. En tout cas Gaston n'osait pas se prononcer puisqu'il ne reconnaissait pas ce fils, à ses yeux douteux. S'intéresser, s'attacher à lui, cela il le pouvait, et le jeune homme, je dois le dire, justifiait cet intérêt ; mais le reconnaître, lui donner son nom, en faire l'héritier, le continuateur des Saint-Christeau, cela il ne l'osait pas. J'ai vu ses scrupules, ou plutôt je les ai devinés ; j'ai assisté à ses luttes de conscience alors qu'il était partagé entre deux devoirs également puissants sur lui : d'une part, celui qu'il croyait avoir envers ce jeune homme ; d'autre part, celui qui le liait à son nom, et je t'assure qu'elles ont été vives.

— N'a-t-il pas fait des recherches, une enquête ?

— Après vingt ans ! Sur un pareil sujet ! Il est certain cependant qu'il a dû recueillir tous les renseignements qui pouvaient l'éclairer. Mais il est certain aussi qu'ils n'ont pas été assez probants puisque la reconnaissance n'a pas eu lieu. Les choses continuèrent ainsi sans que ma femme et moi nous osions décider qu'elle se ferait ou ne se ferait pas ; penchant tantôt pour la négative, tantôt pour l'affirmative. Valentin, en quittant Saint-Cyr, devint officier de dragons et entra plus tard à l'École de guerre d'où il sortit le troisième. Gaston, fier de lui, avait son nom sans cesse sur les lèvres, et, toutes les fois que Valentin obtenait un congé, il venait le passer au château ; un père n'eût pas été plus tendre pour son fils ; un fils plus affectueux pour son père. Cependant ce fut à ce moment même que j'acquis la certitude que jamais Gaston ne le reconnaîtrait, et voici comment elle se forma dans mon esprit. Tu me trouves sans doute bien décousu, bien incohérent ?

— Je te trouve d'une lucidité parfaite.

— Alors je continue. Un jour Gaston me chargea de lui dresser un modèle de testament qu'il copierait. Si réservé que je dusse être avec un client défiant, qui avait toujours peur qu'on l'amenât à dire ce qu'il voulait tenir secret, je fus cependant obligé de lui adresser quelques questions. Il me répondit évasivement en se tenant dans des généralités, si bien qu'au lieu d'un seul modèle je lui en fis quatre ou cinq, répondant aux divers cas qui, me semblait-il, pouvaient se présenter pour lui. Quatre jours après, il m'apporta son testament dans une enveloppe scellée de cinq cachets et me demanda de le garder.

— Alors, il a fait un testament ?

— Il en a fait un à ce moment ; mais, il y a un mois, il me l'a repris pour le modifier, peut-être même pour le détruire, et je ne sais pas s'il en a fait un autre ; ce qu'il y a de certain, c'est que je ne suis dépositaire d'aucun, de sorte qu'aujourd'hui tu es le seul héritier légitime de ton frère ; ce qui ne veut pas dire, tu dois le comprendre, que tu recueilleras cet héritage.

— Je comprends qu'on peut trouver un testament dans les papiers de Gaston.

— Parfaitement. Cela dit, je remonte à la conviction qui s'est établie en moi que Gaston ne reconnaîtrait pas le capitaine, le jour même où il m'a demandé un modèle de testament. Et cette conviction est, il me semble, basée sur la logique. Tu sais, n'est-ce pas, que l'enfant naturel reconnu n'a pas sur les biens de son père les mêmes droits que l'enfant légitime ? dans l'espèce, le capitaine, fils légitime de Gaston, hérite de la totalité de la fortune de son père, fils naturel reconnu il n'hérite que de la moitié de cette fortune, puisque ce père laisse un frère qui est toi. Pour qu'il recueille cette fortune entière, il faut qu'elle lui soit léguée par testament, et ce testament n'est possible en sa faveur que s'il est un étranger et non un enfant naturel reconnu.

— Je ne savais pas cela du tout.

— N'en sois pas surpris ; quand la loi s'occupe des enfants naturels, adultérins ou incestueux, elle est pleine d'obscurité, de lacunes, de trous ou de traquenards au milieu desquels ceux dont c'est le métier d'interpréter le Code ont souvent bien du mal à se débrouiller. Donc, selon moi, ton frère, faisant son testament, renonçait à reconnaître le capitaine pour son fils.

— Et la conclusion de ton raisonnement était que le désir de laisser toute sa fortune au capitaine le guidait ?

— En effet, la logique conduisait à cette conclusion.

— Soupçonnes-tu les raisons pour lesquelles il t'a repris son testament.

— Elles sont de plusieurs sortes, mais les unes comme les autres ne reposent que sur des hypothèses.

— Puisque tu les as examinées, trouves-tu quelque inconvénient à me les dire ?

— Nullement.

— Tu admets, n'est-ce pas, qu'elles nous intéressent assez pour que je te les demande ?

— Je crois bien.

— Depuis longtemps, j'étais habitué à l'idée que Gaston laisserait sa fortune au capitaine, mais ce que tu viens de m'apprendre me montre que les choses ne sont pas telles que je les imaginais, notamment pour la paternité que je croyais certaine ; les conditions sont donc changées.

— Après avoir été trop loin dans un sens, ne va pas trop vite maintenant dans un sens opposé.

— Je n'irai que jusqu'où tu me diras d'aller. La vie m'a été trop dure pour que je me laisse emballer ; et je puis t'affirmer, avec une entière sincérité, qu'en ce moment même je suis plus profondément ému par le chagrin que me cause la mort de Gaston, que je ne suis troublé par la pensée de son héritage. Certainement je ne suis pas indifférent à cet héritage sur lequel j'ai bien quelques droits, quand ce ne seraient que ceux auxquels j'ai renoncé, mais enfin je suis frère beaucoup plus qu'héritier, fais-moi l'honneur de le croire.

— C'est justement sur ces droits dont tu parles que repose une des hypothèses qui soit présentée, quand je me suis demandé pourquoi Gaston me reprenait son testament. Je puis te dire que depuis votre rupture je ne suis pas resté sans parler de toi avec ton frère. Dans les premières années cela était difficile, je t'ai expliqué pourquoi : colère encore vivante, rancune exaspérée par les embarras d'argent, échéances des sommes à payer. Mais quand tout a été payé, quand le souvenir des embarras d'argent s'est effacé, ton nom n'a plus produit le même effet d'exaspération, j'ai pu le prononcer, ainsi que celui de ta fille, et représenter incidemment, sans appuyer, bien entendu, qu'il serait fâcheux qu'elle ne pût pas se marier, uniquement parce qu'elle n'avait pas de dot.

— Tu as agi en ami, et je t'en remercie de tout cœur.

— En honnête homme, en honnête notaire qui doit éclairer ses clients, même lorsqu'ils ne le lui demandent pas, et les guider dans la bonne voie, vers le vrai et le juste. Or pour moi la justice voulait que vous ne fussiez pas entièrement frustrés d'un héritage sur lequel vous aviez des droits incontestables. Est-ce pour modifier son testament dans ce sens que Gaston me l'a repris ? Cela est possible.

— Évidemment.

— Sans doute ; et j'aime d'autant plus à m'arrêter à cette hypothèse quelle est consolante, et que sa réalisation serait honorable pour la mémoire de ton frère en même temps qu'elle vous serait favorable. Mais il faut bien se dire qu'elle n'est pas la seule. Si ton frère a voulu modifier son testament qui, sous sa première forme, n'était pas en ta faveur, je le crains, et y ajouter de nouvelles dispositions pour te donner, à toi ou à ta fille, ce qu'il vous devait, il peut aussi l'avoir modifié dans un sens tout opposé, comme il peut aussi l'avoir tout simplement supprimé.

— Y a-t-il dans ses relations avec le capitaine quelque chose qui te puisse faire croire à cette suppression ?

— Rien du tout, et même je dois dire que ces relations sont devenues plus suivies qu'elles n'étaient quand Sixte passé capitaine a été nommé officier d'ordonnance du général Harraca qui commande à Bayonne, ce qui lui a permis de venir à Ourteau très souvent ; j'ajoute encore que ce choix a été inspiré par Gaston qui était l'ami du général.

— Alors cette hypothèse de la suppression du testament est peu vraisemblable ?

— Sans doute ; mais cela ne veut pas dire qu'il faille l'écarter radicalement. Je t'ai expliqué que Gaston avait toujours eu des doutes sur sa paternité, ce qui fait que, dans ses rapports avec l'enfant de Léontine Dufourcq, il a varié entre l'affection et la répulsion ; en certains moments, plein de tendresse pour son fils, dans d'autres ne regardant qu'avec horreur ce fils d'Arthur Burn. Qui sait si le jour où il m'a redemandé le testament, il n'était pas dans un de ces moments d'horreur ? Une disposition morale peut aussi bien avoir provoqué cette horreur qu'une découverte décisive par témoignage, lettre ou toute autre information à laquelle il aurait ajouté foi.

— Mais ses relations avec le capitaine ne permettent pas cette supposition, me semble-t-il ?

— Le capitaine n'est pas venu au château depuis que Gaston m'a redemandé son testament ; et, ce jour-là, pendant les quelques minutes que ton frère est resté dans ce cabinet d'où il semblait pressé de sortir, je l'ai trouvé très troublé : tu vois donc qu'il faut admettre cette supposition, si peu sérieuse qu'elle puisse paraître, comme il faut admettre tout, même que le capitaine va nous arriver avec un bon testament en poche.

— J'admets cela très bien.

— En tout cas, nous serons bientôt fixés. Pour plus de sûreté, j'ai fait, à ta requête, apposer les scellés ; nous les lèverons dans trois jours, et alors nous trouverons le testament, s'il y en a un. En attendant, en ta qualité de plus proche parent, tu vas être le maître dans ce château. C'est en ton nom que j'ai tout ordonné, depuis le service à l'église jusqu'au dîner commandé pour recevoir convenablement ceux des invités qui, venant de loin, n'auraient rien trouvé à Ourteau, particulièrement vos parents d'Orthez, de Mauléon et de Saint-Palais qui, certainement, vont arriver d'un moment à l'autre.

— Laisse-moi te remercier encore une fois ; tu as agi dans ces tristes circonstances comme un parent.

— Simplement comme un notaire.

— Il n'y en a plus de ces notaires.

— Aux environs de Paris, on dit cela, peut-être, mais je t'assure que chez nous il s'en trouve qui sont les amis de leurs clients. Puisque ce mot est dit, veux-tu me permettre d'en ajouter un autre ?

Il parut embarrassé.

— Parle donc.

— Le voilà, dit-il en ouvrant un des tiroirs de son bureau, c'est que si pour tenir ton rang tu avais besoin d'une certaine somme, je suis à ta disposition.

— Je te remercie.

— Ne te gêne pas ; cela peut être facilement imputé au compte de la succession.

— Je suis touché de ta proposition, mon cher Rébénacq, mais j'espère n'avoir pas à te mettre à contribution.

— En tout cas, tu ne refuseras pas de prendre une tasse de café au lait avec moi ; après une nuit passée en chemin de fer, tu es venu à pied de Puyoo, pense que la cérémonie se prolongera tard.

La tasse de café acceptée, le notaire voulut que le petit clerc portât la valise de son ancien camarade.

— Si je ne t'accompagne pas, dit-il, c'est que je pense que je serais importun ; l'expérience m'a appris malheureusement qu'à vouloir distraire notre chagrin, le plus souvent on l'exaspère. A bientôt.

X

Un peu après dix heures on vint prévenir Barincq que les invités commençaient à arriver, et il dut descendre au rez-de-chaussée.

Il avait eu le temps de s'habiller, et, quand il entra dans le grand salon, ce n'était plus le dessinateur de l'*Office cosmopolitain* ployé et déprimé par vingt années d'un dur travail ; sa taille s'était redressée, sa tête levée, et, si son visage portait dans l'obliquité des sourcils et l'abaissement des coins de la bouche l'empreinte d'une douleur sincère, cette douleur même l'avait ennobli : plus de soucis immédiats, plus d'inquiétudes agaçantes, mais des préoccupations plus hautes, plus dignes.

C'étaient des parents qui l'attendaient, des cousins du pays basque et du Béarn, les uns de Mauléon et de Saint-Palais portant le nom de Barincq ; les autres les Pédebidou d'Orthez. Autrefois ses camarades d'enfance, ses amis de jeunesse, ils ne l'avaient pas vu depuis vingt-cinq ou trente ans ; mais ils connaissaient l'histoire de sa vie et de ses luttes ; aussi, quand ils avaient appris par les domestiques sa présence au château, n'avaient-ils pas été sans éprouver une certaine inquiétude aussi bien dans leur fierté de personnages considérés que dans leur prudence provinciale de gens intéressés, ce qu'ils étaient tous les uns et les autres.

— Avait-il seulement des souliers aux pieds, le pauvre diable ?

— Et, d'autre part, à quelles demandes d'argent n'allaient-ils pas être exposés ?

Les plaintes si souvent répétées de Gaston pendant ces vingt dernières années n'étaient pas oubliées ; et, en se rappelant comme il avait été exploité par son frère, on s'était invité, réciproquement, à se tenir sur la réserve et la défensive : cousin, on l'était, sans doute ; mais c'est une parenté assez éloignée pour qu'elle ne crée, Dieu merci, ni devoirs ni liens.

Il y eut de la surprise quand on le vit entrer dans le salon les pieds chaussés comme tout le monde et non de bottes éculées de Robert Macaire. A la vérité les volets ne laissaient pénétrer qu'une clarté douteuse, mais celle qui tombait des impostes suffisait cependant pour montrer que son habit n'était pas honteux, et qu'il portait des gants avouables. Alors un changement de sentiments se produisit instantanément ; et toutes les mains se tendirent pour serrer les siennes.

— Comment vas-tu ?

— Et ta femme ?

— N'as-tu pas une fille ?

— Elle s'appelle Anie.

— Alors tu as gardé les traditions de la famille.

— Et le souvenir du pays.

De nouveau, les mains s'étreignirent.

Le revirement fut si complet, qu'après avoir exprimé des regrets pour la brouille survenue entre les deux frères, on en vint à blâmer Gaston qui avait persisté dans sa rancune.

— C'était là une des faiblesses de son caractère, dit l'un des Barincq de Mauléon.

— Les relations de famille doivent reposer sur l'indulgence, dit un autre.

— Cette indulgence doit être réciproque, appuya l'aîné des Pédebidou.

Ce n'est pas seulement sur l'indulgence que ces relations doivent reposer, c'est aussi sur la solidarité. En vertu de ce principe, deux des cousins, ceux à qui leur âge et leur position donnaient l'autorité la plus haute, l'attirèrent dans un coin du salon.

— Tu sais les relations qui existaient entre ton frère et un certain capitaine de dragons ?

— J'ai vu Rébénacq.

Tous deux en même temps, lui prirent les mains, l'un la gauche, l'autre la droite, et les serrèrent fortement.

— Qu'on établisse ses bâtards, dit l'un, rien de plus juste ; je blâme les pères qui, dans notre position, laissent leurs enfants naturels devenir les fils des vagabonds, les filles des gueuses, mais qu'on fasse cet établissement au détriment de la famille légitime, c'est ce que je n'admets pas.

— C'est ce que nous blâmons, dit l'autre.

— Crois bien que nous sommes avec toi, et que nous te plaignons.

— Sois certain aussi que tu peux compter sur nous, pour montrer à cet intrigant le mépris que nous inspirent ses manœuvres.

De nouveaux arrivants interrompirent cet entretien intime, il fallut revenir à la cheminée, et les recevoir, leur tendre la main, trouver un mot à leur dire.

C'était la troisième fois qu'à cette place il assistait à ce défilé de parents, d'amis, de voisins ou d'indifférents, qui constitue le personnel d'un bel enterrement : la première pour sa mère quand il était encore enfant ; la seconde pour son père, à la gauche de son frère, et maintenant tout seul, pour celui-ci : même obscurité, même murmure de voix étouffées, même tristesse des choses dans ce salon, où rien n'avait changé, et où les vieux portraits sombres qui faisaient des taches noires sur les verdures pâlies, et qu'il avait toujours vus, semblaient le regarder comme pour l'interroger.

Parmi ceux qui passaient et lui tendaient la main, il y en avait peu dont il retrouvât le nom : il est vrai que, pour la plupart, ces physionomies évoquaient des souvenirs, mais lesquels ? c'était ce que sa mémoire hésitante et troublée ne lui disait pas assez vite.

Il lui sembla qu'un mouvement se produisait dans les groupes formés çà et là, et que les têtes se tournaient de ce côté ; instinctivement il suivit ces regards, et vit entrer un officier.

— C'est le capitaine, dit un des cousins.

Après un regard circulaire jeté rapidement dans le salon pour se reconnaître, le capitaine s'avança vers la cheminée ; en grande tenue, le sabre au crochet, appuyé sur ses aiguillettes, le casque dans le bras gauche, il marchait sans paraître faire attention aux yeux ramassés sur lui.

— Tu vois, aucune ressemblance, dit à voix basse le même cousin qui l'avait annoncé.

Mais cette non-ressemblance ne lui parut pas du tout frappante comme le prétendait le cousin ; au reste, il n'eut pas le temps de l'examiner : arrivé devant eux, le capitaine s'inclinait, et il allait se retirer sans qu'aucun des parents eût répondu à son salut autrement que par un court signe de tête, quand, dans un mouvement de protestation en quelque sorte involontaire, Barincq avança la main ; le capitaine alors avança la sienne, et ils échangèrent une légère étreinte.

— Tu lui as donné la main, dit un des Barincq quand le capitaine se fut éloigné.

— Comme à tous les invités.

— Tu n'as donc pas vu ses pattes d'argent et ses aiguillettes ?

— Quelles pattes ?

— Sur son dolman ; ses épaulettes, si tu aimes mieux.

— Eh bien, qu'importent ces pattes !

Ce cousin, qui avait quitté l'armée pour se marier, et qui était au courant des usages militaires, haussa les épaules :

— On ne porte pas la grande tenue à l'enterrement d'un ami, dit-il, mais simplement le képi et les pattes noires. S'il l'a revêtue aujourd'hui, c'est pour afficher ses droits et crier sur les toits qu'il se prétend le fils de Gaston.

Bien que ces observations se fussent échangées à voix basse, elles n'avaient pas pu passer inaperçues, et, tandis que les uns se demandaient ce qu'elles pouvaient signifier, les autres examinaient le capitaine avec curiosité ; on avait vu l'accueil plus que froid des cousins, la poignée de main du frère, et l'on était dérouté. L'entrée du notaire Rébénacq amena une diversion. Puis de nouveaux arrivants se présentèrent, et ce fut bientôt une procession. Alors, le salon s'emplissant, ceux qui étaient entrés les premiers cédèrent la place aux derniers, et l'on se répandit dans le jardin où l'on trouvait plus de liberté, d'ailleurs, pour causer et discuter.

— Vous avez vu que M. Barincq a tendu la main au capitaine Sixte ?

— Pouvait-il ne pas la lui donner ?

— Dame ! ça dépend du point de vue auquel on se place.

— Justement. Si le capitaine est le fils de M. de Saint-Christeau, il est, quoi qu'on veuille, le neveu de M. Barincq, et, dès lors, c'est bien le moins que celui-ci tende la main au fils de son frère ; s'il ne l'est pas, et ne vient à cet enterrement que pour s'acquitter de ses devoirs envers un homme qui fut son protecteur, il me paraît encore plus difficile que la famille de celui à qui on rend un hommage lui refuse la main.

— Même s'il s'est fait léguer une fortune dont il frustre la famille ?

— Alors je trouverais que M. Barincq n'en a été que plus crâne.

— Ses cousins l'ont blâmé.

— A cause de la patte blanche.

Et ceux qui connaissaient le cérémonial militaire eurent le plaisir d'en enseigner les lois à ceux qui les ignoraient ; cela fournit un sujet de conversation jusqu'au moment où le clergé arriva pour la levée du corps.

— Quelle place allait occuper le capitaine dans le convoi ?

Ce fut la question que les curieux se posèrent : si la tenue du capitaine était une affirmation, cette place pouvait en être une autre.

Tandis que la famille prenait la tête, le capitaine se mêla à la foule, au hasard, et ce fut dans la foule aussi qu'il se plaça à l'église, sans que rien dans son attitude montrât qu'il attachait de l'importance à un rang plutôt qu'à un autre : les parents occupaient dans le chœur le banc drapé de noir qui, depuis de longues années, appartenait aux Saint-Christeau, lui restait dans la nef confondu avec les autres assistants.

Mais, comme il était au bout d'une travée et faisait face à ce banc, d'autre part comme son uniforme tranchant sur les vêtements noirs tirait les regards, chaque fois que Barincq levait les yeux, il le trouvait devant lui, et alors il ne pouvait pas ne pas l'examiner pendant quelques secondes ; sa pensée était obsédée par le mot de son cousin : « aucune ressemblance ».

Si le capitaine était moins grand que Gaston, comme lui il était de taille bien prise, bien découplée, élégante, souple ; et comme lui aussi il avait la tête fine, régulière, avec le nez fin et droit ; enfin comme lui aussi il avait les cheveux noirs ; mais, tandis que la barbe de Gaston était noire et son teint bistré, la moustache du capitaine était blonde et son teint rosé ; c'était cela surtout qui formait entre eux la différence la plus frappante, mais cette différence ne paraissait pas assez forte pour qu'on pût affirmer qu'il n'existait entre eux aucune ressemblance ; assurément il n'était pas assez près de Gaston pour qu'on s'écriât : « C'est son fils ! » mais d'un autre côté il n'en était pas assez loin non plus pour qu'on s'écriât qu'il ne pouvait y avoir aucune parenté entre eux ; l'un avait été un élégant cavalier dans sa jeunesse, l'autre était un bel officier ; l'un appartenait au type franchement noir, l'autre mêlait dans sa personne le noir au blond ; voilà seulement ce qui, après examen, apparaissait comme certain, le reste ne signifiait rien ; et franchement on ne pouvait pas là-dessus s'appuyer pour bâtir ou démolir une filiation.

Depuis l'incident de la main donnée au capitaine, une question préoccupait Barincq : devait-il ou ne devait-il pas inviter le capitaine au déjeuner qui suivrait la cérémonie ? Et s'il trouvait des raisons pour justifier cette invitation, celles qui, après le blâme de ses cousins, la rendaient difficile, ne manquaient pas non plus.

Heureusement au cimetière, c'est-à-dire au moment où il fallait se décider, Rébénacq lui vint en aide :

— Comme la présence du capitaine à votre table serait gênante pour vous, autant que pour lui peut-être, veux-tu que je l'emmène à la maison ? Cela vous tirera d'embarras.

C'était « nous tirera d'embarras » que le notaire aurait dit dire, car sa position au milieu de ces héritiers possibles était délicate pour lui aussi.

Si l'amitié, de même qu'un sentiment de justice, lui faisaient souhaiter que l'héritage de Gaston revînt à son ancien camarade, d'autre part les intérêts de son étude voulaient que ce fût au capitaine. Héritier de son frère, Barincq conserverait sans aucun doute le château et ses terres pour les transmettre plus tard à sa fille comme bien de famille. Au contraire, le capitaine qui n'aurait pas des raisons de cet ordre pour garder le château, et qui même en aurait d'excellentes pour vouloir s'en débarrasser, le vendrait, et cela entraînerait une série d'actes fructueux qui, au moment où il pensait à se retirer des affaires, grossirait bien à propos les produits de son étude. Dans ces conditions, il importait donc de manœuvrer assez adroitement entre celui qui pouvait être l'héritier et celui qui avait tant de chances pour être légataire, de façon à conserver des relations aussi bonnes avec l'un qu'avec l'autre ; de là son idée d'invitation qui d'une pierre faisait deux coups : il rendait service à Barincq dans une circonstance délicate ; et en même temps il montrait de la politesse et de la prévenance envers le Capitaine, qui certainement, devait être blessé de l'accueil qu'il avait trouvé auprès de la famille.

XI

Ce fut seulement à une heure avancée de l'après-midi que les derniers invités quittèrent le château ; et les cousins ne partirent pas sans échanger avec Barincq de longues poignées de main accompagnées de souhaits chaleureux :

— Nous sommes avec toi.

— Compte sur nous.

— Jamais je n'admettrai que Gaston ait pu t'enlever un héritage qui t'appartient à tant de titres.

— C'est au moment de la mort qu'on répare les faiblesses de sa vie.

— Si Gaston a pu à une certaine heure faire le testament dont parle Rébénacq, certainement il l'a détruit.

— C'est pour cela et non pour autre chose qu'il l'a repris.

— A la levée des scellés ne manque pas de nous envoyer des dépêches.

— Tu nous amèneras ta fille.

— Nous la marierons dans le pays.

Enfin il fut libre de s'occuper des siens et d'écrire à sa femme une lettre pour compléter son télégramme du matin, dans lequel il avait pu dire seulement qu'il était retenu au château par des affaires importantes. Dans sa lettre il expliqua ce qu'était cette affaire importante, et, sans répéter les espérances de ses cousins, il dit au moins les suppositions de Rébénacq ; un fait était certain : pour le moment il n'y avait pas de testament ; l'inventaire en ferait-il trouver un ? c'était ce que personne ne pouvait affirmer ni même prévoir en s'appuyant sur de sérieuses probabilités ; pour lui, il n'avait pas d'opinion, il ne concluait pas ; c'était trois jours à attendre.

Quand il eut achevé cette longue lettre, le soir tombait, un de ces soirs doux et lumineux propres à ce pays où si souvent la nature semble s'endormir dans une poétique sérénité, et n'ayant plus rien à faire il sortit, laissant ses pas le porter où ils voudraient.

Ce fut simplement dans le parterre joignant immédiatement le château, et il y demeura, prenant un plaisir mélancolique à rechercher les plantes qui avaient été les amies de ses années d'enfance, et qu'il retrouvait telles qu'elles étaient cinquante ans auparavant, sans qu'aucun changement eût été apporté dans leur culture ou dans leur choix par des jardiniers en peine de la mode ; dans les bordures de buis taillées en figures géométriques c'était toujours la même ordonnance de vieilles fleurs : primevères, corbeilles d'or et d'argent, juliennes, ancolies, ravenelles, giroflées, jacinthes, anémones, renoncules, tulipes ; et en les regardant dans leur épanouissement, en respirant leur parfum printanier qui s'exhalait dans la douceur du soir, il se prenait à penser que la vie qui s'était si furieusement précipitée sur lui en luttes et en catastrophes s'était arrêtée dans cette tranquille maison.

Que n'était il resté à son ombre, uni avec son frère, ainsi que celui-ci le lui proposait ! Ah ! si la vie se recommençait, comme il ne referait pas la même folie, et ne courrait pas après les mirages qui l'avaient entraîné !

Jeune, c'était sans regret qu'il avait quitté cette maison, se croyant appelé à de glorieuses destinées ; maintenant allait-il pouvoir reprendre place sous son toit, et jusqu'à la mort la garder ? Quel soulagement, et quel repos !

Jusqu'à une heure avancée de la soirée, il suivit ce rêve, plus hardi avec lui-même qu'il n'avait osé l'être en écrivant à sa femme, se répétant sans cesse les derniers mots de ses cousins, et se demandant s'il n'était pas possible qu'au moment de la mort Gaston eût réellement réparé ce qu'il avait reconnu être une erreur.

Toute la nuit il dormit avec cette idée, et le matin, au soleil levant, il était dans les prairies, pour prendre possession de ces terres déjà siennes.

On a souvent discuté sur les excitants de l'esprit ; à coup sûr, il n'en est pas qui provoque plus fortement l'imagination que l'espoir d'un héritage prochain. Bien que peu sensible au gain, Barincq n'échappa pas à cette fièvre, et, pendant les trois jours qui s'écoulèrent avant la levée des scellés, on le vit du matin au soir passer et repasser par les chemins, et les sentiers qui desservent le domaine ; les terres arables, il les amenderait par des engrais chimiques ; les vignes mortes ou malades, il les arracherait et les transformerait en prairies artificielles : les prairies naturelles, il les irriguerait au moyen de barrages dont il dessinait les plans ; ce serait une transformation scientifique, en peu de temps le revenu de la terre serait certainement doublé, s'il n'était pas triplé : c'est surtout pour ce qu'il ne connaît pas, que l'esprit d'invention se révèle inépuisable et génial.

Pour suivre le double jeu qu'il avait adopté, le notaire Rébénacq s'était mis à la disposition de Barincq afin de procéder à l'inventaire au jour que celui-ci choisirait, mais, ce jour fixé, il s'était empressé d'écrire au capitaine Sixte pour l'avertir qu'il eût à se présenter au château, « s'il croyait avoir intérêt à le faire ».

A cette communication, le capitaine avait répondu qu'il était fort surpris qu'on lui adressât une pareille invitation : en quelle qualité assisterait-il à cet inventaire ? dans quel but ? c'était ce qu'il ne comprenait pas.

Aussitôt que le notaire eut reçu cette lettre, il la porta à son ancien camarade.

— Voici le moyen que j'ai employé pour demander au capitaine s'il avait un testament, sans le lui demander franchement ; sa réponse prouve qu'il n'en a pas, et, me semble-t-il, qu'il ignore s'il en existe un ; c'est quelque chose cela.

— Assurément ; cependant le bureau et le secrétaire de Gaston n'ont pas livré leur secret.

— Ils le livreront demain.

En effet, le lendemain matin, à neuf heures, le juge de paix, assisté de son greffier, se rendit au château avec Rébénacq pour procéder à la levée des scellés ainsi qu'à l'inventaire, et, bien que les uns et les autres dussent être, par un long usage de leur profession, cuirassés contre les émotions, ils avaient également hâte de voir ce que le bureau-secrétaire et les casiers du cabinet de travail de M. de Saint-Christeau allaient leur révéler.

Renfermaient-ils ou ne renfermaient-ils point un testament en faveur du capitaine Sixte ?

Cependant, ce ne fut pas par l'ouverture de ces meubles qu'on commença, la forme exigeant qu'on procédât d'abord à l'intitulé ; mais, comme il était des plus simples, il fut vite dressé, et le juge de paix put enfin reconnaître si les scellés par lui apposés étaient sains et entiers ; cette constatation faite, la clé fut introduite dans la serrure du tiroir principal.

— J'estime que, s'il existe un testament, dit le notaire, il doit se trouver dans ce tiroir où Gaston rangeait ses papiers les plus importants.

— C'était là aussi que mon père plaçait les siens, dit Barincq.

— Procédons à une recherche attentive, dit le juge de paix.

Mais, si attentive que fût cette recherche, elle ne fit pas trouver le testament.

Sans se permettre de toucher à ces papiers Barincq se tenait derrière le notaire et, penché par-dessus son épaule, il le suivait dans son examen, le cœur serré, les yeux troubles ; personne ne faisait d'observation inutile, seul le notaire de temps en temps énonçait la nature de la pièce qu'il venait de parcourir : quand elle était composée de plusieurs feuilles, il les tournait méthodiquement de façon à ne pas laisser passer inaperçu ce qui aurait pu se trouver intercalé entre les pages.

A la fin, ils arrivèrent au fond du tiroir.

— Rien, dit le notaire.

— Rien, répéta le juge de paix.

Ils levèrent alors les yeux sur Barincq et le regardèrent avec un sourire qui lui parut un encouragement à espérer en même temps qu'une félicitation amicale.

Il se pourrait qu'il n'existât pas de testament, dit le notaire.

— Cela se pourrait parfaitement, répéta le juge de paix.

— Je commence à le croire, dit le greffier qui ne s'était pas encore permis de manifester une opinion.

— Voulez-vous examiner les autres tiroirs ? demanda Barincq d'une voix que l'anxiété rendait tremblante.

— Certainement.

Le second tiroir, vidé avec les mêmes précautions et le même soin méticuleux, ne contenait que des papiers insignifiants, entassés là par un homme qui avait la manie de conserver toutes les notes qu'il recevait, alors même qu'elles ne présentaient aucun intérêt. Il en fut de même pour le troisième et le quatrième.

— Rien, disait Rébénacq avec un sourire plus approbateur.

— Rien, répétait le juge de paix.

Et de son côté le greffier répétait aussi :

— J'ai toujours cru qu'il n'y aurait pas de testament.

Si l'on avait écouté l'impatience nerveuse de Barincq, l'examen se serait fait de plus en plus vite, mais Rébénacq, qui ne savait pas se presser, ne remettait aucun papier en place sans l'avoir parcouru, palpé et feuilleté.

— Nous arriverons au bout, disait-il.

En attendant on arriva au dernier tiroir du bureau ; à peine fut-il ouvert que le notaire montra plus de hâte à tirer les papiers.

— S'il y a un testament, dit-il, c'est ici que nous devons le trouver.

En effet ce tiroir semblait appartenir au capitaine : sur plusieurs liasses le nom de Valentin était écrit de la main de Gaston, et sur une autre celui de Léontine.

— Attention, dit le notaire.

Mais sa recommandation était inutile, les yeux ne quittaient pas le tas de papiers qu'il venait de sortir du tiroir.

Toujours méthodique, il commença par la liasse qui portait le nom de Léontine : n'était-ce pas la logique qui exigeait qu'on procédât dans cet ordre, la mère avant le fils ?

La chemise ouverte, la première chose qu'on trouva fut une photographie à demi-effacée représentant une jeune femme.

— Tu vois qu'elle était jolie, dit le notaire en présentant le portrait à Barincq.

— Son fils lui ressemble, au moins par la finesse des traits.

Mais le juge de paix et le greffier ne partagèrent pas cet avis.

— Continuons, dit le notaire.

Ce qu'il trouva ensuite, ce fut une grosse mèche de cheveux noirs et soyeux, puis quelques fleurs séchées, si brisées qu'il était difficile de les reconnaître ; puis enfin des lettres écrites sur des papiers de divers formats et datées de Peyrehorade, de Bordeaux, de Royan.

Comme le notaire en prenait une pour la lire, Barincq l'arrêta :

— Il me semble que cela n'est pas indispensable, dit-il.

Rébénacq le regarda pour chercher dans ses yeux ce qui dictait cette observation : le respect des secrets de son frère, ou la hâte de continuer la recherche du testament.

— Ces lettres peuvent être d'un intérêt capital, dit-il, mais je reconnais qu'il n'y a pas urgence pour le moment à en prendre connaissance ; passons.

La liasse qui venait ensuite contenait des lettres du capitaine classées par ordre de date, les premières d'une grosse écriture d'enfant qui, avec le temps, allait en diminuant et en se caractérisant.

— Ces lettres aussi peuvent avoir de l'intérêt, dit le notaire, mais comme pour celles de la mère on verra plus tard.

Les autres liasses étaient composées de notes, de quittances, de lettres qui prouvaient que pendant de longues années, au collège de Pau, à Sainte-Barbe, à Saint-Cyr, plus tard au régiment, Gaston avait entièrement pris à sa charge les frais d'éducation du fils de Léontine Dufourcq, et aussi d'autres dépenses ; mais nulle part il n'y avait trace de testament, ni même de projet de testament.

— L'affaire me paraît réglée, dit le notaire.

— Il n'y a pas eu, il n'y aura pas de testament, dit le greffier qui ne craignait pas d'être affirmatif.

— Si nous allions déjeuner, proposa le juge de paix, chez qui les émotions ne suspendaient pas le fonctionnement de l'estomac.

Bien qu'on voulût se tenir sur la réserve pendant le déjeuner devant les domestiques, quelques mots furent prononcés, assez significatifs pour qu'on sût, à la cuisine, qu'il n'avait pas été trouvé de testament, et alors la nouvelle courut tout le personnel du château.

Jusque-là, la domesticité, convaincue qu'il ne pouvait pas y avoir d'autre héritier que le capitaine, avait traité Barincq en intrus. Que faisait-il au château, ce frère ruiné ? qu'attendait-il ? de quel droit donnait-il des ordres ? Comment se permettait-il de parcourir les terres en maître ? Ce qui serait amusant, ce serait de le voir déguerpir.

Quand on apprit qu'il n'y avait pas de testament, la situation changea instantanément, et un brusque revirement se produisit, qui se manifesta aussitôt : au moment où on servit le café, le vieux valet de chambre qui pendant vingt ans avait été l'homme de confiance de Gaston apporta sur la table une bouteille toute couverte d'une poussière vénérable, à laquelle il paraissait témoigner un vrai respect :

— C'est de l'Armagnac de 1820, dit-il, j'ai pensé que monsieur en voudrait faire goûter à ces messieurs.

Quand il eut quitté la salle à manger, les trois hommes de loi échangèrent un sourire que Rébénacq traduisit :

— Voilà qui en dit long, et ce n'est assurément pas pour boire à la santé du capitaine que Manuel nous offre cette eau-de-vie.

L'inventaire ayant été repris, les recherches dans le cartonnier et dans le secrétaire, ainsi que dans la table de la chambre de Gaston, restèrent sans résultat. A cinq heures de l'après-midi tout avait été fouillé, aussi bien dans le cabinet de travail que dans la chambre, et il ne restait pas d'autres pièces où l'on pût trouver des papiers.

— Décidément il n'existe pas de testament, dit le notaire en tendant la main à son camarade.

— M. de Saint-Christeau portait trop haut le respect de la famille, dit le juge de paix, pour ne pas l'observer.

— Ce qui n'empêche pas qu'il y a eu un testament, répliqua le notaire.

— Ne peut-il pas avoir été détruit ?

— Il faut bien qu'il l'ait été, puisque nous ne le trouvons pas.

— En vous reprenant le testament qu'il vous avait confié, dit le greffier, M. de Saint-Christeau a montré que ce testament ne répondait plus à ses intentions.

— Évidemment.

— Donc il a voulu le détruire.

— Ou le modifier.

— S'il avait voulu le modifier, trois hypothèses se présentaient : ou bien il vous confiait ce testament modifié ; ou bien il le remettait au capitaine ; ou bien il le plaçait dans son bureau. Puisqu'il ne vous l'a pas confié, puisqu'il ne l'a pas remis au capitaine, puisque nous ne le trouvons pas, c'est qu'il n'existe pas, et, pour moi, il est prouvé qu'après la destruction du premier testament, il n'en a point été fait d'autres.

XII

Aussitôt Barincq télégraphia à sa femme et à sa fille de venir le rejoindre, et quand elles arrivèrent à Puyoo, elles le trouvèrent au-devant d'elles, avec la vieille calèche, pour les emmener au château.

Elles étaient en grand deuil, et, pour la première fois, Anie portait une robe l'habillant à son avantage, sans avoir eu l'ennui de la tailler et de la coudre elle-même, après mille discussions avec sa mère.

Il les fit monter en voiture, et prit la place à reculons :

— Tu verras les Pyrénées, dit-il à Anie.

— A partir de Dax, j'ai aperçu leur silhouette vaporeuse.

— Maintenant tu vas vraiment les voir, dit-il avec une sorte de recueillement.

— Voilà-t-il pas une affaire ; interrompit madame Barincq.

— Mais oui, maman, c'en est une pour moi.

Son père la remercia d'un sourire heureux qui disait sa satisfaction d'être en accord avec elle.

— Voilà le Gave de Pau, dit-il quand la calèche s'engagea sur le pont.

— Mais c'est très joli un gave, dit Anie, regardant curieusement les eaux tumultueuses roulant dans leurs rives encaissées.

C'est une rivière comme une autre, dit madame Barincq, il n'y a que le nom de changé.

— C'est que, précisément, le nom peint la chose, répondit Barincq, *gave* vient de *cavus*, qui signifie creux.

— Et cette propriété, demanda madame Barincq, que vaut-elle présentement ?

— Je n'en sais rien.

— Que rapporte-t-elle ?

— Environ 40,000 francs.

— Trouverait-on acquéreur pour un million ?

— Je l'ignore.

— Tu ne t'es pas inquiété de cela ?

— A quoi bon !

— Comment, à quoi bon ?

— Cherche-t-on un acquéreur quand on n'est pas vendeur ?

— Tu voudrais la garder ?

— Tu ne voudrais pas la vendre, je pense ?

— Mais...

— Tout nous oblige à la conserver et à l'exploiter pour le mieux de nos intérêts ; si elle rapporte 2 0/0 en ce moment, elle peut en rapporter 10 ou 12 un jour.

Stupéfaite, elle le regarda :

— Certainement, dit-elle, je ne te fais pas de reproches, mon pauvre ami, mais, après vingt années comme celles que je viens de passer, il me semble que j'ai droit à un changement d'existence.

— Passer de notre bicoque de Montmartre au château d'Ourteau, n'en est-il pas un en quelque sorte féerique ?

— Est-ce à Ourteau que tu trouveras à marier Anie ?

— Pourquoi pas ?

Jusque-là Anie n'avait rien dit, mais, comme toujours, lorsqu'un différend s'élevait entre son père et sa mère, elle essaya d'intervenir :

— Je demande qu'il ne soit pas question de mon mariage, dit-elle, et qu'on ne s'en préoccupe pas ; ce que cet héritage inespéré a de bon pour moi, c'est de me rendre ma liberté ; maintenant je peux me marier quand je voudrai, avec qui je voudrai, et même ne pas me marier du tout, si je ne trouve pas le mari qui doit réaliser certaines idées autres aujourd'hui que celles que j'avais il y a un mois.

— Ce n'est pas dans ce pays perdu que tu le trouveras, ce mari.

— Je te répondrai comme papa : Pourquoi pas ? si je devais tenir une place quelconque dans vos préoccupations, mais justement je vous demande de ne me compter pour rien.

— Tu accepterais de vivre à Ourteau ?

— Très bien.

— Tu es folle.

— Quand on était résignée à vivre rue de l'Abreuvoir, on accepte tout... ce qui n'est pas Montmartre, et d'autant plus volontiers que ce tout consiste en un château, dans un beau pays...

— Tu ne le connais pas.

— Je suis dedans.

Comme sa fille l'avait secouru, il voulut lui venir en aide :

— Et ce que je désire pour nous ce n'est pas une existence monotone de propriétaire campagnard qui n'a d'autres distractions que celles qu'on trouve dans l'engourdissement du bien-être, sans soucis comme sans pensées. Quand je disais tout à l'heure qu'on pouvait faire rendre à la propriété un revenu de dix pour cent au moins, ce n'est pas en se croisant les bras pendant que les récoltes qu'elle peut produire poussent au hasard de la routine, c'est en s'occupant d'elle, en lui donnant ses soins, son intelligence, son temps. Par suite de causes diverses Gaston laissait aller les choses, et, ses vignes ayant été malades, il les avait abandonnées, de sorte qu'une partie des terres sont en friche et ne rapportent rien.

— Tu veux guérir ces vignes ?

— Je veux les arracher et les transformer en prairies. Grâce au climat à la fois humide et chaud, grâce aussi à la nature du sol, nous sommes ici dans le pays de l'herbe, tout aussi bien que dans les cantons les plus riches de la Normandie. Il n'y a qu'à en tirer parti, organiser en grand le pâturage ; faire du beurre qui sera de première qualité ; et avec le lait écrémé engraisser des porcs ; mes plans sont étudiés...

— Nous sommes perdus ! s'écria madame Barincq.

— Pourquoi perdus ?

— Parce que tu vas te lancer dans des idées nouvelles qui dévoreront l'héritage de ton frère ; certainement je ne veux pas te faire de reproches, mais je sais par expérience comment une fortune fond, si grasse qu'elle soit, quand elle doit alimenter une invention.

— Il ne s'agit pas d'inventions.

— Je sais ce que c'est : on commence par une dépense de vingt francs, on n'a pas fini à cent mille.

L'arrivée au haut de la côte empêcha la discussion de s'engager à fond et de continuer ; sans répondre à sa femme, Barincq commanda au cocher de mettre la voiture en travers de la route, puis étendant la main avec un large geste en regardant sa fille :

— Voilà les Pyrénées, dit-il ; de ce dernier pic à gauche, celui d'Anie, jusqu'à ces sommets à droite, ceux de la Rhune et des Trois-Couronnes, c'est le pays basque — le nôtre.

Elle resta assez longtemps silencieuse, les yeux perdus dans ces profondeurs vagues, puis les abaissant sur son père :

— A ne connaître rien, dit-elle, il y a au moins cet avantage que la première chose grande et belle que je voie est notre pays ; je t'assure que l'impression que j'en emporterai sera assez forte pour ne pas s'effacer.

— N'est-ce pas que c'est beau ? dit-il tout fier de l'émotion de sa fille.

Mais madame Barincq coupa court à cette effusion :

— Tiens, voilà notre château, dit-elle en montrant la vallée au bas de la colline, au bord de ce ruban argenté qui est le Gave, cette longue façade blanche et rouge.

— Mais il a grand air, vraiment ?

— De loin, dit-elle dédaigneuse.

— Et de près aussi, tu vas voir, répondit Barincq.

— Je voudrais bien voir le plus tôt possible, dit madame Barincq, j'ai faim.

La côte fut vivement descendue, et quand après avoir traversé le village où l'on s'était mis sur les portes, la calèche arriva devant la grille du château grande ouverte, la concierge annonça son entrée par une vigoureuse sonnerie de cloche.

— Comment ! on sonne ? s'écria Anie.

— Mais oui, c'était l'usage, du temps de mon père et de Gaston, je n'y ai rien changé.

C'était aussi l'usage que Manuel répondît à cette sonnerie en se trouvant sur le perron pour recevoir ses maîtres, et, quand la calèche s'arrêta, il s'avança respectueusement pour ouvrir la portière.

— Voulez-vous déjeuner tout de suite ? demanda Barincq.

— Je crois bien, je meurs de faim, répondit madame Barincq.

Quand Anie entra dans la vaste salle à manger dallée de carreaux de marbre blanc et rose, lambrissée de boiseries sculptées, et qu'elle vit la table couverte d'un admirable linge de Pau damassé sur lequel étincelaient les cristaux taillés, les salières, les huiliers, les saucières en argent, elle eut pour la première fois l'impression du luxe dans le bien-être ; et, se penchant vers son père, elle lui dit en soufflant ses paroles :

— C'est très joli, la richesse.

Ce qui fut joli aussi et surtout agréable, ce fut de manger tranquillement des choses excellentes, sans avoir à quitter sa chaise pour aller, comme dans la bicoque de Montmartre, chercher à la cuisine un plat ou une assiette, ou remplir à la fontaine la carafe vide, en habit noir, ganté, Manuel faisait le service de la table, silencieusement, sans hâte comme sans retard, et si correctement qu'il n'y avait rien à lui demander.

Pour la première fois aussi lui fut révélé le plaisir qu'on peut trouver à table, non dans la gourmandise, mais dans un enchaînement de petites jouissances qu'elle ne soupçonnait même pas.

— J'ai voulu, dit son père, ne vous donner, à ce premier déjeuner que vous faites au château, que des produits de la propriété : les artichauts viennent du potager, les œufs de la basse-cour ; ce saumon a été pris dans notre pêcherie ; le poulet qu'on va nous servir en blanquette a été élevé ici, le beurre et la crème de sa sauce ont été donnés par nos vaches ; ce pain provient de blé cultivé sur nos terres, moulu dans notre moulin, cuit dans notre four ; ce vin a été récolté quand nos vignes rapportaient encore ; ces belles fraises si fraîches ont mûri dans nos serres...

— Mais c'est la vie patriarcale, cela ! interrompit Anie.

— La seule logique ; et, sous le règne de la chimie où nous sommes entrés, la seule saine.

XIII

Après le déjeuner, il proposa un tour dans les jardins et dans le parc, mais madame Barincq se déclara fatiguée par la nuit passée en chemin de fer ; d'ailleurs elle les connaissait, ces jardins, et les longues promenades qu'elle y avait faites autrefois en compagnie de son beau-frère, quand elle lui demandait son intervention contre leurs créanciers, ne lui avaient laissé que de mauvais souvenirs.

— Moi, je ne suis pas fatiguée, dit Anie.

— Surtout, n'encourage pas ton père dans ses folies, et ne te mets pas avec lui contre moi.

— Veux-tu que nous commencions par les communs ? dit-il en sortant.

— Puisque nous allons tout voir, commençons par où tu voudras.

Ils étaient considérables, ces communs ; ayant été bâtis à une époque où l'on construisait à bas prix, on avait fait grand, et les écuries, les remises, les étables, les granges, auraient suffi à trois ou quatre terres comme celle d'Ourteau ; tout cela, bien que n'étant guère utilisé, en très bon état de conservation et d'entretien.

En sortant des cours qui entourent ces bâtiments, ils traversèrent les jardins et descendirent aux prairies. Pour les protéger contre les érosions du gave dont le cours change à chaque inondation, on ne coupe jamais les arbres de leurs rives, et toutes les plantes aquatiques, joncs, laiches, roseaux, massettes, sagittaires, les grandes herbes, les buissons, les taillis d'osiers et de coudriers, se mêlent sous le couvert des saules, des peupliers, des trembles, des aulnes, en une végétation foisonnante au milieu de laquelle les forts étouffent les faibles dans la lutte pour l'air et le soleil. Malgré la solidité de leurs racines, beaucoup de ces hauts arbres arrachés par les grandes crues qui, avec leurs eaux furieuses, roulent souvent des torrents de galets, se sont penchés ou se sont abattus de côté et d'autre, jetant ainsi des ponts de verdure qui relient les rives aux îlots entre lesquels se divisent les petits bras de la rivière. C'est à une certaine distance seulement de cette lisière sauvage que commence la prairie cultivée, et encore nulle part n'a-t-on coupé les arbres de peur d'un assaut des eaux, toujours à craindre ; dans ces terres d'alluvion profondes et humides, ils ont poussé avec une vigueur extraordinaire, au hasard, là où une graine est tombée, où un rejeton s'est développé, sans ordre, sans alignement, sans aucune taille, branchus de la base au sommet, et en suivant les contours sinueux du gave ils forment une sorte de forêt vierge, avec de vastes clairières d'herbes grasses.

— Le beau Corot ! s'écria Anie, que c'est frais, vert, poétique ! est-il possible vraiment de deviner ainsi la nature avec la seule intuition du génie ! certainement, Corot n'est jamais venu ici, et il a fait ce tableau cent fois.

— Cela te plaît ?

— Dis que je suis saisie d'admiration ; tout y est, jusqu'à la teinte grise des lointains, dans une atmosphère limpide, jusqu'aux nuances délicates de l'ensemble, jusqu'à cette beauté légère qui donne des envolées à l'esprit. C'est audacieux à moi, mais dès demain je commence une étude.

— Alors tu n'entends pas renoncer à la peinture ?

— Maintenant ? jamais de la vie. C'était à Paris que, dans des heures de découragement, je pouvais avoir l'idée de renoncer à la peinture, quand je me demandais si j'aurais jamais du talent, ou au moins la moyenne de talent qu'il faut pour plaire à ceux-ci ou à ceux-là, aux maîtres, à la critique, aux camarades, aux ennemis, au public. Mais, maintenant, que m'importe de plaire ou de ne pas plaire, pourvu que je me satisfasse moi-même ! C'est quand on travaille en vue du public qu'on s'inquiète de cette moyenne ; pour soi, il est bien certain qu'on n'en a jamais assez ; alors, il n'y a pas besoin de s'inquiéter du plus ou du moins ; on va de l'avant ; on travaille pour soi, et c'est peut-être la seule manière d'avoir de l'originalité ou de la personnalité. Qu'est-ce que ça nous fait, à cette heure, que mes croûtes tapissent les murailles incommensurables du château ! ça n'est plus du tout la même chose que si elles s'entassaient dans mon petit atelier de Montmartre sans trouver d'acheteurs.

Elle prit le bras de son père, et se serrant contre lui tendrement :

— C'est comme si je ne trouvais point de mari ; maintenant, qu'est-ce que cela nous ferait ? Tu penses bien qu'en fait de mariage je ne pense plus aujourd'hui comme le jour de notre soirée, où tu as été si étonné, si peiné, en me voyant décidée à accepter n'importe qui, pourvu que je me marie. Te souviens-tu que je te disais qu'à vingt ans une fille sans dot était une vieille fille, tandis qu'à vingt-quatre ou vingt-cinq ans, celle qui avait de la fortune était une jeune fille ? Puisque me voilà rajeunie, et pour longtemps, par un coup de baguette magique, je n'ai pas à me presser. Il y a un mois, c'était au mariage seul que je m'attachais ; désormais, ce sera le mari seul que je considérerai pour ses qualités personnelles, pour ce qu'il sera réellement, et s'il me plaît, si je rencontre un peu en lui du prince charmant auquel j'ai rêvé autrefois, je te le demanderai quel qu'il soit.

— Et je te le donnerai, confiant dans ton choix.

— Voilà donc une affaire arrangée qui, de mon côté, te laisse toute liberté. Habitons ici, rentrons à Paris, il en sera comme tu voudras. Mais maman ?

Imagine-toi que depuis que l'héritage est assuré, nous avons passé notre temps à chercher des appartements.

— Quel enfantillage !

— S'il n'y en a pas un d'arrêté boulevard des Italiens, c'est parce qu'elle hésite entre celui-là et un autre rue Royale ; et permets-moi de te dire que je ne trouve pas du tout, en me plaçant au point de vue de maman, que ce soit un enfantillage. Elle est Parisienne et n'aime que Paris, comme toi, né dans un village, tu n'aimes que la campagne ; rien n'est plus agréable pour toi que ces prairies, ces champs, ces horizons et la vie tranquille du propriétaire campagnard ; rien n'est plus doux pour maman que la vue du boulevard et la vie mondaine ; tu étouffes dans un appartement, elle ne respire qu'avec un plafond bas sur la tête ; tu veux te coucher à neuf heures du soir, elle voudrait ne rentrer qu'au soleil levant.

— Mais, en vous proposant d'habiter Ourteau, je ne prétends pas vous priver entièrement de Paris. Si nous restons ici huit ou neuf mois, nous pouvons très bien en donner trois ou quatre à Paris. Cette vie est celle de gens qui nous valent bien, qui s'en contentent, s'en trouvent heureux et ne passent pas pour des imbéciles. Tu me rendras cette justice, mon enfant, que, depuis que tu as des yeux pour voir et des oreilles pour entendre, tu ne m'as jamais entendu me plaindre, ni de la destinée, ni de l'injustice des choses, ni de personne.

— C'est bien vrai.

— Mais je puis le dire aujourd'hui : depuis longtemps à bout de forces, je me demandais si je ne tomberais pas en chemin : ces vingt dernières années de vie parisienne, de travail à outrance, de soucis, de privations, sans un jour de repos, sans une minute de détente, m'ont épuisé ; cependant, j'allais, simplement parce qu'il fallait aller, pour vous ; parce qu'avant de penser à soi, on pense aux siens. C'est ici que j'ai senti mon écrasement, par ma renaissance. Il faut donc que vous donniez à ma vieillesse la vie naturelle qui a manqué à mon âge viril, et c'est elle que je vous demande.

— Et tu ne doutes pas de la réponse, n'est-ce pas ?

— D'ailleurs, cette raison n'est pas la seule qui me retienne ici, j'en ai d'autres qui, précisément parce qu'elles ne sont pas personnelles, n'en sont que plus fortes. J'ai toujours pensé que la richesse impose des devoirs à ceux qui la détiennent et qu'on n'a pas le droit d'être riche rien que pour soi, pour son bien-être ou son plaisir. Sans avoir rien fait pour la mériter, du jour au lendemain, la fortune m'est tombée dans les mains ; eh bien ! maintenant il faut que je la gagne, et, pour cela, j'estime que le mieux est que je l'emploie à améliorer le sort des gens de ce pays, que j'aime, parce que j'y suis né.

Cette proposition lui fit regarder son père avec un étonnement où se lisait une assez vive inquiétude : qu'entendait-il donc par employer la fortune qui lui tombait aux mains à l'amélioration du sort des paysans d'Ourteau ?

Ce n'est pas impunément que dans une famille on s'habitue à voir critiquer le chef, discuter ses idées, mettre en doute son infaillibilité, contester son autorité et le rendre responsable de tout ce qui va mal dans la vie : le cas était le sien. Que de fois, depuis son enfance, avait-elle entendu sa mère prendre son père en pitié : « Certainement je ne te fais pas de reproches, mon ami. » Que de fois aussi, sa mère, s'adressant à elle, lui avait-elle dit : « Ton pauvre père ! » Cette compassion pas plus que ces blâmes discrets n'avaient amoindri sa tendresse pour lui : elle le chérissait, elle l'aimait, « pauvre père », d'un sentiment aussi ardent, aussi profond, que si elle avait été élevée dans des idées d'admiration respectueuse pour lui ; mais enfin, ce respect précisément manquait à son amour qui ressemblait plus à celui d'une mère pour son fils, « pauvre enfant », qu'à celui d'une fille pour son père ; en adoration devant lui, non en admiration ; pleine d'indulgence, disposée à le plaindre, à le consoler, toujours à l'excuser, mais par cela même à le juger.

Dans quelle aventure nouvelle voulait-il s'embarquer ?

Il répondit au regard inquiet qu'elle attachait sur lui.

— Ton oncle, dit-il, s'était peu à peu désintéressé de cette terre pour toutes sortes de raisons : maladies des vignes, exigences des ouvriers ensuite, voleries des colons aussi, de sorte que dans l'état d'abandon où il la laissait, après l'avoir entièrement reprise entre ses mains, elle ne lui rapportait pas deux pour cent, et encore n'était-ce que dans les très bonnes années. Vous seriez les premières, ta mère et toi, à me blâmer, si je continuais de pareils errements.

— T'ai-je jamais blâmé ?

— Je sais que tu es une trop bonne fille pour cela ; mais enfin, il n'en est pas moins vrai que vous seriez en droit de trouver mauvaise la continuation d'une pareille exploitation.

— Tu veux arracher les vignes malades ?

— Je veux transformer en prairies artificielles toutes les terres propres à donner de bonnes récoltes d'herbe. Le foin qui, il y a quelques années, se vendait vingt-cinq sous les cinquante kilos, se vend aujourd'hui cinq francs, et avec le haut prix qu'a atteint la main-d'œuvre pour le travail de la vigne et du maïs, alors que les ouvriers exigent par jour deux francs de salaire, une livre de pain, et trois litres de vin, il est certain qu'il y a tout avantage à produire, au lieu de vin médiocre, de l'herbe excellente ; ce que je veux obtenir, non pour vendre mon foin, mais pour nourrir mes vaches, faire du beurre et engraisser des porcs avec le lait doux écrémé.

De nouveau il vit le regard inquiet qu'il avait déjà remarqué se fixer sur lui.

— Décidément, dit-il, il faut que je t'explique mon plan en détail, sans quoi tu vas t'imaginer que l'héritage de ton oncle pourrait bien se trouver compromis. Allons jusqu'à ce petit promontoire qui domine le cours du Gave ; là tu comprendras mieux mes explications.

Ils ne tardèrent pas à arriver à ce mouvement de terrain qui coupait la prairie et la rattachait par une pente douce aux collines.

— Tu remarqueras, dit-il, que cette éminence se trouve à l'abri des inondations les plus furieuses du Gave, et qu'un canal de dérivation qui la longe à sa base produit ici une chute d'eau autrefois utilisée, maintenant abandonnée depuis longtemps déjà, mais qui peut être facilement remise en état. Cela observé, je reprends mon explication. Je t'ai dit que je commençais par arracher toutes les vignes qui ne produisent plus rien ; mais comme pour transformer une terre défrichée en une bonne prairie il ne faut pas moins de trois ans, des engrais chimiques pour lui rendre sa fertilité épuisée et des cultures préparatoires en avoine, en luzerne, en sainfoin, ce n'est pas un travail d'un jour, tu le vois. En même temps que je dois changer l'exploitation de ces terres, je dois aussi changer le bétail qui consommera leurs produits. Ton oncle pouvait, avec le système adopté par lui, se contenter de la race du pays, qui est la race basquaise plus ou moins dégénérée, de petite taille, nerveuse, sobre, à la robe couleur grain de blé, aux cornes longues et déliées, comme tu peux le voir avec les vaches qui paissent au-dessous de nous ; cette race, d'une vivacité et d'une résistance extraordinaire au travail, est malheureusement mauvaise laitière ; or, comme ce que je demanderai à mes vaches ce sera du lait, non du travail, je ne peux pas la conserver.

— Si jolies les basquaises !

— En obéissant à la théorie, je les remplacerais par des normandes qui, avec nos herbes de première qualité, me donneraient une moyenne supérieure à dix-huit cents litres de lait ; mais, comme je ne veux pas courir d'aventures, je me contenterai de la race de Lourdes qui a le grand avantage d'être du pays, ce qui est à considérer avant tout, car il vaut mieux conserver une race indigène avec ses imperfections, mais aussi avec sa sobriété, sa facilité d'élevage et son acclimatation parfaite, que de tenter des améliorations radicales qui aboutissent quelquefois à des désastres. Me voilà donc, quand la transformation du sol est opérée, à la tête d'un troupeau de trois cents vaches que le domaine peut nourrir.

— Trois cents vaches !

— Qui me donnent une moyenne de quatre cent cinquante mille litres de lait par an, ou douze à treize cents litres par jour.

— Et qu'en fais-tu de cette mer de lait ?

— Du beurre. C'est précisément pour que tu te rendes compte de mon projet que je t'ai amenée ici. Pour loger mes vaches, au moins quand elles ne sont pas encore très nombreuses, j'ai les bâtiments d'exploitation qui, dans le commencement, me suffisent, mais je n'ai pas de laiterie pour emmagasiner mon lait et faire mon beurre ; c'est ici que je la construis, sur ce terrain à l'abri des inondations et à proximité d'une chute d'eau, ce qui m'est indispensable. En effet, je n'ai pas l'intention de suivre les vieux procédés de fabrication pour le beurre, c'est-à-dire d'attendre que la crème ait monté dans des terrines et de la battre alors à l'ancienne mode ; aussitôt trait, le lait est versé dans des écrémeuses mécaniques qui, tournant à la vitesse de 7,000 tours à la minute, en extraient instantanément la crème ; on la bat aussitôt avec des barattes danoises ; des délaiteuses prennent ce beurre ainsi fait pour le purger de son petit lait ; des malaxeurs rotatifs lui enlèvent son eau ; enfin des machines à mouler le compriment et le mettent en pains. Tout cela se passe, tu le vois, sans l'intervention de la main d'ouvriers plus ou moins propres. Ce beurre obtenu, je le vends à Bordeaux, à Toulouse ; l'été dans les stations d'eaux : Biarritz, Cauterets, Luchon ; l'hiver je l'expédie jusqu'à Paris. Mais le beurre n'est pas le seul produit utilisable que me donnent mes vaches.

Elle le regarda avec un sourire tendre.

— Il me semble, dit-elle, que tu récites la fable de la *Laitière et le pot au lait*.

— Précisément, et nous arrivons, en effet, au cochon.

Le porc à s'engraisser coûtera peu de son

et même il n'en coûtera pas du tout. Après la séparation de la crème et du lait il me reste au moins douze cents litres de lait écrémé doux avec lequel j'engraisse des porcs installés dans une porcherie que je fais construire au bout de cette prairie le long de la grande route, où elle est isolée. Pour ces porcs, je procède à peu près comme pour mes vaches, c'est-à-dire qu'au lieu d'essayer des porcs anglais du Yorkshire ou du Berkshire, je croise ces races avec notre race béarnaise et j'obtiens des bêtes qui joignent la rusticité à la précocité. Tu connais la réputation des jambons de Bayonne ; à Orthez se fait en grand le commerce des salaisons ; je ne serai donc pas embarrassé pour me débarrasser dans de bonnes conditions de mes cochons, qui, engraissés avec du lait doux, seront d'une qualité supérieure. Voilà comment, avec mon beurre, mes veaux et mes porcs je compte obtenir de cette propriété un revenu de plus de trois cent mille francs, au lieu de quarante mille qu'elle donne depuis un certain nombre d'années. Mes calculs sont établis, et, comme j'ai eu à étudier une affaire de ce genre à l'*Office cosmopolitain*, ils reposent sur des chiffres certains. Que de fois, en dessinant des plans pour cette affaire, ai-je rêvé à sa réalisation, et me suis-je dit : « Si c'était pour moi ! » Voilà que ce rêve peut devenir réalité, et qu'il n'y a qu'à vouloir pour qu'il soit le nôtre.

— Mais l'argent ?

— Il y a dans la succession des valeurs qu'on peut vendre pour les frais de premier établissement, qui, d'ailleurs, ne sont pas considérables : trois cents vaches à 450 francs l'une coûtent 135,000 francs ; les constructions de la laiterie et de la porcherie, ainsi que l'appropriation des étables, n'absorberont pas soixante mille francs, les défrichements cinquante mille ; mettons cinquante mille pour l'imprévu, nous arrivons à deux cent quarante-cinq mille francs, c'est-à-dire à peu près le revenu que ces améliorations, ces révolutions si tu veux, nous donneront. Crois-tu que cela vaille la peine de les entreprendre ? Le crois-tu ?

Elle avait si souvent vu son père jongler avec les chiffres qu'elle n'osait répondre, cependant elle était troublée…

— Certainement, dit-elle enfin, si tu es sûr de tes chiffres, ils sont tentants.

— J'en suis sûr ; il n'est pas un détail qui ait été laissé de côté : dépenses, produits, tout a été établi sur des bases solides qui ne permettent aucun aléa ; les dépenses forcées, les produits abaissés, plutôt que grossis. Mais ce n'est pas seulement pour nous que ces chiffres sont tentants comme tu dis ; ils peuvent aussi le devenir pour ceux qui nous entourent, pour les gens de ce pays ; et c'est à eux que je pensais en parlant tout à l'heure des devoirs des riches. Jusqu'à présent nos paysans n'ont tiré qu'un médiocre produit du lait de leurs vaches ; aussitôt que mes machines fonctionneront et que mes débouchés seront assurés, je leur achèterai celui qu'ils pourront me vendre et le paierai sans faire aucun bénéfice sur eux. Ainsi je verserai dans le pays deux cents, trois cent mille francs par an, qui non seulement seront une source de bien-être pour tout le monde, mais encore qui peu à peu changeront les vieilles méthodes de culture en usage ici. Sur notre route depuis Puyoo tu as rencontré à chaque instant des champs de bruyères et de fougères, d'ajoncs, c'est ce qu'on appelle des *touyas*, et on les conserve ainsi à l'état sauvage pour couper ces bruyères et en faire un engrais plus que médiocre. Quand le nombre des vaches aura augmenté par le seul fait de mes achats de lait, la quantité de fumiers produite augmentera en proportion, et en proportion aussi les touyas diminueront d'étendue ; on les mettra en culture parce qu'on pourra les fumer ; de sorte qu'en enrichissant d'abord le petit paysan je ne tarderai pas à enrichir le pays lui-même. Tu vois la transformation et tu comprends comment en faisant notre fortune nous ferons celle des gens qui nous entourent ; n'est-ce pas quelque chose, cela ?

Elle s'était rapprochée de lui à mesure qu'il avançait dans ses explications, et lui avait pris la main ; quand il se tut, elle se haussa et lui passant un bras autour des épaules elle l'embrassa :

— Tu me pardonnes ? dit-elle.

— Te pardonner ? Que veux-tu que je te pardonne ? demanda-t-il en la regardant tout surpris.

— Si je te le disais, tu ne me pardonnerais pas.

— Alors ?

— Donne-moi l'absolution quand même.

— Tu ne voulais pas habiter Ourteau ?

— Donne-moi l'absolution.

— Je te la donne.

— Maintenant sois tranquille, je te promets que ce sera maman elle-même qui te demandera à rester ici.

FIN DE LA PREMIÈRE PARTIE

DEUXIÈME PARTIE

I

Fidèle à sa promesse, Anie avait amené sa mère à demander elle-même de ne pas vendre le château.

Dans le monde qui se respecte on passe maintenant la plus grande partie de l'année à la campagne, et l'on ne quitte ses terres qu'au printemps, quand Paris est dans la splendeur de sa saison comme Londres. Pourquoi ne pas se conformer à cet usage qui pour eux n'avait que des avantages ? Rester à Paris, n'est-ce pas se condamner à continuer d'anciennes habitudes qui n'étaient plus en rapport avec leur nouvelle position, et des relations qui, n'ayant jamais eu rien d'agréable, deviendraient tout à fait gênantes ? Acceptables rue de l'Abreuvoir, certaines visites seraient plus qu'embarrassantes boulevard Haussmann.

Ces raisons, exposées une à une avec prudence, avaient convaincu madame Barincq, qui, après un premier mouvement de révolte, commençait d'ailleurs à se dire, et sans aucune suggestion, que la vie de château avait des agréments : d'autant plus chic de se faire conduire à la messe en landau que l'église était à deux pas du château, plus chic encore de trôner à l'église dans le banc d'honneur ; très amusant de pouvoir envoyer à ses amis de Paris un saumon de sa pêcherie, un gigot de ses agneaux de lait, des artichauts de son potager, des fleurs de ses serres. Si, au temps de sa plus grande détresse, elle s'était toujours ingéniée à trouver le moyen de faire autour d'elle de petits cadeaux : un œuf de ses poules, des violettes, une branche de lilas de son jardinet, un ouvrage de femme, qui témoignaient de son besoin de donner ; maintenant qu'elle n'avait qu'à prendre autour d'elle, elle pouvait se faire des surprises à elle-même qui la flattaient et la rendaient toute glorieuse :

— Crois-tu qu'ils vont être étonnés ? disait-elle à Anie quand lui venait l'idée d'un nouveau cadeau.

Quel triomphe en recevant les réponses à ses envois ! et quelle fierté, quand on lui écrivait qu'avant de manger son gigot, on ne savait vraiment pas ce que c'était que de l'agneau ; par là, cette propriété qui produisait ces agneaux et donnait ces saumons lui devenait plus chère.

Son consentement obtenu, les travaux avaient commencé partout à la fois : dans les vignes, que les charrues tirées par quatre forts bœufs du Limousin défrichaient ; dans les écuries qu'on transformait en étables ; enfin dans la prairie, où les maçons, les charpentiers, les couvreurs, construisaient la laiterie et la porcherie.

Bien que la vigne de ce pays n'ait jamais donné que d'assez mauvais vin, c'est elle qui, dans le cœur du paysan, passe la première : avoir une vigne est l'ambition de ceux qui possèdent quelque argent ; travailler chez un propriétaire et boire son vin, celle des tâcherons qui n'ont que leur pain quotidien. Quand on vit commencer les défrichements, ce fut un étonnement et une douleur : sans doute ces vignes ne rapportaient plus rien, mais ne pouvaient-elles pas guérir un jour ou l'autre, par hasard, par miracle ? Il n'y avait qu'à attendre.

Et l'on s'était dit que le frère aîné n'avait pas tort quand il accusait son cadet d'être un détraqué. Ne fallait-il pas avoir la cervelle malade pour s'imaginer qu'on peut faire du beurre avec du lait sortant de la mamelle de la vache ? si cela n'était pas de la folie, qu'était-ce donc ? Or, les folies coûtent cher en agriculture, tout le monde sait cela.

Aussi tout le monde était-il convaincu qu'il ne se passerait pas beaucoup d'années avant que le domaine ne fût mis en vente.

Et alors ?

Dame, alors chacun pourrait en avoir un morceau, et, dans les terres régénérées par la culture, les vignes qu'on replanterait feraient merveille.

II

Pour le père, occupé du matin au soir à la surveillance de ses travaux, défrichements, bâtisse, montage des machines ; pour la mère, affairée par ses envois et sa correspondance ; pour la fille, tout à ses études de peinture, le temps avait passé vite, la fin d'avril, mai, juin, sans qu'ils eussent bien conscience des jours écoulés.

Quelquefois, cependant, le père revenait à l'engagement, pris par lui au moment de leur arrivée, de conduire Anie à Biarritz, mais c'était toujours pour en retarder l'exécution.

A la fin, madame Barincq se fâcha.

— Quand je pense qu'à son âge ma fille n'a pas vu la mer, et que depuis que nous sommes ici on ne trouve pas quelques jours de liberté pour lui faire ce plaisir, je suis outrée.

— Est-ce ma faute ? Anie, je te fais juge.

Et Anie rendit son jugement en faveur de son père :

— Puisque j'ai attendu jusqu'à cet âge avancé, quelques semaines de plus ou de moins sont maintenant insignifiantes.

— Mais c'est un voyage d'une heure et demie à peine.

Il fut décidé qu'en attendant la saison on partirait le dimanche pour revenir le lundi : pendant quelques heures les travaux pourraient, sans doute, se passer de l'œil du maître ; et pour empêcher de nouvelles remises madame Barincq déclara à son mari que, s'il ne pouvait pas venir, elle conduirait seule sa fille à Biarritz.

— Tu ne ferais pas cela !

— Parce que ?

— Parce que tu ne voudrais pas me priver du plaisir de jouir du plaisir d'Anie : s'associer à la joie de ceux qu'on aime, n'est-ce pas le meilleur de la vie ?

— Si tu tiens tant à jouir de la joie d'Anie, que ne te hâtes-tu de la lui donner ?

— Dimanche, ou plutôt samedi.

En effet, le samedi, par une belle après-midi douce et vaporeuse, ils arrivaient à Biarritz, et Anie au bras de son père descendait la pelouse plantée de tamaris qui aboutit à la grande plage ; puis, après un temps d'arrêt pour se reconnaître, ils allaient, tous les trois, s'asseoir sur la grève que la marée baissante commençait à découvrir.

C'était l'heure du bain ; entre les cabines et la mer il y avait un continuel va-et-vient de femmes et d'enfants, en costumes multicolores, au milieu des curieux qui les passaient en revue, et offraient eux-mêmes, par leurs physionomies exotiques, leurs toilettes élégantes ou négligées, tapageuses ou ridicules, un spectacle aussi intéressant que celui auquel ils assistaient ; — tout cela formant la cohue, le tohu-bohu, le grouillement, le tapage d'une foire que coupait à intervalles régulièrement rythmés l'écroulement de la vague sur le sable.

Ils étaient installés depuis quelques minutes à peine, quand deux jeunes gens passèrent devant eux, en promenant sur la confusion des toilettes claires et des ombrelles un regard distrait ; l'un, de taille bien prise, beau garçon, à la tournure militaire ; l'autre, grand, aux épaules larges, portant sur un torse développé une petite tête fine qui contrastait avec sa puissante musculature et le faisait ressembler à un athlète grec habillé à la mode du jour.

Quand ils se furent éloignés de deux ou trois pas, Barincq se pencha vers sa femme et sa fille :

— Le capitaine Sixte, dit-il.

— Où ?

Il le désigna le mieux qu'il put.

— Lequel ? demanda madame Barincq.

— Celui qui a l'air d'un officier ; n'est-ce pas qu'il est bien ?

— J'aime mieux l'autre, répondit madame Barincq.

— Et toi, Anie, comment le trouves-tu ?

— Je ne l'ai pas remarqué ; mais la tournure est jolie.

— Pourquoi n'est-il pas en tenue ? demanda madame Barincq.

— Comment veux-tu que je te le dise ?

— Tu sais qu'il ne ressemble pas du tout à ton frère.

— Cela n'est pas certain ; s'il est blond de barbe, il est noir de cheveux.

— Pourquoi ne t'a-t-il pas salué ? demanda madame Barincq.

— Il ne m'a pas vu.

— Dis qu'il n'a pas voulu nous voir.

— Tu sais, maman, qu'on ne regarde pas volontiers les femmes en deuil, dit Anie.

— C'est justement notre noir qui l'aura exaspéré, en lui rappelant la perte de la fortune qu'il comptait bien nous enlever.

— Les voici, interrompit Anie.

En effet, ils revenaient sur leurs pas.

— Cette fois nous allons bien voir, dit madame Barincq, s'il affecte de ne pas te saluer.

Il fit plus que saluer ; arrivé vis-à-vis d'eux, il laissa échapper un mouvement prouvant qu'il venait seulement de reconnaître Barincq, et tout de suite, se séparant de son compagnon, il s'avança, le chapeau à la main, en s'inclinant devant madame Barincq et Anie :

— Puisque le hasard me fait vous rencontrer sur cette plage, me permettrez-vous, monsieur, dit-il, de vous adresser une demande pour laquelle je voulais vous écrire ?

— Je suis tout à votre disposition.

— Voici ce dont il s'agit. Dans la chambre que j'occupais lors de mes visites à Ourteau, se trouvent plusieurs objets qui m'appartiennent : deux fusils de chasse, des livres, des photographies, du linge, des vêtements. J'aurais dû vous en débarrasser depuis longtemps, et je vous prie de me pardonner de ne pas l'avoir fait encore.

— Ces objets ne nous gênent en rien.

Mon excuse est dans un ordre de service ; j'ai quitté Bayonne peu de temps après la mort de M. de Saint-Christeau et ne suis revenu que cette semaine ; mais, maintenant que me voilà de retour, je puis les envoyer chercher le jour que vous voudrez bien me donner.

— Nous rentrons lundi.

— Mardi vous convient-il ?

— Parfaitement.

— Mardi j'enverrai mon ordonnance les emballer.

— Si vous voulez m'en donner la liste, je puis vous les faire envoyer par Manuel.

— C'est que cette liste est difficile à établir, surtout pour les livres, qui se trouvent mêlés à ceux de la bibliothèque du château, et pour tout ce qui touche aux livres, Manuel n'est pas très compétent.

— Votre ordonnance l'est davantage ?

Le capitaine sourit :

— Pas beaucoup.

— Alors ?

— Évidemment des erreurs sont possibles ; mais, en tout cas, s'il s'en commet, elles seront de peu d'importance, et je les réparerai en vous renvoyant les volumes qui ne m'appartiendraient pas.

— Il y aurait un moyen de les empêcher, ce serait que vous prissiez la peine de venir vous-même à Ourteau, où nous nous ferons un plaisir, madame Barincq et moi, de vous recevoir le jour qu'il vous plaira de choisir.

Le capitaine hésita un moment, regardant madame Barincq et Anie.

— Si vous pouvez m'indiquer à l'avance l'heure de votre arrivée, dit Barincq, j'enverrai une voiture vous attendre à Puyoo.

Cette insistance fit céder les hésitations du capitaine :

— Mardi, dit-il, je serai à Puyoo à 3 heures 55.

Comme il allait se retirer, après avoir salué madame Barincq et Anie, Barincq lui tendit la main.

— A mardi.

Le capitaine rejoignit son compagnon.

C'était l'habitude de madame Barincq d'interroger sa fille sur toutes choses et sur tout le monde, ne se faisant une opinion qu'avec les impressions qu'elle recevait.

— Eh bien, demanda-t-elle aussitôt que le capitaine se fut éloigné de quelques pas, comment le trouves-tu ? Tu ne diras pas cette fois que tu ne l'as pas remarqué.

— Je le trouve très bien.

— Que vois-tu de bien en lui ? continua madame Barincq.

— Mais tout ; il est beau et il a l'air intelligent ; la voix est bien timbrée, les manières sont faciles et naturelles ; la physionomie respire la droiture et la franchise ; je ne connais pas de militaires, mais quand j'en imaginais un, d'après un type que j'arrangeais, il n'était ni autre ni mieux que celui-là ; ni vain, ni prétentieux, ni gonflé, ni vide.

— Es-tu satisfaite ? demanda Barincq à sa femme, si tu voulais un portrait, en voilà un.

— On dirait qu'il te fait plaisir.

— Pourquoi pas ? Non seulement le capitaine m'est sympathique, mais encore je le plains.

— La voix du sang.

— Pourquoi ne parlerait-elle pas ?

— Parce qu'il faudrait qu'elle fût inspirée par la certitude, et que cette certitude n'existe pas.

— Voilà précisément qui rend la situation intéressante.

Anie les interrompit :

— Ils reviennent, dit-elle, et il semble que c'est pour nous aborder.

— Que peut-il vouloir encore ? demanda madame Barincq.

Ils n'étaient plus qu'à quelques pas, tous deux en même temps mirent la main à leur chapeau, mais ce fut le capitaine qui prit la parole :

— Mon ami le baron d'Arjuzanx, dit-il, désire avoir l'honneur de vous être présenté.

— J'ai pensé que mon nom expliquerait et, jusqu'à un certain point, excuserait ce désir, dit le baron.

— Vous êtes le fils d'Honoré ? demanda Barincq.

— Précisément, votre camarade au collège de Pau, comme j'ai été celui de Sixte ; mon père m'a si souvent parlé de vous et en termes tels que j'ai cru que c'était un devoir pour moi de vous présenter mes hommages, ainsi qu'à madame et à mademoiselle de Saint-Christeau.

Ce fut madame Barincq qui répondit en invitant le baron à s'asseoir : des chaises furent apportées par le capitaine, un cercle se forma.

Le baron d'Arjuzanx parla de son père, Barincq de ses souvenirs de collège, et la conversation ne tarda pas à s'animer. Habitué de Biarritz, le baron connaissait tout le monde, et à mesure que les femmes défilaient devant eux pour entrer dans la mer ou remonter à leur cabines il les nommait, en racontant les histoires qui couraient sur elles : Espagnoles, Russes, Anglaises, Américaines, toutes y passèrent, et quand elles lui manquèrent il tira d'un carnet toute une série de petites épreuves obtenues avec un appareil instantané qui complétèrent sa collection. Si plus d'un modèle vivant prêtait à la plaisanterie, les photographies, en exagérant la réalité, avaient des aspects bien plus drôlatiques encore : il y avait là des Espagnoles dont les caoutchoucs dans lesquels elles s'enveloppaient rendaient la grosseur phénoménale, comme il y avait des Russes saisies au moment où elles sortaient rapidement de leurs chaises à porteur, d'une maigreur et d'une longueur invraisemblables.

— Je vois qu'il est bon d'être de vos amies, dit Anie.

— Il est des personnes qui n'ont pas besoin d'indulgence.

Ce fut madame Barincq qui répondit à ce compliment par son sourire le plus gracieux, fière du succès de sa fille.

Plusieurs fois le capitaine parut vouloir se lever, mais le baron ne répondit pas à ses appels, et resta solidement sur sa chaise, bavardant toujours, regardant Anie, se faisant inviter à Ourteau, et invitant lui-même M. et madame de Saint-Christeau à lui faire l'honneur de venir voir son vieux château de Seignos : avec de bons chevaux on pouvait faire le voyage dans la journée sans fatigue.

— Avez-vous lu le *Capitaine Fracasse*, mademoiselle ? demanda-t-il à Anie.

— Oui.

— Eh bien, vous retrouverez dans ma gentilhommière plus d'un point de ressemblance avec celle du baron de Sigognac, quand ce ne serait que les deux tours rondes avec leurs toits en éteignoirs. A la vérité ce n'est pas tout à fait le château de la Misère, si curieusement décrit par Théophile Gautier, mais il n'y a que la misère qui manque ; pour le reste, vous vous reconnaîtrez : très conservateurs, les d'Arjuzanx, car il n'y a pas eu grand'chose de changé chez nous depuis Louis XIII. Et puis, vous verrez mes vaches.

— Ah ! vous avez des vaches ! Combien vous donnent-elles de lait en moyenne ? interrompit madame Barincq qui, à force d'entendre parler de lait, de beurre, de veaux, de vaches, de porcs, d'herbe, de maïs, de betteraves, s'imaginait avoir acquis des connaissances spéciales sur la matière.

Le baron se mit à rire :

— C'est de vaches de courses qu'il s'agit, non de vaches laitières.

— A Ourteau, continua Barincq, mes vaches nous donnent une moyenne de 1,500 litres.

— Vous êtes sur une terre riche, je suis sur une terre pauvre, aux confins de la Lande rase où la plaine de sable rougeâtre ne produit guère que des bruyères, des ajoncs, des genêts ou des fougères ; mais, si pauvres laitières qu'elles soient, elles ont cependant quelques mérites, et si vous voulez aller dimanche à Habas, qui est à une courte distance d'Ourteau, vous verrez ce qu'elles valent.

— Il y a des courses ? dit Barincq.

— Oui, et les vaches proviennent de mon troupeau.

— Certainement nous irons, dit madame Barincq avec empressement ; nous n'avons jamais vu de courses landaises, mais nous en avons assez entendu parler par mon mari pour avoir la curiosité de les connaître.

L'entretien se prolongea ainsi, allant d'un sujet à un autre, jusqu'à l'heure du dîner, et déjà le soleil s'abaissait sur la mer, découpant en une silhouette sombre les rochers de l'Atalaye, déjà la plage avait perdu son mouvement et son brouhaha, quand le baron se décida à se lever.

A peine s'était-il éloigné avec le capitaine que madame Barincq rapprocha vivement sa chaise de celle de sa fille :

— Tu sais que c'est un mari ? dit-elle.

— Qui ? demanda Anie.

— Qui veux-tu que ce soit, si ce n'est le baron d'Arjuzanx.

— Te voilà bien avec ton idée fixe de mariage, dit Barincq.

— Oh ! maman, si tu voulais ne pas t'occuper de mariage, continua Anie ; nous ne sommes plus à Montmartre, et nous n'avons plus à chercher un mari possible dans tout homme qui nous approche. Laisse-moi jouir en paix de cette liberté.

— Je ne peux pourtant pas former mes yeux à l'évidence, et il est évident que tu as produit une vive impression sur M. d'Arjuzanx. C'est cette impression qui l'a poussé à se faire présenter, c'est elle qui ne lui a pas permis de te quitter des yeux pendant tout cet entretien ; c'est elle enfin qui a amené les compliments fort bien tournés d'ailleurs qu'il t'a plusieurs fois adressés.

— De là à penser au mariage, il y a loin.

— Pas si loin que tu crois.

Cessant de s'adresser à sa fille ; elle se tourna vers son mari :

— Quelle est la fortune de M. d'Arjuzanx ?

— Je n'en sais rien.

— Quelle était celle du père ?

— Assez belle, mais embarrassée par une mauvaise administration.

— Et sa situation ?

— Des plus honorables ; les d'Arjuzanx appartiennent à la plus vieille noblesse de la vicomté de Tursan ; un d'Arjuzanx a été l'ami de Henri IV ; plusieurs autres ont marqué à la cour et à la guerre.

— Mais c'est admirable ! Nous irons dimanche aux courses d'Habas où certainement nous le rencontrerons. Et, puisque le capitaine Sixte vient mardi à Ourteau, nous le ferons causer sur son camarade.

III

Bien que madame Barincq, maintenant qu'elle était en possession de la fortune de son beau-frère, n'eût plus rien à craindre du capitaine, elle le regardait toujours comme un ennemi : trop longtemps elle l'avait appelé le bâtard et le voleur d'héritage pour pouvoir renoncer à ces griefs contre lui alors même qu'ils n'avaient plus de raison d'être ; pour elle il restait toujours le voleur d'héritage que pendant tant d'années elle avait redouté et maudit.

Mais le désir d'obtenir des renseignements sur le baron d'Arjuzanx le lui fit considérer à un point de vue différent, et amena chez elle un changement que les observations que son mari et sa fille ne lui épargnaient pas cependant en faveur du capitaine n'eussent jamais produit : puisqu'il devenait utile au lieu de rester dangereux, il était un autre homme.

Aussi quand il arriva le mardi, voulut-elle le recevoir elle-même ; et elle mit tant de bonne grâce à l'inviter à dîner, elle insista si vivement, elle trouva tant de raisons pour rendre toute résistance impossible, qu'il dut finir par accepter et ne pas persister dans un refus que sa situation personnelle envers la famille Barincq rendait particulièrement délicat.

Bien que de son côté il pût lui aussi les considérer comme des voleurs d'héritage, il n'avait, en toute justice, aucun reproche fondé à leur adresser, ni au mari, ni à la fille : ni l'un ni l'autre n'avait rien fait pour lui enlever cette fortune qui, pendant longtemps, avait été sienne : il n'y avait point eu de luttes entre eux ; la fatalité seule avait agi en vertu de mystérieuses combinaisons auxquelles personne n'avait aidé, et il ne pouvait pas, honnêtement, les rendre responsables d'être les instruments du hasard pas plus que d'être les complices de la mort. En réalité, le père était un brave homme pour qui on ne pouvait éprouver que de la sympathie, comme la fille était une très jolie et très gracieuse personne qu'il eût peut-être trouvée plus jolie et plus gracieuse encore, si sa condition d'officier sans le sou, lui eût permis de s'abandonner à ses idées. Les choses étant ainsi, convenait-il de s'enfermer dans une attitude raide qu'on pourrait prendre pour de la rancune, et de l'hostilité ? Il le crut d'autant moins qu'il n'éprouvait à leur égard ni l'un ni l'autre de ces sentiments ; désappointé qu'on n'eût pas retrouvé un testament qu'il connaissait, oui, il l'avait été, et même vivement, très vivement, car il n'était pas assez détaché des biens de ce monde pour supporter, impassible, une pareille déception ; mais fâché contre ceux qui recueillaient, à sa place, cette fortune, par droit de naissance, il ne l'était point, et ne voulait pas, conséquemment, qu'on pût supposer qu'il le fût.

Lorsqu'avec le secours de Manuel il eut emballé les objets qui lui appartenaient, il trouva, au bas de l'escalier, Barincq qui l'attendait.

— Vous plaît-il que, jusqu'au dîner, nous fassions une promenade dans les prés ? le temps est doux ; je vous montrerai mes travaux et mes bêtes.

Pendant cette promenade qui se prolongea, car Barincq était trop heureux de parler de ce qui le passionnait pour abréger ses explications, le capitaine n'eut pas un seul instant la sensation qu'il pouvait y avoir quelque chose d'ironique à lui montrer sa propriété améliorée : assurément l'affabilité avec laquelle on le recevait était sincère, comme l'était la sympathie qu'on lui témoignait ; cela il le voyait, il en était convaincu ; aussi, quand il s'assit à table, se trouvait-il dans les meilleures dispositions pour répondre aux questions que madame Barincq lui posa sur le baron et raconter ce qu'il savait de lui.

C'était au collège de Pau qu'ils s'étaient connus, gamins l'un et l'autre puisqu'ils étaient du même âge. Et déjà l'enfant montrait ce que serait l'homme : une seule passion, les exercices du corps, tous les exercices du corps. Dans ce genre d'éducation il avait accompli des prodiges dont le souvenir servirait longtemps d'exemple aux maîtres de gymnastique de l'avenir. Avec cela, bon garçon, franc, généreux, n'ayant qu'un défaut, la rancune : de même que ses tours de force étaient légendaires, ses vengeances l'étaient aussi. Entre eux il n'y avait jamais eu que d'amicales relations, et si, pendant le temps de leur internat, ils n'avaient pas vécu dans une intimité étroite, au moins étaient-ils toujours restés bons camarades jusqu'au départ de d'Arjuzanx qui avait quitté le collège avant la fin de ses classes. Pendant plus de douze ans, ils ne s'étaient pas vus, et ne s'étaient retrouvés qu'à l'arrivée du capitaine à Bayonne.

Ce que le baron promettait au collège, il l'avait tenu dans la vie, et aujourd'hui il réalisait certainement le type le plus parfait de l'homme de sport : tous les exercices du corps il les pratiquait avec une supériorité qui lui avait fait une célébrité ; l'escrime et l'équitation aussi bien que la boxe ; il faisait à pied des marches de douze à quinze lieues par jour pour son plaisir ; et il regardait comme un jeu d'aller de Bayonne à Paris sur son vélocipède. Cependant c'était la lutte romaine, la lutte à mains plates, qui avait surtout établi sa réputation, et il avait pu se mesurer sans désavantage, au cirque Molier, avec Pietro, qui est reconnu par les professionnels comme le roi des lutteurs. C'était la pratique constante de ces exercices et l'entraînement régulier qu'ils exigent qui lui avaient donné cette musculature puissante qu'on ne rencontre pas d'ordinaire chez les gens du monde. Pour s'entretenir en forme, il avait dans son château un ancien lutteur, un vieux professionnel précisément, appelé Toulourenc, autrefois célèbre, avec qui il travaillait tous les jours, et, d'une séance de lutte ou d'escrime, il se reposait par deux ou trois heures de cheval ou de course à pied.

Madame Barincq écoutait stupéfaite ; sa surprise fut si vive, qu'elle interrompit :

— Est-ce que la lutte à mains plates dont vous parlez est celle qui se pratique dans les foires ?

— C'est en effet cette lutte, ou plutôt c'était, car elle n'est plus maintenant, comme autrefois, réservée aux seuls professionnels, qui donnaient leurs représentations à Paris aux arènes de la rue Le Peletier ou dans les fêtes de la banlieue, et, dans le Midi, un peu partout ; des amateurs se sont pris de goût pour elle, quand les exercices physiques, pendant si longtemps dédaignés, ont été remis en faveur chez nous, et d'Arjuzanx est sans doute le plus remarquable de ces amateurs.

— Voilà qui est bizarre pour un homme de son rang.

— Pas plus que le trapèze ou le panneau du cirque pour certains noms des plus hauts de la jeune noblesse. En tout cas la lutte exige un ensemble de qualités qui ne sont pas à dédaigner : la force, la souplesse, l'agilité, l'adresse, la résistance, et une autre, intellectuelle celle-là, c'est-à-dire le sens de ce qui est à faire ou à ne pas faire.

— Vous parlez de la lutte comme si vous étiez vous-même un des rivaux de M. d'Arjuzanx, dit Anie.

— Simplement, mademoiselle, comme un homme qui, pratiquant par métier quelques exercices du corps, sait la justice qu'on doit rendre à ceux qui arrivent à une supériorité quelconque dans l'un de ces exercices. D'ailleurs, il est certain que la lutte est celui de tous qui développe le mieux la machine humaine pour lui faire obtenir d'harmonieuses proportions et lui donner son maximum de beauté, tandis que les autres détruisent plus ou moins l'équilibre des proportions, en favorisant un organe au détriment de celui-ci ou de celui-là : voyez le tireur à l'épaule haute, et le jockey, ou simplement le cavalier aux jambes arquées ; et, d'autre part, voyez les athlètes de l'antiquité, qui ont servi de modèles à la statuaire et l'ont jusqu'à un certain point créée.

— J'avoue qu'à l'Hercule Farnèse je préfère l'Apollon du Belvédère, et surtout le Narcisse, dit Anie.

Tout cela étonnait madame Barincq, et ne répondait pas à ses préoccupations de mère, elle voulut donc préciser ses questions.

— Voilà un genre de vie qui doit coûter assez cher ? dit-elle.

— Je n'en sais rien, mais certainement il n'est pas ruineux comme une écurie de course, ou le jeu ; en tout cas, je crois que la fortune de d'Arjuzanx peut lui permettre ces fantaisies, et alors même qu'elles lui coûteraient cher, même très cher, cela ne serait pas pour l'arrêter, car il n'a aucun souci des choses d'argent.

Volontiers madame Barincq eût parlé du baron pendant tout le dîner, de son caractère, de ses relations, de sa fortune, de son passé, de son avenir ; mais Anie détourna la conversation, et sut la maintenir sur des sujets qui ne permettaient pas de revenir à M. d'Arjuzanx, et de laisser supposer au capitaine qu'elle s'intéressait à cette sorte d'enquête sur le compte d'un homme avec qui elle s'était rencontrée une fois.

L'obsession du mariage l'avait trop longtemps tourmentée pour qu'elle n'éprouvât pas un sentiment de délivrance à en être enfin débarrassée. Ç'avait été l'humiliation de ses années de jeunesse, de discuter avec sa mère la question de savoir si tel homme qu'elle avait vu ou devait voir pouvait faire un mari ; si elle lui avait plu ; s'il était acceptable ; les avantages qu'il offrait ou n'offrait point. Maintenant que la fortune lui donnait la liberté, elle ne voulait plus de ces marchandages. Qu'un mari se présentât, elle verrait si elle l'acceptait. Mais aller au devant de lui, c'était ce qu'elle ne voulait pas.

Et le soir même, après le départ du capitaine, elle s'expliqua là-dessus avec sa mère très franchement.

— Est-ce que bien souvent je n'ai pas pris des renseignements sur un jeune homme sans que tu t'en fâches ? dit celle-ci surprise.

— Les temps sont changés. C'est précisément parce que cela s'est fait que je ne veux plus que cela se fasse. Est-ce que le meilleur de la fortune n'est pas précisément de nous dégager des compromis de la misère ? riche d'argent, laisse-moi l'être de dignité.

Mais ces observations n'empêchèrent pas madame Barincq de persister dans son envie d'aller le dimanche aux courses d'Habas.

— Rencontrer M. d'Arjuzanx n'est pas le chercher, et nous n'avons pas de raison pour le fuir.

— Pourvu qu'on ne s'imagine pas que je suis une fille en peine de maris, c'est tout ce que je demande, et cela, je me charge de le faire comprendre sans qu'on puisse se tromper sur mes intentions.

IV

Habas, qui n'est qu'un village des Landes, a cependant des courses très suivies, et, le dimanche de juillet où elles ont lieu, c'est sur les routes qui aboutissent à son clocher une procession de voitures dans laquelle se trouvent représentés tous les genres de véhicules en usage dans la contrée ; le long des haies vertes festonnées de ronces et de clématites, sous le couvert des châtaigniers, les piétons se suivent à la file, les pieds chaussés d'espadrilles neuves, le béret rabattu sur les yeux en visière, le ventre serré dans une belle ceinture rouge ou bleue ; et si quelques femmes sont fières d'être coiffées du chapeau de paille à la mode de Paris, d'autres portent toujours le foulard de soie aux couleurs éclatantes qui donne l'accent du pays.

Quand le landau de la famille Barincq, après avoir traversé les rues pavoisées, s'arrêta devant l'auberge de la *Belle-Hôtesse*, il se produisit un mouvement de curiosité dans la foule : car, si les charrettes et même les carrioles à ânes étaient nombreuses, un landau était un événement dans le village.

Des éclats de cornet à piston et des ronflements d'ophicléide dominaient les rumeurs : c'était la fanfare qui, au loin, parcourait les rues en sonnant le rappel, et de partout on se dirigeait vers les arènes établies sur la place confisquée à leur profit. Construites en pin des landes dont les planches nouvellement débitées exsudaient sous les rayons d'un soleil de feu leurs dernières gouttes de résine en larmes blanches, elles répandaient dans l'air une forte odeur térébenthinée. Leur simplicité était tout à fait primitive : des gradins en bois brut, et c'était tout ; les premières avaient le soleil dans le dos, les petites places dans les yeux ; rien de plus, mais cette disposition était d'importance capitale dans un pays où ses rayons sont assez ardents pour faire accepter sans sourire la vieille image des flèches d'Apollon.

— Certainement, nous allons être rôtis, dit madame Barincq en s'installant au premier rang.

Après dix minutes elle était encore à chercher un moyen pour échapper à cette cuisson, quand le baron d'Arjuzanx parut à l'entrée de la tribune ; en le voyant se diriger de leur côté, elle ne pensa plus au soleil ni à la chaleur.

— Voilà le baron, dit-elle à Anie.

— Ne comptais-tu pas sur lui ?

Quand les premiers mots de politesse furent échangés, Anie, fidèle à son idée, tint à bien marquer qu'elle n'était pas venue pour le rencontrer :

— Mon père nous a si souvent parlé des courses landaises, dit-elle, que nous avons voulu profiter de la première occasion qui s'offrait à courte distance, pour en voir une.

— Et vous êtes bien tombée, répondit-il, en choisissant Habas. La journée sera, je le crois, intéressante : les bêtes sont vives, et les écarteurs comptent parmi les meilleurs que nous ayons : Saint-Jean, Boniface, Omer, et aussi le Marin et Daverat, qui sont plutôt sauteurs qu'écarteurs, mais qui vous étonneront certainement par leur souplesse.

— Il y a une différence entre un écarteur et un sauteur ? demanda madame Barincq.

— L'écarteur attend de pied ferme la bête qui se précipite sur lui, et au moment où elle va l'enlever au bout de ses cornes, il tourne sur lui-même et la vache passe sans le toucher : il l'a écartée ou plus justement il s'est écarté d'elle. Le sauteur attend aussi la bête comme l'écarteur ; mais, au lieu de se jeter de côté, il saute par-dessus. Vous allez voir Daverat exécuter ce saut les pieds liés avec un foulard, ou fourrés dans son béret qu'il ne perdra pas en sautant. Si intéressants que soient ces sauts qui montrent l'élasticité des muscles, pour nous autres landais, ils ne valent pas un bel écart : le saut est fantaisiste, l'écart est classique.

— Pensez-vous que le capitaine Sixte assiste à ces courses ? demanda madame Barincq qui se souciait peu de ces distinctions qu'elle avait cependant provoquées.

— Je ne crois pas ; ou plutôt, pour être vrai, je n'en sais rien du tout.

— Je regretterai son absence ; nous avons eu le plaisir de le garder à dîner cette semaine, c'est un homme aimable.

— Un brave et honnête garçon, très droit, très franc.

— Je comprends que mon beau-frère se soit pris pour lui d'une vive affection, continua madame Barincq, curieuse d'obtenir des renseignements sur les relations qui avaient existé entre le capitaine et celui qu'on lui donnait pour père.

Mais le baron, qui ne voulait pas se laisser attirer sur ce terrain, se contenta de répondre par un sourire vague.

— Cependant, si vive que soit l'amitié, poursuivit madame Barincq, elle ne peut pas aller jusqu'à supprimer les liens de famille.

Le baron accentua son sourire.

— Aussi puis-je difficilement admettre que le capitaine ait cru, comme on a dit, qu'il serait l'héritier de M. de Saint-Christeau.

Comme le baron ne répondait pas, elle insista :

— Pensez-vous que telle ait été son espérance ?

— Je n'ai aucune idée là-dessus. Sixte ne m'en a jamais parlé, et bien entendu je ne lui en ai pas parlé moi-même. Tout ce que je puis affirmer, c'est que Sixte n'est pas du tout un homme d'argent ; et si, comme on le dit, il a pu avoir certaines espérances de ce côté, ce que j'ignore d'ailleurs, je suis convaincu que leur perte ne l'aura touché en rien : il est au-dessus de ces choses.

— Il me semble, interrompit Anie pour détourner l'entretien, que s'il est tel que vous le représentez, il réunit en lui les qualités avec lesquelles on fait le type du parfait soldat.

— Mon Dieu, oui, mademoiselle ; seulement, si ce type était vrai hier, il n'est plus tout à fait aussi vrai aujourd'hui.

— Je ne comprends pas bien.

— C'est que, ne vivant pas dans le monde militaire, vous ne suivez pas les changements qui sont en train de s'y accomplir. Il y a quelques années, l'indifférence pour l'argent était à peu près la règle générale chez l'officier, comme le mariage était l'exception ; et, à cette époque, le désintéressement entrait pour une bonne part dans le type de ce parfait soldat qui alors ne mettait pas ses satisfactions et ses ambitions dans la fortune. Mais le mariage, maintenant si fréquent dans l'armée, a changé ces mœurs. En se voyant demandé par les familles riches, et même poursuivi, l'officier a accordé à l'argent une importance qui n'existait pas pour ses devanciers ; et ils ne sont pas rares aujourd'hui ceux qui répondent, lorsqu'on leur parle d'une jolie fille : « Ça apporte ? » La fortune, en s'introduisant dans les régiments, a créé des besoins, et, par conséquent, des exigences qu'on ne soupçonnait pas il y a vingt ans. Sixte, bien que jeune, n'appartient pas à ce nouveau type, qui tend de plus en plus à remplacer l'ancien, et qui, d'ici peu de temps, aura complètement changé l'esprit et les mœurs de l'armée ; et bien que capitaine de cavalerie, bien que breveté, ce qui double sa valeur marchande, je suis sûr que, s'il se marie jamais, la fortune ne sera pour lui que l'accessoire.

— Alors, c'est tout à fait un héros ? dit Anie.

— Tout à fait.

— On peut donc admettre, continua madame Barincq, revenant à son idée, que la perte de l'héritage de M. de Saint-Christeau ne lui a pas été trop douloureuse ?

— On peut le croire.

Et, comme les écarteurs faisaient leur entrée dans l'arène, il profita de cette diversion pour n'en pas dire davantage : la fanfare jouait avec rage, des fusées éclataient, la foule poussait des clameurs de joie ; ce n'était plus le moment des conversations à mi-voix, et il ne pouvait plus guère s'occuper que des écarteurs en les nommant à Anie à mesure qu'ils passaient avec des poses théâtrales, largement espacés, graves, cérémonieux, comme il convient à des personnages que porte la faveur de la foule. Comment celui-ci, élégant et gracieux dans sa veste de velours bleu, était cordonnier ; et celui-là, de si noble tournure, tonnelier !

Le défilé terminé, le spectacle commence aussitôt. C'est sous la tribune dans laquelle ils ont pris place que les bêtes sont parquées, chacune dans sa loge ; une porte s'ouvre et une vache s'élance sur la piste d'un trot allongé, ardente, impatiente, battant de sa queue ses flancs creux ; sans une seconde d'hésitation elle fond sur le premier écarteur qu'elle aperçoit ; il l'attend ; et, quand arrivant sur lui elle baisse la tête pour l'enlever au bout de ses cornes fines, il tourne sur lui-même, et elle passe sans l'atteindre ; l'élan qu'elle a pris est si impétueux que ses jarrets fléchissent, mais elle se redresse aussitôt et court sur un autre, puis sur un troisième, un quatrième, au milieu des applaudissements qui s'adressent autant aux hommes qu'à la vaillance de la bête.

L'intérêt de ces courses, c'est que l'homme et la bête se trouvent en face l'un de l'autre, sur le pied d'une égalité parfaite ; point de *picador* pour fatiguer le taureau ; point de *chulos* avec leurs *banderilleros* pour l'exaspérer ; point de *muleta* pour l'étourdir et derrière sa soie rouge éblouissante préparer une surprise ; l'homme n'a d'aide à attendre que de son sang-froid, son coup d'œil, son courage et son agilité ; la bête n'a pas de traîtrise à craindre : au plus fort des deux, c'est un duel.

Il arriva un moment où l'entrain des écarteurs faiblit ; la chaleur était lourde, des nuages d'orage montaient du côté de la mer sans voiler encore le soleil qui tombait implacable dans l'arène surchauffée ; la fatigue commençait à peser sur les plus vaillants, qui précisément, parce qu'ils ne s'étaient pas ménagés, se disaient sans doute que c'était aux autres à donner, et ils s'attardaient volontiers à causer avec leurs amies des tribunes, en s'appuyant nonchalamment aux planches du pourtour, au lieu de se tenir au milieu de l'arène, prêts à provoquer les attaques. A ce moment une vache lâchée sur la piste ne trouva personne devant elle : c'était une petite bête maigre, nerveuse, au pelage roux truité de noir, au ventre avalé, n'ayant pas plus de mamelle qu'une génisse de six mois ; sa tête fine était armée de longues cornes effilées comme une baïonnette. A sa vue il s'éleva une clameur qui disait la réputation :

— La Moulasse !

Elle ne trompa pas les espérances que ses amis mettaient en elle : voyant les écarteurs espacés çà et là le long du pourtour, elle se rua sur le premier qu'elle crut pouvoir atteindre et en quelques secondes elle eut fait le tour de l'arène, cassant les planches à grands coups de cornes, et forçant ainsi ses adversaires à escalader les tribunes au plus vite, à la grande joie du public qui poussait des huées moqueuses ; cela fait, elle revint au milieu de la piste et se mit à creuser la terre qui sous ses sabots nerveux volait autour d'elle.

— Saint-Jean ! Boniface ! criait la foule, chacun provoquant celui des écarteurs qu'il préférait.

Mais aucun ne parut pressé de descendre : Saint-Jean regardant Boniface qui regardait Omer.

— A toi !

— Non, à toi !

En voyant cette débandade, Anie s'était mise à rire :

— Je n'ai jamais autant que maintenant admiré l'agilité des Landais, dit-elle.

C'était à son père qu'elle adressait ces quelques mots, le baron les arrêta au passage :

— Permettez-moi de me réclamer de ma nationalité, dit-il en saluant.

Avant qu'elle eut compris ces paroles bizarres, il appuya les deux mains sur le rebord de la tribune, et d'un bond il sauta dans l'arène.

Il y eut un mouvement de surprise, mais presqu'aussitôt un cri immense s'éleva ; on l'avait reconnu, et on l'acclamait.

— Le *baronne* !

Ce n'était plus un acteur ordinaire qui allait provoquer la Moulasse, c'était le baron, que tout le monde connaissait, et l'espoir de voir cette lutte allumait un délire de joie.

— Le baronne ! le baronne !

Hommes, femmes, enfants, tout le monde s'était levé, gesticulait, curieux, enthousiasmé ; les regards faisaient balle sur lui, l'on restait les yeux écarquillés, la bouche ouverte, dans l'attente de ce qui allait se passer.

Vivement il était venu se placer en face de la Moulasse, mais sans cependant se rapprocher trop d'elle, de façon à la voir venir ; le veston boutonné et serré à la taille, son chapeau jeté au loin, il leva les deux bras droit au-dessus de sa tête et d'un claquement de langue provoqua la vache.

Instantanément elle fondit sur lui : l'attention était frénétique ; on ne respirait plus ; dans le silence on n'entendait que le trot rapide de la vache sur le sable ; elle arrivait. Le baron n'avait pas bougé et la tenait dans ses yeux. Elle baissa la tête. Il tourna sur ses talons, et elle passa en l'effleurant. Mais c'était une bête expérimentée ; au lieu de s'abandonner à son élan, elle se jeta brusquement de côté et revint sur le baron qui l'écarta une seconde fois, puis une troisième, toujours avec la même justesse, la même sûreté.

La fatigue et la nonchalance des écarteurs s'étaient miraculeusement envolées quand ils avaient vu le baron tomber dans l'arène, et tous en même temps ils s'y étaient abattus : provoquée de divers côtés, la Moulasse se jeta sur eux, et le baron put remonter à sa tribune pour reprendre sa place à côté d'Anie, tandis que la foule l'acclamait avec des trépignements qui menaçaient de faire écrouler le cirque sous les battements de pieds.

— Quelle émotion vous nous avez donnée ! dit madame Barincq en le complimentant.

— Je regrette de n'avoir pas eu le temps de vous affirmer que je ne courais aucun danger, dit-il simplement, avec une entière sincérité.

Une clameur lui coupa la parole, la Moulasse venait de surprendre un écarteur et elle le secouait au bout de ses cornes engagées dans la ceinture qui le serrait à la taille ; on se jeta sur elle, et il retomba sur ses pieds pour se sauver en boîtant.

— Vous voyez, dit madame Barincq, le premier moment d'émoi calmé.

— C'est un maladroit.

— Crois-tu maintenant que M. d'Arjuzanx tienne à te plaire ? dit madame Barincq à sa fille, lorsqu'après la course ils se retrouvèrent tous les trois installés dans leur landau.

— En quoi ?

— En sautant dans l'arène pour te montrer son courage.

— Cela ne m'a pas plu du tout.

— Tu as eu peur ?

— Pas assez pour ne pas trouver qu'il était peu digne d'un homme de son rang de s'offrir ainsi en spectacle.

V

Anie, qui tous les matins donnait régulièrement quelques heures à la peinture, de son lever au déjeuner, travaillait volontiers dans l'après-midi avec son père, et c'était pour elle un plaisir de faner les foins qu'on fauchait dans les prairies et dans les îles du Gave : sa fourche à la main, elle épandait son andain sans rester en arrière ; et le soir venu, quand on chargeait l'herbe séchée sur les chars, elle apportait bravement son tas aussi lourd que celui des autres faneuses.

Ces goûts champêtres fâchaient sa mère qui les trouvait peu compatibles avec la dignité d'une châtelaine comme elle trouvait le soleil malsain et dangereux ; n'est-ce pas lui qui est le père de tous nos maux, des insolations, des fluxions de poitrine et des taches de rousseur ? Pour se préserver de ces dangers, elle prenait toutes sortes de précautions, mais sans pouvoir les imposer, comme elle l'eût voulu, à sa fille, qui n'acceptait les grands chapeaux de paille, les voiles de gaze et les gants montant jusqu'au coude que pour les abandonner à la première occasion.

Par contre, ces goûts et cette liberté d'allures faisaient la joie de son père qui dès sa première enfance avait passionnément aimé le travail des champs, labourant aussitôt que ses bras avaient été assez longs pour tenir les emmanchons, fauchant aussitôt qu'on lui avait permis de toucher à une faulx, conduisant les bœufs, montant les chevaux, ébranchant les hauts arbres, abattant les taillis avec passion. Quel délassement, après tant d'années de vie de bureau, enfermée, étouffée, misérable, de se retrouver enfin en plein air, dans une atmosphère parfumée par les foins, les yeux charmés par la vue des choses aimées, ses bêtes, ses récoltes, tout cela dans un beau cadre de verdure que fermait au loin l'horizon changeant de la montagne dont il avait si longtemps rêvé sans espérer le revoir avant de mourir.

Levé le premier dans la maison, il commençait sa journée par la surveillance de la traite des vaches dans les étables ; puis, tout son personnel mis en train, il montait un bidet au trot doux et s'en allait inspecter les défrichements qu'il faisait exécuter pour transformer en prairies les vignes épuisées et les touyas. Cette course était longue, non seulement parce qu'il ne poussait pas son cheval dans ces chemins accidentés, mais encore parce qu'il s'arrêtait à chaque instant pour causer avec les paysans qu'il apercevait au travail dans leurs champs, ou qui, lentement, cheminaient à côté de lui. Il les interrogeait, les écoutait : étaient-ils satisfaits de leur récolte ? Et des discussions s'engageaient sur les modes de culture employés par eux, ainsi que ceux qu'il leur conseillait pour augmenter les produits de leurs terres ; ne se fâchant jamais de se heurter à la routine, s'efforçant au contraire avec patience et douceur, par des raisonnements à leur portée, de les amener à comprendre ses explications.

Au retour, il ne manquait jamais de longer le Gave sous le couvert des grands arbres, certain de rencontrer Anie, tantôt dans un coin frais, tantôt dans un îlot, en train d'achever une étude d'après nature, ce qu'elle appelait ses Corot. Comme elle dormait lorsqu'il avait quitté, le château, ils ne s'étaient pas vus encore de la journée ; arrivé près d'elle, il descendait de cheval ; elle, de son côté, quittait son pliant pour venir à lui, et ils s'embrassaient :

— Tu as bien dormi ?

— Et toi, mon enfant ?

Après avoir attaché la bride de son cheval à une branche, il regardait son tableau en lui faisant ses observations et ses compliments. A la vérité, les compliments l'emportaient de beaucoup sur les critiques, car il suffisait qu'elle eût mis la main à quelque chose pour que cette chose devînt admirable à ses yeux. S'il avait été habitué à un dessin plus serré et plus sévère que celui dont elle se contentait, il se disait qu'à son âge on est vieux jeu, tandis qu'elle était certainement dans le train ; il n'avait jamais été qu'un pauvre diable de manœuvre, elle était une artiste ; dans ces conditions, comment n'eût-il pas repoussé les objections qui se présentaient à son esprit !

— Certainement, tu as raison, disait-il en manière de conclusion, l'impression donnée est bien celle que tu as voulu rendre.

Et il remontait à cheval pour surveiller l'expédition du beurre qu'on avait battu en son absence, ou celle des cochons qu'on ne faisait pas sortir de la porcherie ou qu'on n'emballait pas en voiture sans qu'il y eût de terribles cris poussés malgré les précautions qu'on prenait pour les toucher.

C'était seulement après le déjeuner qu'il se trouvait libre et pouvait, si l'envie lui en prenait, s'en aller travailler aux foins avec Anie.

Comme il était fier, lorsqu'il la voyait vaillante à l'ouvrage, sans plus craindre le soleil qu'une ondée, affable avec les ouvriers, bonne avec les femmes, familière avec les enfants, se faisant aimer de tous !

Comme il était heureux quand, à l'heure du goûter, ils s'asseyaient tous deux à l'ombre d'un tilleul ou au pied d'une haie et mangeaient en bavardant la collation qu'on leur apportait du château : un morceau de pain avec un fruit ou bien une tartine de beurre mouillée d'un verre de vin blanc du pays et d'eau fraîche.

C'était le meilleur moment de sa journée, alors que, cependant, il en avait tant de bons, celui de l'intimité, des tête-à-tête, où tout peut se dire dans l'épanchement d'une tendresse partagée.

On causait à bâtons rompus du présent, du passé et aussi quelquefois de l'avenir, mais beaucoup moins de l'avenir que du passé, en gens heureux qui n'ont pas besoin d'échapper aux tristesses de ce qui est pour se réfugier, en imagination, dans ce qui sera peut-être un jour.

On s'examinait aussi : le père en se demandant si, comme le disait sa femme, il n'imposait pas à Anie une fatigue dangereuse pour sa beauté, sinon pour sa santé ; la fille, en suivant sur le visage de son père et dans son attitude les changements qui s'étaient produits en lui depuis leur installation à Ourteau, et qui se manifestaient par son air de vigueur et de bien-être, comme aussi par la sérénité de son regard.

Et souvent son premier mot, lorsqu'elle s'asseyait près de lui, était pour le complimenter :

— Tu sais que tu rajeunis ?

— Comme toi tu embellis ? Mais n'en doit-il pas être ainsi pour nous ? Quand, pendant de longues années, on a vécu d'une façon absurde qui semble savamment combinée pour dévorer la vie au tirage forcé, n'est-il pas logique que le jour où l'on se conforme aux lois de la nature, l'organisme qui n'a pas éprouvé de trop graves avaries se repose tout seul et reprenne son fonctionnement régulier ? Voilà pourquoi je suis si heureux de te voir accepter ces exercices un peu violents et ces fatigues qui ont manqué à ta première jeunesse ; sois certaine que la médecine fera un grand pas le jour où elle ordonnera les bains de soleil et défendra les rideaux et les ombrelles.

— Ils m'amusent, ces exercices.

— N'est-ce pas ?

— Il me semble que ça se voit.

— Je veux dire que tu ne regrettes pas l'existence que je vous impose.

— Je m'y suis si bien et si vite habituée que je n'en vois pas d'autre qu'on puisse prendre quand on a la liberté de son choix.

— Quelle différence entre aujourd'hui et il y a quelques mois !

— C'est en faisant cette comparaison que je me suis bien souvent demandé si les pauvres êtres courageux, mais aussi très malheureux qui acceptaient cette misère étaient vraiment les mêmes que ceux qui habitent ce château ?

— Ne pense plus au passé.

— Pourquoi donc ? N'est-ce pas précisément le meilleur moyen pour apprécier la douceur de l'heure présente ? Ce n'est pas seulement quand je suis assise, comme en ce moment, avec cette vue incomparable devant les yeux, au milieu de cette belle campagne, respirant un air embaumé, m'entretenant librement avec toi, que je sens tout le charme de la vie heureuse qu'un coup de fortune nous a donnée ; c'est encore quand, dans la tranquillité et l'isolement du matin, je travaille à une étude et que je compare ce que je fais maintenant à ce que je faisais autrefois et surtout aux conditions dans lesquelles je le faisais, avec les luttes, les rivalités, les intrigues, les fièvres de l'atelier ; si je t'avais conté mes humiliations, mes tristesses, mes journées de rage et de désespoir, comme tu aurais été malheureux !

— Pauvre chérie !

— Je ne te dis pas cela pour que tu me plaignes, d'autant mieux que l'heure des plaintes est passée ; mais simplement pour que tu comprennes le point de vue auquel j'envisage le bonheur que nous devons à l'héritage de mon oncle. Et ces comparaisons je les fais pour toi comme pour moi ; pour l'atelier Julian, comme pour les bureaux de l'*Office cosmopolitain* où tu avais à subir les stupidités de M. Belmanières et l'arrogance de M. Chaberton. Hein ! si nous étions rejetés, toi dans ton bureau, maman rue de l'Abreuvoir, moi à l'atelier.

— Veux-tu bien te taire !

— Pourquoi ? Il n'y a rien d'effrayant à imaginer des catastrophes qui ne peuvent pas nous atteindre ; au contraire. Et nous pouvons nous moquer de celle-là, je pense.

— Assurément.

— Quand même tes travaux ne rendraient pas tout ce que tu attends d'eux...

— Ils le rendront, et au delà de ce que j'ai annoncé ; l'expérience de ce que j'ai obtenu garantit ce que nous obtiendrons dans quelques années.

— Quand même nous en resterions où nous sommes, nous n'avons rien à craindre de la fortune ; et j'espère bien que si je me marie...

— Comment ! si tu te maries !

— J'espère bien que, si je me marie, tu prendras des précautions telles que je ne puisse jamais retomber dans la misère.

— Sois tranquille.

— Je le suis ; et c'est pour cela précisément que je ris de catastrophes qui sont purement romanesques : malheureux, on aime les romans gais qui finissent bien ; heureux, les romans tristes.

VI

Une après-midi qu'ils s'entretenaient ainsi à l'abri d'un bouquet de saules dont les racines trempaient dans le Gave, tandis qu'autour d'eux çà et là au caprice des amitiés, faneurs et faneuses goûtaient, et que les bœufs attelés aux chars sur lesquels on allait charger le foin plongeaient goulûment leur mufle dans l'herbe séchée, ils virent au loin Manuel, accompagné d'une personne qu'ils ne reconnurent pas tout d'abord, se diriger de leur côté à travers le pré tondu ras.

— Voilà Manuel qui te cherche, dit Anie.

— Qui est avec lui ?

— Costume gris, chapeau melon, ça ne dit rien ; pourtant la démarche ressemble à celle de M. d'Arjuzanx... c'est bien lui ; comme maman en rentrant va être fâchée de ne pas s'être trouvée au château pour le recevoir !

Quand le baron les aperçut, il renvoya le valet de chambre et s'avança seul.

Anie s'était levée.

— Tu ne t'en vas pas ?

— Pourquoi m'en irais je ?

— Pour que le baron ne te surprenne pas dans cette tenue.

— Crois-tu que si j'avais souci de ma tenue je travaillerais avec tes faneurs ?

Des brins de foin étaient accrochés à ses cheveux ainsi qu'à sa blouse de toile bleue ; elle ne prit même pas la peine de les enlever.

Quand les paroles de politesses eurent été échangées avec le baron, tout le monde se rassit sur l'herbe.

— Me pardonnez-vous de vous déranger ainsi ? dit d'Arjuzanx.

— Mais vous ne nous dérangez nullement ; les bras de ma fille pas plus que les miens ne sont indispensables à la rentrée de nos foins.

— Au moins s'y emploient-ils.

— Je trouve très amusant de jouer à la paysanne, dit Anie.

— Vous aimez la campagne, mademoiselle ?

— Je l'adore.

Le baron parut ravi de cette réponse.

L'entretien continua ; puis il languit ; le baron paraissait préoccupé, peut-être même embarrassé ; en tout cas, il ne montrait pas son aisance habituelle ;

alors Anie s'éloigna sous prétexte d'un ordre à donner, et rejoignit les faneuses qui avaient repris le travail.

Pendant plus d'une heure elle vit son père et le baron marcher à travers la prairie, allant jusqu'aux jardins, puis revenant sur leurs pas, et comme le terrain était parfaitement plane sans aucune touffe d'arbuste, elle pouvait suivre leurs mouvements : ceux du baron étaient vifs, démonstratifs, passionnés ; ceux de son père, réservés ; évidemment, l'un parlait et l'autre écoutait.

Plusieurs fois, en les voyant revenir, elle crut que cette longue conversation avait pris fin, et que le baron voulait lui faire ses adieux, mais toujours ils repartaient et les grands gestes continuaient.

A la fin, cependant, ils se dirigèrent vers elle de façon à ce qu'elle ne pût pas se tromper ; alors elle alla au-devant d'eux ; cette fois c'était bien pour prendre congé d'elle.

Lorsqu'il eut disparu au bout de la prairie, Barincq dit à sa fille de laisser là sa fourche et de l'accompagner, mais ce fut seulement quand il n'y eut plus d'oreilles curieuses à craindre qu'il se décida à parler :

— Sais-tu ce que voulait M. d'Arjuzanx ?

— Te parler de choses sérieuses, si j'en juge par sa pantomime.

— Te demander en mariage.

— Ah !

— C'est tout ce que tu me réponds ?

— Je ne peux pas te dire que je suis profondément surprise de cette demande, ni que j'en suis ravie, ni que j'en suis fâchée, alors je dis : ah ! pour dire quelque chose.

— Il ne te plaît point ?

— Je serais fâchée de sa demande.

— Il te plaît ?

— J'en serais heureuse.

— Alors ?

— Alors veux-tu répondre à mes questions, au lieu que je réponde aux tiennes ?

Il fit un signe affirmatif.

— Avant tout, dis-moi si la question d'intérêt a été abordée entre vous.

— Elle l'a été.

— Sur quelle dot compte-t-il ?

— Il n'en demande pas.

— Mais il en accepte une ?

— C'est-à-dire...

— Laquelle ?

— Ne crois pas que c'est pour ta fortune que le baron veut t'épouser : c'est pour toi ; c'est parce que tu as produit sur lui une profonde impression ; c'est parce qu'il t'aime, je te rapporte ses propres paroles.

— Rapporte-moi aussi celles qui s'appliquent à la fortune.

— Pourquoi cette défiance ?

— Parce que je ne veux épouser qu'un homme qui m'aimera, et qui ne cherchera pas une affaire dans notre mariage. C'est bien le moins que notre fortune me serve à me payer ce mari-là.

— Précisément, le baron me paraît être ce mari.

— Alors répète.

Si tu veux vivre à la campagne, son revenu, qui est d'une quarantaine de mille francs, lui permet de t'assurer une existence facile, sinon large et heureuse. Mais si la campagne ne te suffit pas, et si tu veux Paris une partie de l'année, c'est à nous de te donner une dot, celle que nous voudrons, qui te permette de faire face aux dépenses de la vie parisienne pendant trois mois, six mois, le temps que tu fixeras toi-même d'après ton budget. Là-dessus il s'en remet à toi, et à nous. Est-ce le langage d'un homme qui cherche une affaire ? Je te le demande.

Au lieu de répondre, elle continua ses questions :

— De loin je vous observais de temps en temps, et j'ai vu qu'il parlait beaucoup, tandis que toi, tu écoutais ; cependant tu as dit quelque chose.

— Sans doute.

— Qu'as-tu dit ?

— Que je devais consulter ta mère, et que je devais te consulter toi-même.

— Je pense qu'il a trouvé cela juste.

— Parfaitement. Cependant il a insisté, sinon pour avoir une réponse immédiate, au moins pour arranger les choses de façon à ce que cette réponse ne soit point dictée par la seule inspiration. Pour cela il demande que nous allions passer quelquefois la journée du dimanche à Biarritz, où nous le rencontrerons, comme par hasard, et vous pourrez vous connaître. Ce sera seulement quand cette connaissance sera faite, que tu te prononceras.

— As-tu accepté cet arrangement ?

— Il aurait dépendu de moi seul que je l'aurais accepté, car il me paraît raisonnable, Biarritz étant un terrain neutre où l'on peut se voir, sans que ces rencontres plus ou moins fortuites aient rien de compromettant qui engage l'avenir ; cependant cette fois encore j'ai demandé à vous consulter, ta mère et toi. Pouvais-je promettre d'aller à Biarritz, si au premier mot tu m'avais dit que le baron t'était répulsif ?

— Il ne me l'est pas ; et je suis disposée à croire comme toi que la dot n'est pas ce qu'il cherche dans ce mariage.

— Alors ?

— Je ne demande pas mieux que d'aller à Biarritz le dimanche, mais à cette condition qu'il sera bien expliqué et bien compris que cela ne m'engage à rien. Depuis que nous parlons de M. d'Arjuzanx, je fais mon examen de conscience, et je ne trouve en moi qu'une parfaite indifférence à son égard. Ce sentiment, qui, à vrai dire, n'en est pas un ni dans un sens ni dans un autre, changera-t-il quand je le connaîtrai mieux ? C'est possible. Mais sincèrement je n'en sais rien.

— Laissons faire le temps.

— C'est ce que je demande.

VII

Pendant quatre dimanches Anie avait vu le baron à Biarritz, mais ses sentiments n'avaient changé en rien : elle en était toujours à l'indifférence, et quand sa mère, quand son père l'interrogeaient, sa réponse restait la même :

— Attendons.

— Qui te déplaît en lui ?

— Rien.

— Alors ?

— Pourquoi ne me demandes-tu pas ce qui me plaît en lui ?

— Je te le demande.

— Et je te fais la même réponse : rien. Dans ces conditions je ne peux dire que ce que je dis : attendons.

Madame Barincq, qui désirait passionnément ce mariage, et trouvait toutes les qualités au baron, s'exaspérait de ces réponses :

— Crois-tu que cette attente soit agréable pour ce brave garçon ?

— Que veux-tu que j'y fasse ? si elle lui est trop cruelle, qu'il se retire.

— Au moins est-elle mortifiante pour lui ; crois-tu qu'il n'a pas à souffrir de ta réserve, quand ce ne serait que devant le capitaine ?

— J'espère qu'il n'a pas pris le capitaine pour confident de ses projets ; s'il l'a fait, tant pis pour lui.

Accepterait-elle, refuserait-elle le baron ? c'était ce que le père et la mère se demandaient, et, comme ils désiraient autant l'un que l'autre ce mariage, ils prenaient leurs dispositions pour le jour où ils auraient à traiter les questions d'affaires et à fixer la dot.

Puisque le baron avait quarante mille francs de rente, ils voulaient que leur fille en eût autant, c'était leur réponse à son désintéressement.

Mais, si ces quarante mille francs devaient leur être faciles à payer annuellement, ce ne serait que quand les améliorations apportées à l'exploitation du domaine produiraient ce qu'on attendait d'elles, c'est-à-dire quand les terres défrichées seraient toutes transformées en prairies, ce qui exigerait trois ans au moins. En attendant, où trouver ces quarante mille francs ?

C'était la question que Barincq étudiait assez souvent, en cherchant quelles parties de son domaine il pourrait donner en garanties pour un emprunt.

Un jour qu'il se livrait à cet examen dans son cabinet, qui avait été celui de son frère, il tira les divers titres de propriété se rapportant aux pièces de terre qu'il avait en vue, et se mit à les lire en notant leurs contenances.

Pour cela il avait ouvert tous les tiroirs de son bureau, voulant faire un classement qui le satisfît mieux que celui adopté par son frère.

Comme il avait complètement tiré un de ces tiroirs, il aperçut une feuille de papier timbré, qui avait dû glisser sous le tiroir. Il la prit, et, comme au premier coup d'œil il reconnut l'écriture de son frère, il se mit à la lire.

> « Je, soussigné, Gaston-Félix-Emmanuel Barincq (de Saint-Christeau), demeurant au château de Saint-Christeau, commune de Ourteau (Basses-Pyrénées) — déclare, par mon présent testament et acte de dernière volonté, donner et léguer, comme en effet je donne et lègue, à M. Valentin Sixte, lieutenant de dragons, en ce moment en garnison à Chambéry, la propriété de tous les biens, meubles et immeubles, que je posséderai au jour de mon décès. A cet effet, j'institue mon dit Valentin Sixte mon légataire à titre universel. Je veux et entends qu'en cette qualité de légataire mon dit Valentin Sixte soit chargé de payer à mon frère Charles-Louis Barincq, demeurant à Paris, s'il me survit, et à sa fille Anie Barincq, une rente annuelle de six mille francs, ladite rente incessible et insaisissable. Je nomme pour mon exécuteur testamentaire la personne de maître Rébénacq notaire à Ourteau, sans la saisine légale, et j'espère qu'il voudra bien avoir la bonté de se charger de cette mission. Tel est mon testament, dont je prescris l'exécution comme étant l'ordonnance de ma dernière volonté.
>
> Fait à Ourteau le lundi onze novembre mil huit cent quatre-vingt-quatre. Et après lecture j'ai signé.

GASTON BARINCQ. »

VIII

Il avait lu sans s'interrompre, sans respirer, courant de ligne en ligne ; mais dès les premières, au moment où il commençait à comprendre, il avait été obligé de poser sur son bureau la feuille de papier, tant elle tremblait entre ses doigts.

C'était un coup d'assommoir qui l'écrasait.

Après quelques minutes de prostration, il recommença sa lecture, lentement cette fois, mot à mot :

> « Je donne et lègue à monsieur Valentin Sixte... la propriété de tous les biens, meubles et immeubles, que je posséderai au jour de mon décès. »

Évidemment, ce testament était celui que son frère avait déposé au notaire Rébénacq, et ensuite repris ; la date le disait sans contestation possible.

Pas d'hésitation, pas de doute sur ce point : à un certain moment, celui qu'indiquait la date de ce testament, son frère avait voulu que le capitaine fût son légataire universel ; et il avait donné un corps à sa volonté, ce papier écrit de sa main.

Mais le voulait-il encore quelques mois plus tard ? et le fait seul d'avoir repris son testament au notaire n'indiquait-il pas un changement de volonté ?

Il avait un but en reprenant ce testament ; lequel ?

Le supprimer ?

Le modifier ?

Chercher en dehors de ces deux hypothèses paraissait inutile, c'était à l'une ou l'autre qu'on devait s'arrêter ; mais laquelle avait la vraisemblance pour elle, la raison, la justice et la réunion de diverses conditions d'où pouvait jaillir un témoignage ou une preuve, il ne le voyait pas en ce moment, troublé, bouleversé, jeté hors de soi comme il l'était.

Et machinalement, sans trop savoir ce qu'il faisait, il examinait le testament, et le relisait par passages, au hasard, comme si son écriture ou sa rédaction devait lui donner une indication qu'il pourrait suivre.

Mais aucune lumière ne se faisait dans son esprit, qui allait d'une idée à une autre sans s'arrêter à celle-ci plutôt qu'à celle-là, et revenait toujours au même point d'interrogation : pourquoi, après avoir confié son testament à Rébénacq, son frère l'avait-il repris ? et pourquoi, après l'avoir repris, ne l'avait-il pas détruit ou modifié ?

Le temps marcha, et la cloche du dîner vint le surprendre avant qu'il eût trouvé une réponse aux questions qui se heurtaient dans sa tête.

Il fallait descendre ; il se composa un maintien pour que ni sa femme ni sa fille ne vissent son trouble, car, malgré son désarroi d'idée, il avait très nettement conscience qu'il ne devait leur parler de rien avant d'avoir une explication à leur donner.

Il remit donc le testament dans son tiroir, mais en le cachant entre les feuillets d'un acte notarié, et il se rendit à la salle à manger, où sa femme et sa fille l'attendaient, surprises de son retard : c'était, en effet, l'habitude qu'il arrivât toujours le premier à table, autant parce que, depuis son installation à Ourteau, il avait retrouvé son bel appétit de la vingtième année, que parce que les heures des repas étaient pour lui les plus agréables de la journée, celles de la causerie et de l'épanchement dans l'intimité du bien-être.

— J'allais monter te chercher, dit Anie.

— Tu n'as pas faim aujourd'hui ? demanda madame Barincq.

— Pourquoi n'aurais-je pas faim ?

— Ce serait la question que je t'adresserais.

Précisément parce qu'il voulait paraître à son aise et tel qu'il était tous les jours, il trahit plusieurs fois son trouble et sa préoccupation.

— Décidément tu as quelque chose, dit madame Barincq.

— Où vois-tu cela ?

— Est-ce vrai, Anie ? demanda la mère en invoquant comme toujours le témoignage de sa fille.

Au lieu de répondre, Anie montra d'un coup d'œil les domestiques qui servaient à table, et madame Barincq comprit que si son mari avait vraiment quelque chose comme elle croyait, il ne parlerait pas devant eux.

Mais, lorsqu'en quittant la table on alla s'asseoir dans le jardin sous un berceau de rosiers, où tous les soirs on avait coutume de prendre le frais en regardant le spectacle toujours nouveau du soleil couchant avec ses effets de lumière et d'ombres sur les sommets lointains, elle revint à son idée.

— Parleras-tu, maintenant que personne n'est là pour nous entendre ?

— Que veux-tu que je dise ?

— Ce qui te préoccupe et t'assombrit.

— Rien ne me préoccupe.

— Alors pourquoi n'es-tu pas aujourd'hui comme tous les jours ?

— Il me semble que je suis comme tous les jours.

— Eh bien, il me semble le contraire ; tu n'as pas mangé, et il y avait des moments où tu regardais dans le vide d'une façon qui en disait long. Quand, pendant vingt ans, on a vécu en face l'un de l'autre, on arrive à se connaître et les yeux apprennent à lire. En te regardant à table, ce soir, je retrouvais en toi la même expression inquiète que tu avais si souvent pendant les premières années de notre mariage, quand tu te débattais contre Sauval, sans savoir si le lendemain il ne t'étranglerait pas tout à fait.

— T'imagines-tu que je vais penser à Sauval, maintenant ?

— Non ; mais il n'en est pas moins vrai que j'ai revu en toi, aujourd'hui, l'expression angoissée que tu montrais quand tu te sentais perdu et que tu essayais de me cacher tes craintes. Voilà pourquoi je te demande ce que tu as.

Il ne pouvait pourtant pas répondre franchement.

— Si tu n'as pas mal vu, dit-il, c'est mon expression de physionomie qui a été trompeuse.

— Puisque tu ne veux pas répondre, c'est moi qui vais te dire d'où vient ton souci ; nous verrons bien si tu te décideras à parler ; tu es inquiet parce que tu reconnais que tes transformations ne donnent pas ce que tu attendais d'elles et que tu as peur de marcher à ta ruine. Il y a longtemps que je m'en doute. Est-ce vrai ?

— Ah ! cela non, par exemple.

— Tu n'es pas en perte ?

— Pas le moins du monde ; les résultats que j'attendais sont dépassés et de beaucoup ; ma comptabilité est là pour le prouver. Je ne suis qu'au début, et pourtant je puis affirmer, preuves en main, que les chiffres que je vous ai donnés, c'est-à-dire un produit de trois cent mille francs par an, sera facilement atteint le jour où toutes les prairies seront établies et en plein rapport. Ce que j'ai réalisé jusqu'à ce jour le démontre sans doutes et sans contestations possibles par des chiffres clairs comme le jour, non en théorie, mais en pratique. Pour cela il ne faudrait que trois ans... si je les avais.

— Comment, si tu les avais ! s'écria madame Barincq.

Il voulut corriger, expliquer ce mot maladroit qui avait échappé à sa préoccupation.

— Qui est sûr du lendemain ?

— Tu te crois malade ? dit-elle. Qu'as-tu ? De quoi souffres-tu ? Pourquoi n'as-tu pas appelé le médecin ?

— Je ne souffre pas ; je ne suis pas malade.

— Alors pourquoi t'inquiètes-tu ? C'est la plus grave des maladies de s'imaginer qu'on est malade quand on ne l'est pas. Comment ! tu nous fais habiter la campagne parce que tu dois y trouver la santé et le repos, y vivre d'une vie raisonnable comme tu dis ; et nous n'y sommes pas installés que te voilà tourmenté, sombre, hors de toi, sous le coup de soucis et de malaises que tu ne veux pas, que tu ne peux pas expliquer ! Depuis que nous sommes mariés tu m'as, pour notre malheur, habituée à ces mines de désespéré ; mais au moins je les comprenais et je m'associais à toi ; quand tu luttais contre Sauval, quand tu peinais chez Chaberton, je ne pouvais t'en vouloir de n'être pas gai ; tu aurais eu le droit, si je t'avais fait des reproches, de me parler de tes inquiétudes du lendemain. Mais maintenant que tu reconnais toi-même que tes affaires sont dans une voie superbe, quand nous sommes débarrassés de tous nos tracas, de toutes nos humiliations, quand nous avons repris notre rang, quand nous n'avons plus qu'à nous laisser vivre, quand le présent est tranquille et l'avenir assuré, enfin quand nous n'avons qu'à jouir de la fortune, je trouve absurde de s'attrister sans raison… Parce qu'on n'est pas sûr du lendemain. Mais qui peut en être sûr, si ce n'est nous ? Il n'y a qu'un moyen de le compromettre, celui que tu prends précisément : te rendre malade. Que deviendrions-nous si tu nous manquais ? Que deviendraient tes affaires, tes transformations ? Ce serait la ruine. Et tu sais, je serais incapable de supporter ce dernier coup. Je ne me fais pas d'illusions sur mon propre compte ; je suis une femme usée par les chagrins, les duretés de la vie, la révolte contre les injustices du sort dont nous avons été si longtemps victimes. Je ne supporterais pas de nouvelles secousses. Tant que ça ira bien, j'irai moi-même. Le jour où ça irait mal, je ne résisterais pas à de nouvelles luttes. Tâche donc de ne pas me tourmenter en te tourmentant toi-même, alors surtout que tu n'as pas de raisons pour cela.

Ce qu'il avait dit, il le répéta : il ne se croyait pas, il ne se sentait pas malade, il avait la certitude de ne pas l'être.

En tout cas, il était dans un état d'agitation désordonné qui ne lui permit pas de s'endormir.

Si sous le coup de la surprise il n'avait pas pu arrêter son parti à l'égard de ce testament, il fallait qu'il le prît maintenant, et ne restât pas indéfiniment dans une lâche et misérable indécision.

Plus d'un à sa place sans doute se serait débarrassé de ces hésitations d'une façon aussi simple que radicale : on ne connaissait pas l'existence de ce testament ; pas un seul témoin n'avait assisté à sa découverte ; tout le monde maintenant était habitué à voir l'héritier naturel en possession de cette fortune ; une allumette, un peu de fumée, un petit tas de cendres et tout était dit, personne ne saurait jamais que le capitaine Sixte avait été le légataire de Gaston.

Personne, excepté celui qui aurait brûlé ce papier, et cela suffisait pour qu'il n'admît ce moyen si simple que de la part d'une autre main que la sienne.

Dans ses nombreux procès il avait vu son adversaire se servir, toutes les fois que la chose était possible, d'armes déloyales, et ne le battre que par l'emploi de la fraude, du mensonge, de faux, de pièces falsifiées ou supprimées ; jamais il n'avait consenti à le suivre sur ce terrain, et s'il était ruiné, s'il perdait, son honneur était sauf ; pendant vingt années ce témoignage que sa conscience lui rendait avait été son soutien : mauvais commerçant, honnête homme.

Et l'honnête homme qu'il avait été, qu'il voulait toujours être, ne pouvait brûler ce testament que s'il obtenait la preuve que son frère ne l'avait repris à Rébénacq que parce qu'il n'était plus l'expression de sa volonté.

Qui dit testament dit acte de dernière volonté ; cela est si vrai que les deux mots sont synonymes dans la langue courante ; incontestablement à un moment donné Gaston avait voulu que le capitaine fût son légataire universel ; mais le voulait-il encore quelque temps avant de mourir ?

Toute la question était là ; s'il le voulait, ce testament était bien l'acte de sa dernière volonté, et alors on devait l'exécuter ; si au contraire il ne le voulait plus, ce testament n'était pas cet acte suprême, et, conséquemment, il n'avait d'autre valeur que celle d'un brouillon, d'un chiffon de papier qu'on jette au panier où il doit rester lettre morte sans qu'un hasard puisse lui rendre la vie.

On aurait découvert ce testament dans les papiers de Gaston à l'inventaire, sans qu'il eût jamais quitté le tiroir dans lequel il aurait été enfermé au moment même de sa confection, que la question d'intention ne se serait pas présentée à l'esprit : on trouvait un testament et les présomptions étaient qu'il exprimait la volonté du testateur, aussi bien à la date du onze novembre mil huit cent quatre-vingt-quatre, qu'au moment même de la mort, puisqu'aucun autre testament ne modifiait ou ne détruisait celui-là : le onze novembre Gaston avait voulu que le capitaine héritât de sa fortune, et il le voulait encore en mourant.

Mais ce n'était pas du tout de cette façon que les choses s'étaient passées, et, la situation étant toute différente, les présomptions basées sur ce raisonnement ne lui étaient nullement applicables.

Ce testament fait à cette date du onze novembre, alors que Gaston avait, il fallait l'admettre, de bonnes raisons pour préférer à sa famille un étranger et le choisir comme légataire universel, avait été déposé chez Rébénacq où il était resté plusieurs années ; puis, un jour, ce dépôt avait été repris pour de bonnes raisons aussi, sans aucun doute, car on ne retire pas son testament à un notaire en qui l'on a confiance — et Gaston avait pleine confiance en Rébénacq — pour rien ou pour le plaisir de le relire.

S'il était logique de supposer que les bonnes raisons qui avaient dicté le choix du onze novembre s'appuyaient sur la conviction où se trouvait Gaston à ce moment que le capitaine était son fils, n'était-il pas tout aussi logique d'admettre que celles, non moins bonnes, qui, plusieurs années après, avaient fait reprendre ce testament, reposaient sur des doutes graves relatifs à cette paternité ?

Dans la lucidité de l'insomnie, tout ce que lui avait dit Rébénacq le jour de l'enterrement et, plus tard, toutes les paroles qui s'étaient échangées, pendant l'inventaire, entre le notaire, le juge de paix et le greffier, lui revinrent avec netteté et précision pour prouver l'existence de ces doutes et démontrer que le testament avait été repris pour être détruit.

N'étaient-ils pas significatifs, ces chagrins qui avaient attristé les dernières années de Gaston, et son inquiétude, sa méfiance, constatées par Rébénacq, ne l'étaient-elles pas aussi ? pour le notaire il n'y avait pas eu hésitation : chagrins et inquiétudes qui, selon ses expressions mêmes, « avaient empoisonné la fin de sa vie », provenaient des doutes qui portaient sur la question de savoir s'il était ou n'était pas le père du capitaine. Si, pour presque tout le monde, sa paternité était certaine, pour lui elle ne l'était pas, puisque ses doutes l'avaient empêché de reconnaître celui qu'on lui donnait pour fils et que lui-même n'acceptait pas comme tel.

Incontestablement, Gaston avait passé par des états divers, ballotté entre les extrêmes ; un jour croyant à sa paternité, le lendemain n'y croyant pas ; malgré tout, attaché à cet enfant qu'il avait élevé, et qui d'ailleurs possédait des qualités réelles pour lesquelles on pouvait très bien l'aimer, en dehors de tout sentiment paternel.

En partant de ce point de vue, il était facile de se représenter comment les choses s'étaient passées et les phases que les sentiments de Gaston avaient suivies.

Un jour, convaincu que le capitaine était son fils, il avait fait son testament pour le déposer à Rébénacq ; il y avait certitude chez lui ; et, dès lors, son devoir l'obligeait à oublier qu'il avait un frère, pour ne voir que son fils : c'est la loi civile qui veut que l'enfant illégitime ne soit qu'un demi-enfant, et en cela elle obéit à des considérations qui n'ont d'autorité qu'au point de vue social ; mais la loi naturelle se détermine par d'autres raisons plus humaines : pour elle un fils, légitime ou non, est un fils, et un frère n'est qu'un frère ; en vertu de ce principe, le frère avait été sacrifié au fils, et cela était parfaitement juste.

Mais plus tard, un mois avant de mourir, cette foi en sa paternité ébranlée pour des raisons qui restaient à découvrir, puis détruite, le fils, qui n'était plus qu'un enfant auquel on s'était attaché à tort, avait cédé la première place au frère, et le testament avait été repris chez Rébénacq.

Sans doute ce n'était là qu'une hypothèse, mais ce qui lui donnait une grande force, c'était l'endroit même où le testament avait été découvert, non dans le tiroir des papiers de famille, non dans celui qui renfermait les lettres de Léontine Dufourcq et du capitaine, mais dans un autre, où ne se trouvaient que des pièces à peu près insignifiantes.

Est-ce que, si Gaston l'avait considéré comme l'acte de sa dernière volonté, il l'aurait ainsi mis au rancart ? au contraire, après l'avoir retiré de chez Rébénacq, ne l'aurait-il pas soigneusement serré ?

Pour être subtil, ce raisonnement n'en reposait pas moins sur la vraisemblance, en même temps que sur la connaissance du caractère de Gaston, qui ne faisait rien à la légère.

A la vérité on pouvait se demander, et on devait même se demander pourquoi, l'ayant pris pour le détruire ou le modifier, on le retrouvait intact, tel qu'il avait été rédigé dans sa forme primitive ; mais cette question portait avec elle sa réponse, aussi simple que logique : pour le détruire, il avait attendu d'en avoir fait un autre, et vraisemblablement, le jour où il aurait remis au notaire le second testament, expression de sa volonté, il aurait brûlé ou déchiré le premier.

Il ne l'avait pas fait, cela était certain, puisque ce premier testament existait, mais ce qui était non moins certain, c'était qu'il avait voulu le faire ; or, lorsqu'il s'agit de testament, c'est l'intention du testateur qui prime tout, et cette intention se manifestait clairement, aussi bien par le retrait du testament de chez le notaire que par le peu de soin accordé à ce papier, insignifiant désormais.

Lorsque nous héritons d'un parent qui nous est proche, d'un père, d'un frère, ce n'est pas seulement à sa fortune que nous succédons, c'est aussi à ses intentions, et c'est par là surtout que nous le continuons.

Serait-ce continuer Gaston, serait-ce suivre ses intentions que d'accepter comme valable ce testament ?

De bonne foi, et sa conscience sincèrement interrogée, il ne le croyait pas.

IX

Ce ne fut qu'après être arrivé à cette conclusion qu'il trouva au matin un peu de sommeil ; une heure suffit pour calmer la tempête qui l'avait si violemment secoué, et lorsqu'il s'éveilla ; il se sentit l'esprit tranquille, le corps dispos, dans l'état où il était tous les jours depuis son séjour à Ourteau.

Après avoir fait sa tournée du matin dans les étables et la laiterie, il monta à cheval pour aller surveiller les ouvriers ; quand au haut d'une colline le caprice du chemin le mit en face de presque toute la terre d'Ourteau qui, avec ses champs, ses prairies et ses bois, s'étalait sous la lumière rasante du soleil levant, il haussa les épaules à la pensée qu'un moment il avait admis la possibilité d'abandonner tout cela.

— Quelle folie c'eût été ! Quelle duperie !

Et cependant il avait la satisfaction de se dire que s'il avait cru au testament il aurait accompli cet abandon, si terribles qu'en eussent été les conséquences pour lui et plus encore pour les siens, pour Anie, dont le mariage aurait été brisé, et pour sa femme, dont il retrouvait l'accent vibrant encore quand elle lui disait : « Tant que ça ira bien, j'irai moi-même ; le jour où ça irait mal, je ne résisterais pas à de nouvelles secousses. »

Combien eussent été rudes celles qui auraient accompagné leur sortie de ce château qui ne lui avait jamais paru plus plaisant, plus beau qu'en ce moment même, qui ne lui avait jamais été plus cher qu'à cette heure, où il se disait qu'il aurait pu être forcé de le quitter.

Il avait arrêté son cheval et, pendant assez longtemps, il resta absorbé dans une contemplation attendrie, puis, faisant le moulinet avec sa makita qu'une lanière de cuir retenait à son poignet, il se mit en route allègrement.

Jamais on ne l'avait vu plus dispos et de meilleure humeur que lorsqu'il rentra pour déjeuner.

Comme madame Barincq arrivait lentement, d'un air dolent, il l'interpella de loin :

— Allons, vite, la maman, je suis mort de faim.

Et, s'asseyant à sa place, il se mit à chanter un chœur de vieux vaudeville sur un air de valse :

> Allons, à table, et qu'on oublie
> Un léger moment de chagrin,
> Que la plus douce sympathie
> prenne sa place à ce festin.

— A la bonne heure, dit-elle, je t'aime mieux dans ces dispositions que dans celles que tu montrais hier soir.

— Ce qui prouve que la maladie que tu diagnostiquais en moi n'était pas bien grave.

— Il n'en est pas moins vrai qu'elle t'a agité cette nuit ; je t'ai entendu dans ta chambre te tourner et te retourner si furieusement sur ton lit que, plusieurs fois, j'ai voulu me lever pour aller voir ce que tu avais.

— Je gagnais de l'appétit.

— Tu feras bien de le gagner d'une façon moins tapageuse.

Toute la journée, il garda sa bonne humeur et sa sérénité, se répétant à chaque instant :

— Évidemment, ce testament n'a aucune valeur ; il ne peut pas en avoir.

Mais, à la longue, cette répétition même finit par l'amener à se demander si lorsqu'un fait porte en soi tous les caractères de l'évidence, on se préoccupe de cette évidence : reconnue et constatée, c'est fini ; quand le soleil brille, on ne pense pas à se dire : « il est évident qu'il fait jour. » N'est-il pas admis que la répétition d'un même mot est une indication à peu près certaine du caractère de celui qui le prononce machinalement, un aveu de ses soucis, une confession de ses désirs ? Si ce testament était réellement sans valeur, pourquoi se répéter à chaque instant qu'évidemment il n'en avait aucune ? répéter n'est pas prouver.

Et puis, il fallait reconnaître aussi que le point de vue auquel on se place pour juger un acte peut modifier singulièrement la valeur qu'on lui attribue. Ce n'était pas en étranger, dégagé de tout intérêt personnel, qu'il examinait la validité de ce testament. Qu'au lieu d'instituer le capitaine légataire universel, ce fût Anie qu'il instituât, comment le jugerait-il ? Trouverait-il encore qu'évidemment il n'avait aucune valeur ? Ou bien, sans aller jusque-là, ce qui était excessif, que ce fût Rébénacq qui découvrit le testament, qu'en penserait-il ? Notaire de Gaston, son conseil, jusqu'à un certain point son confident, en tout cas en situation mieux que personne de se rendre compte des mobiles qui l'avaient dicté, et de ceux qui plus tard l'avaient fait reprendre pour le reléguer avec des papiers insignifiants, le déclarerait-il nul ? En un mot, les conclusions d'une conscience impartiale seraient-elles les mêmes que celles d'une conscience qui ne pouvait pas se placer au-dessus de considérations personnelles ?

La question était grave, et, lorsqu'elle se présenta à son esprit, elle le frappa fortement, sa tranquillité fut troublée, sa sérénité s'envola, et au lieu de s'endormir lourdement, comme il était tout naturel après une nuit sans sommeil, il retomba dans les agitations et les perplexités de la veille.

Vingt fois il décida de s'ouvrir dès le lendemain à Rébénacq pour s'en remettre à son jugement ; mais il n'avait pas plutôt pris cette résolution, qui, au premier abord, semblait tout concilier, qu'il l'abandonnait : car, enfin, était-il assuré de rencontrer chez Rébénacq, ou chez tout autre, les conditions de droiture, d'indépendance, d'impartialité de jugement, que par une exagération de conscience il ne se reconnaissait pas en lui-même, telles qu'il les aurait voulues ? Ce n'était rien moins que leur repos à tous, leur bonheur, la vie de sa femme, l'avenir de sa fille, qu'il allait remettre aux mains de celui qu'il consulterait ; et, devant une aussi lourde responsabilité, il avait le droit de rester hésitant, plus que le droit, le devoir.

Qu'était au juste Rébénacq ; en réalité, il ne le savait pas. Sans doute, il avait les meilleures raisons pour le croire honnête et droit, et il l'avait toujours vu tel, depuis qu'ils se connaissaient. Mais enfin, l'honnêteté et la droiture sont des qualités de caractère, non d'esprit, on peut être le plus honnête homme du monde, le plus délicat dans la vie, et avoir en même temps le jugement faux. Or, s'il lui soumettait ce testament, ce serait à son jugement qu'il ferait appel, et non à son caractère. D'ailleurs, il fallait considérer aussi que les motifs de ce jugement seraient dictés par les habitudes professionnelles du notaire, par ses opinions, qui seraient plutôt moyennes que personnelles, et là se trouvait un danger qui pouvait très légitimement inspirer la défiance : s'il se récusait lui-même, parce qu'il avait peur de se laisser influencer par son propre intérêt, ne pouvait-il pas craindre que Rébénacq, de son côté, ne se laissât influencer par sa qualité de notaire qui lui ferait voir dans ce testament le fait matériel l'acte même qu'il tiendrait entre ses mains, plutôt que les intentions de celui qui l'avait écrit ?

Et là-dessus, malgré toutes ses tergiversations, il ne variait point : avant tout, ce qu'il fallait considérer, c'étaient les intentions de Gaston qui, quelles qu'elles fussent, devaient être exécutées.

A la vérité, c'était revenir à son point de départ et reprendre les raisonnements qui l'avaient amené à conclure que le testament du 11 novembre ne pouvait être que nul, c'est-à-dire à tourner dans le vide en réalité puisqu'il se refusait, par scrupules de conscience, à s'arrêter à cette conclusion, basée sur la stricte observation des faits cependant en même temps que sur la logique.

Allait-il donc se laisser reprendre et enfiévrer par ses angoisses de la nuit précédente, compliquées maintenant des scrupules qui s'étaient éveillés en lui lorsqu'il avait compris qu'il pouvait très bien, à son insu, se laisser influencer par l'intérêt personnel et par son amour pour les siens ?

Il avait beau se dire qu'il était de bonne foi dans ses raisonnements et n'admettait comme vrais que ceux qui lui paraissaient conformes à la logique, il n'en devait pas moins s'avouer qu'ils reposaient, ainsi que leur conclusion, sur une interprétation et non sur un fait : sa conviction que le retrait du testament démontrait le changement de volonté de Gaston s'appuyait certainement sur la vraisemblance, mais combien plus forte encore serait-elle et irréfutable, à tous les points de vue, si l'on pouvait découvrir les causes qui avaient amené ce changement !

Gaston avait voulu que le capitaine fût son légataire universel parce qu'il le croyait son fils ; puis il ne l'avait plus voulu parce qu'il doutait de sa paternité, voilà ce que disaient le raisonnement, l'induction, la logique, la vraisemblance ; mais pourquoi avait-il douté de cette paternité ? Voilà ce que rien n'indiquait et ce qu'il fallait précisément chercher, car cette découverte, si on la faisait, confirmait les raisonnements et la vraisemblance, elle était la preuve des calculs auxquels depuis deux jours il se livrait.

Le lendemain matin, il abrégea sa tournée dans les champs, et à neuf heures il descendit de cheval à la porte de Rébénacq : si quelqu'un était en situation de le guider dans ses recherches, c'était le notaire ; mais, comme il ne pouvait pas le questionner franchement, il commença par l'entretenir de diverses affaires et ce fut seulement au moment de partir qu'il aborda son sujet :

— Lorsque tu m'as parlé du testament qu'avait fait Gaston et qu'il t'a repris, tu m'as dit que c'était pour en changer les dispositions ou pour le détruire.

— A ce moment les deux hypothèses s'expliquaient et il y avait des raisons pour l'une comme pour l'autre ; l'inventaire a prouvé que celle de la destruction était la bonne.

— De ce retrait, tu avais conclu que le testament n'exprimait plus les intentions de Gaston.

— S'il avait exprimé ses intentions, il ne me l'aurait pas repris.

— Cela paraît évident.

— Dis que c'est clair comme la lumière du soleil un testament n'est pas d'une lecture tellement agréable pour celui qui l'a fait qu'on éprouve le besoin de le relire de temps en temps.

— Depuis l'inventaire t'es-tu quelquefois demandé ce qui avait pu changer les sentiments de Gaston à l'égard du capitaine ?

— Ma foi, non ; à quoi bon ! Il n'y avait intérêt à raisonner sur ces sentiments que lorsque nous ne savions pas si ce testament était détruit et si nous n'allions pas en trouver un autre ; nous n'avons trouvé ni celui-là ni l'autre, c'est donc que l'hypothèse de la modification des sentiments était bonne.

— Mais qui a provoqué et amené ces modifications ?

— Ah ! voilà ; je ne vois, comme je te l'ai dit, que les doutes que Gaston avait sur sa paternité, doutes qui ont empoisonné sa vie.

— Sais-tu si, quand il t'a repris son testament, un fait quelconque avait pu confirmer ses doutes et lui prouver que décidément le capitaine n'était pas son fils ?

— Comment veux-tu que je le sache ?

— Tu pourrais avoir une indication qui, si vague qu'elle eût été à ce moment, s'expliquerait maintenant par le fait accompli.

— Je n'ai rien autre chose que le trouble de Gaston lorsqu'il est venu me redemander son testament, mais quelle était la cause de ce trouble ? Je l'ignore.

— Tu m'avais donné comme explication une découverte décisive qu'il aurait faite, un témoignage, une lettre.

— Comme explication, non, comme supposition, oui ; je t'ai dit qu'il était possible que les soupçons de Gaston eussent été confirmés par une lettre, par un témoignage, par une preuve quelconque trouvée tout à coup qui serait venue lui démontrer que le capitaine n'était pas son fils, mais je ne t'ai pas dit que cela fût, attendu que je n'en savais rien. Quand on cherche au hasard comme je le faisais, il faut tout examiner, tout admettre, même l'absurde.

— Mais il n'était pas absurde, il me semble, de supposer que c'était le changement des sentiments de Gaston envers celui qu'il avait cru son fils jusqu'à ce jour qui modifiait ses dispositions testamentaires ?

— Pas du tout, cela paraissait raisonnable, vraisemblable, probant même, et la destruction du testament montre bien que je ne m'égarais point. Mais les suppositions pour expliquer le changement de volonté de Gaston auraient pu, à ce moment, se porter d'un autre côté ; du tien, par exemple.

— Du mien !

— Assurément. Si Gaston m'a, un mois avant sa mort, repris le testament qu'il avait fait plusieurs années auparavant, c'est qu'à ce moment ce testament n'exprimait plus sa volonté.

— N'est-ce pas ?

— Cela est incontestable. Mais quelle volonté ? A qui s'appliquait-elle ? Au capitaine ? A toi ? Dans mes suppositions je partais de l'idée que Gaston avait voulu changer ses dispositions en faveur du capitaine. Mais pour être complet il aurait fallu partir aussi d'un point tout différent et admettre qu'il avait bien pu vouloir changer celles faites dans ce testament en ta faveur ou à ton détriment.

— Mais c'est vrai, ce que tu dis là !

— Tu n'y avais pas pensé ?

— Non... Oh non !

Non, assurément, il n'y avait pas pensé, mais, maintenant, tout ce qu'il avait si laborieusement bâti s'écroulait.

— Sans savoir au juste ce que contenait l'acte qui m'a été repris, continua le notaire, j'avais de fortes raisons, et je te les ai données, pour croire qu'il instituait le capitaine légataire universel, et je partais de là pour faire toutes les suppositions dont nous avons parlé, sur le changement dans les sentiments de Gaston envers le capitaine, et par suite dans ses dispositions. Mais, si nous admettons que d'autres personnes que le capitaine figuraient dans cet acte, à un titre quelconque, toutes ces suppositions tombent, et il n'en reste absolument rien, puisqu'il se peut très bien qu'en reprenant son testament, Gaston ait voulu simplement le modifier à l'égard de ces personnes. Ainsi il s'agit de toi, par exemple ; Gaston n'est plus satisfait du legs qu'il t'a fait ; il reprend donc son testament, soit pour augmenter ce legs, soit pour le diminuer ; les deux hypothèses peuvent se soutenir, tu le reconnais, n'est-ce pas ?

— Oui... Je le reconnais.

— Je n'ai pas besoin de te dire que celle de la diminution de ton legs n'est, là, que pour pousser les choses à l'extrême. Je suis certain, au contraire, que ses intentions étaient de l'augmenter ; la colère qu'il éprouvait contre toi, chaque fois qu'il payait les intérêts de la somme dont il avait répondu, était tombée depuis le remboursement de cette somme, et d'autre part le sentiment fraternel s'était réveillé dans son cœur, plus fort, plus vivace, à mesure que sa beauté s'affaiblissait, et qu'en présence de la mort menaçante il se rejetait dans les souvenirs de votre enfance ; tu vois donc que les probabilités d'un changement de sentiments du frère sont possibles, tout comme le sont celles d'un changement de sentiments du père pour le fils ; il y a eu un moment où tu n'étais plus un frère pour Gaston ; il peut tout aussi bien y en avoir eu un autre où le capitaine n'a plus été un fils pour lui.

— Mais ne penches-tu pas pour une plutôt que pour l'autre ?

— Je ne devrais pas avoir besoin de te dire que c'est pour l'affaiblissement du sentiment paternel, et la recrudescence du sentiment fraternel. Frappé dans sa tendresse de père par une atteinte grave, Gaston, n'ayant plus de fils, s'est souvenu qu'il avait un frère ; sois sûr que, sans votre brouille, il se serait moins vivement attaché au capitaine, de même que, sans son affection pour celui-ci, il aurait éprouvé plus tôt le besoin de se rapprocher de toi, ainsi que de ta fille, dont il aurait fait la sienne. Cela est si vrai que lorsque, pour des causes qui nous échappent, l'affaiblissement du sentiment paternel s'est produit en lui, il a repris son testament et l'a détruit, te faisant ainsi son héritier.

— Que je voudrais te croire !

Se méprenant sur le sens vrai de cette exclamation, Rébénacq crut qu'elle exprimait seulement le regret de ne pouvoir croire à un retour d'affection fraternelle :

— Si tu doutes de moi, dit-il, et de mes suppositions, tu ne peux pas résister aux faits. Le testament a été détruit, n'est-il pas vrai ? Alors que veux-tu de plus ?

X

Détruit, il n'eût voulu rien de plus ; mais précisément il ne l'était pas, et cet entretien ne le rendait que plus solide, puisqu'au lieu d'éclaircir les difficultés il les obscurcissait encore en les compliquant.

Il avait fallu un aveuglement vraiment incroyable, que seul l'intérêt personnel expliquait, pour s'imaginer que Gaston ne pouvait penser qu'à son fils en modifiant ses dispositions, alors que la raison disait qu'il pouvait tout aussi bien penser à d'autres, celui-ci ou celui-là.

Si, au lieu de vouloir déshériter son fils, il avait voulu déshériter son frère, quelle valeur pouvait-on attribuer à toutes les suppositions qui reposaient sur la première hypothèse ? Une seule chose l'appuierait d'une façon sérieuse : ce serait de découvrir une preuve, ou simplement un indice que Gaston avait eu des motifs pour changer ses sentiments à l'égard du capitaine et, par suite, ses dispositions testamentaires envers lui.

Les seuls témoignages qu'il pût consulter étaient les lettres de Léontine Dufourcq à Gaston, et aussi celles du capitaine trouvées à l'inventaire. Jusqu'à ce jour il n'avait pas ouvert ces liasses, retenu par un sentiment de délicatesse envers la mémoire de son frère, mais, à cette heure, ses scrupules devaient céder devant la nécessité.

Après le déjeuner, il mit les lettres dans ses poches, et, pour être certain de ne pas se laisser surprendre par sa femme ou sa fille, il alla s'asseoir dans un bois où il serait en sûreté.

La première liasse qu'il ouvrit fut celle de Léontine ; elle se composait d'une quarantaine de lettres, toutes numérotées de la main de Gaston par ordre de date ; les plis, fortement marqués, montraient qu'elles avaient été souvent lues.

Et, cependant, il ne lui fallut pas longtemps pour constater qu'elles étaient, pour la plupart, d'une banalité et d'une incohérence telles que Gaston, assurément, n'avait pas pu les lire et les relire pour leur agrément. S'il les avait si souvent feuilletées, au point d'en user le papier, il fallait donc qu'il leur demandât autre chose que ce qu'elles donnaient réellement.

Quelle chose ? — le parfum d'un amour qui lui était resté cher — ou l'éclaircissement d'un mystère qui n'avait cessé de le tourmenter ?

C'était ce qu'il fallait trouver, ou tout moins chercher sans idée préconçue, avec un esprit libre, résolu à ne se laisser diriger que par la vérité.

La première lettre commençait à l'installation de Léontine à Bordeaux, dans une maisonnette du quai de la Souys, c'est-à-dire à une courte distance de la gare du Midi, par où Gaston arrivait et repartait ; elle se rapportait presque exclusivement à cette installation, sur laquelle elle insistait avec assez de détails pour qu'on pût retrouver cette maisonnette si elle était encore debout ; en quelques mots seulement elle se plaignait de la tristesse que lui promettait cette nouvelle existence, loin de sa sœur, loin de son pays, enfermée dans cette maison isolée, où elle n'aurait pour toute distraction que le passage des trains sur le pont, et la vue des bateaux de rivière qui montaient et descendaient avec le mouvement de la marée ; mais c'était un sacrifice qu'elle faisait à son amour, sans se plaindre.

Dans la suivante, la plainte se précisait : qui lui eût dit qu'elle serait obligée de se cacher dans le faubourg d'une grande ville, sous un nom faux, et que la récompense de sa tendresse et de sa confiance serait cette vie misérable de fille déshonorée ? quelle plus grande preuve d'amour pouvait-elle donner que de l'accepter ? En serait-elle récompensée un jour ? Tout ce qu'elle demandait dans le présent, c'était que ce sacrifice servit au moins à calmer une jalousie qui la désespérait.

Les suivantes roulaient sur cette jalousie, mais dans une forme vague qui ne réveillait rien de nouveau : Gaston était jaloux du jeune Anglais Arthur Burn qui avait habité chez les sœurs Dufourcq et Léontine s'appliquait à détruire cette jalousie. Elle n'avait jamais vu dans Arthur Burn qu'un pensionnaire comme les autres, et le seul sentiment qu'il lui eût inspiré, c'était la pitié. Comment n'eût-elle pas eu de compassion pour un pauvre garçon condamné à mort qui passait ses journées dans la souffrance ? Mais, d'autre part, comment eût-elle éprouvé de l'amour pour un infirme qui faisait de son corps une boîte à pharmacie ? Pouvait-on admettre, raisonnablement, qu'elle était assez aveugle, ou assez folle, pour préférer à un homme jeune, sain, vigoureux, doué de toutes les qualités qui rendaient Gaston irrésistible, un invalide chagrin, couvert d'emplâtres, qui puait la maladie, et que les servantes, même les moins difficiles, refusaient de soigner. Il avait quitté Peyrehorade en même temps qu'elle s'installait à Bordeaux. Cela était vrai. Mais qu'importait ? Est-ce que, s'il y avait eu complicité entre eux, elle n'aurait pas su obtenir de lui qu'il se conduisît de manière à éviter les soupçons ? Était-ce quand il y avait le plus grand intérêt dans le présent comme dans l'avenir, pour elle et plus encore pour son enfant, à ne pas les provoquer, qu'elle allait commettre une imprudence, aussi bête que maladroite ?

Douze lettres se succédaient dans ce ton, montrant ainsi que, pendant plusieurs semaines, Léontine n'avait écrit à Gaston que pour se défendre, et que, malgré tout, les griefs de celui-ci ne cédaient point à ses argumentations. Quand elle ne plaidait point pour sa fidélité, elle se répandait en protestations de tendresse qui semblaient indiquer qu'elle avait trouvé dans *Manon Lescaut* un modèle, qu'en fille illettrée qu'elle était, elle imitait servilement : « Je te jure, mon cher Gaston, que tu es l'idole de mon cœur et qu'il n'y a que toi au monde que je puisse aimer de la façon dont je t'aime. Je t'adore, compte là-dessus, mon chéri, et ne t'inquiète pas du reste. » Gaston, grand chasseur bien plus que grand lecteur, et surtout lecteur de romans, avait pu prendre cela pour de l'inédit et s'en contenter ; tel qu'il était, il n'y avait rien d'invraisemblable à admettre que Léontine l'adorait et faisait de lui l'idole de son cœur.

Mais ce dont il ne pouvait certainement pas se contenter, c'était des explications relatives à Arthur Burn ; la lettre qui suivait celles-là le prouvait par son papier si usé aux plis qu'il avait été raccommodé avec des bandes de timbres-poste ; combien fallait-il qu'il eût été lu de fois, relu, tourné et retourné, étudié pour en arriver à cet état de vétusté !

« Est-ce que si j'avais eu des reproches à m'adresser, idole de mon cœur, j'aurais jamais avoué m'être rencontrée avec M. Burn ? Est-ce que, si j'avais voulu nier cette rencontre, je n'aurais pas pu le faire de façon à te convaincre qu'elle n'avait jamais eu lieu ? Ce n'était pas bien difficile, cela. Qui m'avait vue ? Un homme en qui tu pouvais n'avoir qu'une confiance douteuse. J'aurais contesté son témoignage ; je t'aurais affirmé n'être pas sortie ce jour-là. Et, entre lui et moi, j'ai la fierté de croire que tu n'aurais pas hésité. Mais c'eût été un mensonge, une bassesse, une chose indigne de moi, indigne de mon amour, un soupçon contre toi, ce que je n'ai jamais fait, ce que je ne ferai jamais, car je ne veux pas plus m'abaisser moi-même devant toi, que je ne peux t'abaisser dans mon cœur.

C'est pourquoi quand tu m'as dit le visage bouleversé, les yeux sombres et la voix tremblante d'angoisse et de colère, je crois bien des deux : « Tu as vu M. Burn ? » je t'ai répondu : « C'est vrai » ; et je t'ai expliqué comment cette rencontre, due seulement au hasard, avait eu lieu.

Pourtant, malgré mes explications aussi franches que claires, je sens bien que tu es parti fâché contre moi, et, ce qui est plus triste encore, inquiet et malheureux. Je ne veux pas que cela soit, mon chéri ; je ne veux pas que tu doutes de moi qui t'adore ; je ne veux pas que tu te tourmentes ; c'est bien assez que tu aies à souffrir de notre séparation.

Aussi, après l'affreuse nuit que je viens de passer à me désespérer de t'avoir fait de la peine, je veux que ma première pensée, ce matin en me levant, soit pour te rassurer en te répétant ce que je t'ai dit : il me semble que quand tu le verras en ordre sur le papier, s'il m'est possible de mettre de l'ordre dans mes idées, tu reconnaîtras que dans cette malheureuse rencontre il n'y a rien pour te tourmenter.

Comme je te l'ai dit, j'étais sortie pour une petite promenade sur le quai. En cela j'ai eu tort, je le reconnais ; j'aurais dû rester à la maison. Mais que veux-tu, n'avoir pour toute distraction que de regarder passer les trains ou les bateaux, cela devient ennuyeux à la fin ; et n'avoir pour exercice qu'à tourner dans un jardin grand comme une serviette, ça étourdit. J'étais donc sortie, et machinalement sans savoir ce que je faisais, où j'allais, sans me rendre compte de la distance, j'étais arrivée au bout du pont, où je m'étais arrêtée à regarder le mouvement des navires mouillés dans la rivière que la marée montante faisait tourner sur leurs ancres, quand je sens que quelqu'un s'est arrêté derrière moi, tout contre moi, et me regarde. Tu penses si je suis émue. Alors, sans même me retourner, je veux continuer mon chemin. Mais une main me prend doucement par le bras, et une voix me dit avec l'accent anglais : « Je vous fais peur, mademoiselle ? » C'était M. Burn. Je te demande si je pouvais l'éviter, malgré l'envie que j'en avais. Il me dit qu'il vient d'Arcachon où il est resté depuis son départ de Peyrehorade, et qu'il se rend à la gare de la Bastide pour prendre le train de Paris. Moi je ne lui dis rien, pensant qu'il va m'abandonner. Pas du tout. Comme il est en avance, il trouve que c'est un moyen de tuer le temps que de me faire la conversation.

C'est à ce moment, sans doute, qu'est passé celui qui t'a dit m'avoir vue en compagnie de M. Burn ; ce ne peut être qu'à ce moment, puisque nous ne sommes pas restés ensemble plus de huit ou dix minutes. J'avoue que je n'ai pas bien conscience du temps, car j'étais mal à mon aise. Je n'avais su que répondre quand il m'avait montré de la surprise de me rencontrer à Bordeaux, alors qu'il me croyait en Champagne ; et je ne savais aussi que dire pendant qu'il m'examinait : je sentais que ma grossesse sautait aux yeux, ainsi que ma confusion. Ces quelques instants, dont on me fait un crime, m'ont pourtant été bien cruels. Enfin il me quitta avec un air de pitié qui n'était pas pour me rendre courage, et je rentrai à la maison, me reprochant cette malheureuse sortie, mais sans prévoir les conséquences qu'elle allait avoir.

Voilà la vérité, idole de mon cœur, toute la vérité, telle que je te l'ai dite franchement, telle que je te la répète pour qu'elle te rassure, te calme, pour qu'elle t'empêche de douter de moi. Interroge ta conscience, mon chéri, et je suis sûre que sa voix te répondra que tu ne peux pas me soupçonner. Écoute-la, écoute aussi la raison qui te dira que je serais la plus bête ou la plus folle des femmes de te tromper. Suis-je cette bête ? Suis-je cette folle ? Folle d'amour, oui, je la suis ; folle d'amour pour toi, je l'ai été du jour où je t'ai vu, et je la serai jusqu'à la mort. Parce que je t'ai écouté, parce que j'ai cédé à ta parole, à tes beaux yeux, à ta passion, à ton élégance, à ta noblesse, à tout ce qui fait ton prestige, peux-tu supposer que j'aurais cédé à un autre ? Mais il n'y a qu'un Gaston au monde pour moi, et il ne peut pas me faire un crime de ce qu'il est irrésistible.

C'est m'accuser du plus misérable et du plus lâche des crimes, de penser que M. Burn peut être pour moi autre chose qu'un indifférent. Est-ce que j'aurais eu des yeux pour toi, est-ce que je t'aurais écouté, est-ce que je me serais donnée si j'avais aimé ce pauvre garçon, ou même si simplement, j'avais été aimée de lui ? Il est orphelin, il est riche, il ne dépend de personne, ni d'une famille, ni de rien : aimée par lui, je me serais fait épouser, et malade comme il l'est, ayant besoin de soins, j'imagine que cela n'aurait pas été difficile... au cas où il m'aurait aimée, bien entendu.

As-tu un indice, une preuve, n'importe quoi qui laisse supposer que j'aie fait ce calcul ? Je te le demande, et m'en rapporte à tes souvenirs pour la réponse.

Quand nous nous sommes vus, avais-je l'air d'une fille gardée par un sentiment tendre, un amour, un engagement, des projets quelconques ? T'ai-je jamais opposé la moindre résistance dans tout ce que tu as voulu de moi ? N'ai-je pas été aussi souple entre tes mains, aussi docile à tes désirs que peut l'être une fille libre de toute dépendance étrangère.

Je ne dis pas cela pour m'être donnée à toi, car j'ai cédé autant à mon amour qu'au tien, mais pour le reste, pour tout ce qui s'est passé à partir de ce moment.

Quand tu as voulu que je cache ma grossesse, t'ai-je opposé de la résistance ? Et, cependant, j'avais bien le droit d'élever la voix et de te dire que, puisque j'étais une honnête fille, tu avais des devoirs d'honnête homme envers moi. L'ai-je fait ? Non. Tu m'as représenté que tu devais ménager ton père, et les lois du monde auquel tu appartiens, qu'il fallait attendre, ne rien brusquer, et sans résistance, mais non sans souffrance, sans honte, sans chagrin j'ai accepté ce que tu voulais.

Tu as trouvé que je devais quitter ma sœur et notre maison pour venir me cacher ici, je t'ai obéi sans t'opposer d'objections, bien que je ne fusse pas assez aveugle pour ne pas voir ce que serait la vie que tu m'imposais, loin de toi dont je serais séparée, loin des miens, prisonnière, abandonnée, seule avec mes pensées qui ne seraient pas gaies, je l'imaginais bien.

Est-ce qu'à ce moment j'aurais accepté si M. Burn ne m'avait pas été étranger ?

Je n'ai vu que toi, je n'ai pensé qu'à la plus grande marque d'amour qu'il me fût possible de te donner.

Pour tout dire, pour être franche jusqu'au bout, j'ajoute que j'ai pensé aussi à notre enfant, et que ce que je faisais pour toi, tu le lui rendrais.

Que tu doutes de moi, que tu m'accuses, rien ne peut m'être plus cruel, et il faut que je t'aime comme je t'aime, que je sois ton esclave, ta chose, pour le supporter sans révolte ; mais, enfin, si douloureux que cela soit, dans le moment où tu me frappes de tes soupçons, je ne perds pas tout courage parce que je sais que je te ferai revenir à d'autres sentiments, et qu'il n'y a de coupable en toi que ta nature inquiète et jalouse. Tu es ainsi, et ne peux rien contre toi ; ton esprit toujours en éveil t'emporte et rien ne t'arrête, ni la raison, ni la vraisemblance, ni la justice, jusqu'à ce que la voix de ton cœur parle et te montre ton erreur.

Mais si je peux, maintenant que je te connais, accepter ces doutes, je ne veux pas qu'ils effleurent notre enfant ; je ne veux pas que tu le regardes de cet air sombre et anxieux dont tu regardes la mère en te posant toutes sortes de questions folles ou absurdes : pour lui je ferai tous les sacrifices ; et par lui tu auras toujours la femme la plus tendre, la plus soumise, la plus dévouée, la plus fidèle jusqu'à mon dernier soupir.

De toi à lui il n'y a pas de questions à te poser, tu n'as qu'un mot à dire : — Je suis son père, et lui dois la tendresse, les soins, l'amour d'un père.

C'est pour lui que je t'écris cette longue lettre, bien plus que pour moi, car, malgré tout, je sens que je n'ai pas à plaider ma cause qui est si bonne qu'en ce moment même, j'en suis sûre, tu ne penses qu'à me faire oublier le chagrin que tu m'as causé. Sois tranquille, cela ne sera pas difficile, et tu n'auras qu'à paraître pour me trouver telle que j'ai toujours été et serai toujours.

Ta bien aimée,

LÉONTINE »

Il avait lu les lettres précédentes aussi vivement que le permettait leur écriture peu nette ; de celle-là au contraire, il pesa chaque mot, chaque phrase, et quand il arriva à la fin, il la reprit au commencement.

Mais, si attentif qu'il fût, il n'y trouva rien qu'il ne connût déjà, si ce n'est des indications sur le caractère et la nature de Léontine qui justifiaient tous les soupçons.

Malgré ses protestations d'amour et ses serments, il paraissait bien certain que cette coquette de village avait manœuvré entre Arthur Burn et Gaston de façon à les ménager également, écrivant très probablement à celui-ci les mêmes lettres qu'à celui-là, sans savoir au juste lequel des deux était le plus « idole de son cœur », à moins qu'ils ne le fussent ni l'un ni l'autre.

S'il en était ainsi, et tout semblait l'indiquer, on comprenait par quelles incertitudes, Gaston, passionnément épris de cette femme, avait passé et quels avaient été ses soupçons ; mais, si toute sa vie il s'était débattu contre l'obsession du doute, lui qui mieux que tout autre était en situation de trancher la question de paternité, n'était-ce pas folie de s'imaginer qu'après trente ans passés on verrait clair là où il s'était perdu dans l'obscurité, n'ayant pour se guider que ces lettres ? Quand on les relirait cent fois comme Gaston les avait lues, elles ne livreraient pas plus leur secret que trente ans auparavant : des inductions, des hypothèses, elles les permettaient toutes ; des certitudes, elles n'en fourniraient aucune, si les dernières n'étaient pas plus précises que celles-là.

Elles ne l'étaient point : partout Léontine se défendait contre la jalousie de Gaston par de vagues protestations ; nulle part elle ne prenait corps à corps un des griefs, auxquels elle répondait : « Je t'aime, compte là-dessus » ; et c'était toujours le morne refrain.

Après la liasse de la mère, il passa à celle du fils, beaucoup plus volumineuse. Parcourant seulement les premières lettres, écrites d'une écriture enfantine, il ne commença une lecture sérieuse qu'avec celles où l'enfant devenait jeune homme, et tout de suite il put constater que si, au lieu de vouloir éclaircir une question de paternité, c'était une question de maternité, il n'admettrait jamais que ce garçon, simple et droit, au cœur tendre, mais discret et réservé dans ses expansions, pouvait être le fils de cette coquette, dont chaque mot criait la tromperie. Tel se montrait le collégien, tel était le soldat, avec seulement en plus la fermeté et le sérieux que donne l'âge, mais si franchement, que, dans cette confession qui sans interruption se continuait de la dix-huitième à la trentième année, on voyait comme si on l'avait suivi jour par jour l'éveil de son esprit et de ses idées, la formation de son caractère et de ses sentiments, l'ouverture de son jeune cœur au rêve d'abord, plus tard à la pensée, plus tard encore à la vie.

Alors il se produisit ce fait que cette lecture, commencée avec la pensée et l'espoir qu'elle tournerait contre le capitaine, concluait au contraire en sa faveur : puisqu'il était si peu le fils de sa mère, à qui avait-il pris les qualités natives que chaque lettre révélait en lui, si ce n'est à son père ?

Et, pour qui connaissait Gaston, il semblait bien que c'était lui qui fût ce père.

XI

Ce n'était pas la première fois qu'il s'apercevait que les honnêtes gens éprouvent dans la vie des difficultés et des embarras qui n'entravent pas la marche des coquins.

Coquin, il eût sans remords supprimé ce testament, et les choses auraient suivi leur cours.

Mais, honnête homme, il ne pouvait pas employer un moyen qui, pour faire le bonheur des siens, faisait sûrement son malheur à lui, en empoisonnant sa vie.

Il se connaissait et savait que ce n'était pas quand chaque matin, aux premiers instants qui suivent le réveil, on passe l'examen de sa conscience, qu'on pourrait la charger d'un pareil poids : toutes les subtilités du raisonnement ne tenaient pas contre ce chiffon de papier qui, aux yeux de la loi, faisait du capitaine l'héritier de Gaston, et, tant qu'on ne lui aurait pas restitué la fortune dont légalement il était propriétaire, on ne pouvait pas espérer le repos.

Telle était la vérité ; le reste ne reposait que sur les sophismes du cœur et de l'intérêt personnel. Et encore se sentait-il convaincu que, s'il était seul, l'intérêt personnel ne s'obstinerait pas dans ces faux raisonnements, qui n'avaient tant de puissance que parce qu'ils tenaient quand même et malgré tout au bonheur de sa femme et de sa fille.

Arrivé à cette conclusion, il n'avait qu'à rentrer chez lui, prendre le testament de Gaston et le remettre à Rébénacq.

Cependant il n'en fit rien, et les raisons ne lui manquèrent pas pour différer ce sacrifice : du côté du capitaine, il n'y avait pas urgence et quelques jours de plus ou de moins étaient de peu d'importance ; du côté des siens, il ne pouvait pas ainsi sans préparation leur porter ce coup, qui jetait sa femme dans le désespoir et brisait le mariage de sa fille ; enfin, lui-même avait besoin de réfléchir encore et de se reconnaître dans le dédale de contradictions où il se débattait. Ce n'était pas à la légère qu'il devait se décider ; aucun inconvénient à attendre ; rien que des avantages ; en tout cas, on verrait.

Les journées s'écoulèrent longues et agitées, les nuits plus longues encore, plus agitées ; mais que peut le temps sur ce qui ne dépend que de notre volonté ! fatalement la situation ne pouvait pas changer tant qu'il ne se résoudrait pas, soit à déchirer le testament, soit à le déposer aux mains de Rébénacq, et par conséquent ses tourments, ses inquiétudes, ses angoisses, resteraient ce qu'ils étaient, avec le remords en plus de son impuissance.

Cet état n'avait pas pu se prolonger sans éveiller l'attention de sa femme et de sa fille, et, comme à toutes leurs questions il avait toujours répondu qu'il n'était point malade, elles avaient cherché entre elles quelles pouvaient être les causes de ces changements d'humeur, et madame Barincq s'était arrêtée à l'idée qu'il fallait les attribuer au mariage d'Anie.

— Ton père t'aime trop, il ne peut pas s'habituer à la pensée que bientôt tu seras perdue pour lui.

— Je ne serai pas perdue pour lui, mais, alors même que nous devrions être séparés, je sais qu'il m'aime assez pour accepter ce sacrifice s'il avait la conviction que c'est pour mon bonheur. Seulement il faudrait que cette conviction fût bien solide chez lui, et peut-être ne l'est-elle pas au point de ne pas laisser place à l'inquiétude.

— Avec un homme charmant comme le baron, quelles inquiétudes veux-tu qu'il ait ?

— Je ne veux pas qu'il en ait, je ne dis pas qu'il en a ; mais enfin cela est possible ; et si cela est, sa préoccupation s'expliquerait tout naturellement.

— Si ton père avait des craintes, il m'en ferait part ; je suis autant que lui intéressée à ton bonheur. D'ailleurs, quelles craintes M. d'Arjuzanx peut-il lui inspirer ?

— Si je les connaissais, nous serions fixées.

— Je l'interrogerai.

L'occasion était trop belle quand sa femme le questionna sur ses inquiétudes pour qu'il n'en profitât pas : en même temps qu'elles justifiaient son souci qu'il ne pouvait pas nier, elles avaient l'avantage de préparer la rupture des projets de mariage.

— Si je n'ai pas de griefs précis à reprocher au baron, je ne suis cependant pas rassuré.

— Pourquoi ne m'en parlais-tu pas ?

— Précisément parce que les griefs précis me manquent... et que je trouve inutile de te tourmenter... si, comme je l'espère, il n'y a rien contre le baron.

— Alors, pourquoi te tourmentes-tu toi-même ?

— Parce que je voudrais savoir ce que je n'apprends pas.

— Savoir quoi ?

Ce qu'on veut dire quand on parle de lui, ou plutôt ce qu'on veut ne pas dire : n'as-tu pas été frappée des réticences qu'on emploie à son égard ?

— Réticences... c'est beaucoup.

— Le mot ne fait rien à la chose ; pourquoi ces étonnements polis quand il est question du baron ? Pourquoi ces silences quand on voit que nous serions disposés à l'accepter pour gendre au cas où Anie l'agréerait ?

— L'envie.

— C'est possible ; ce n'est pas certain.

— Alors, quoi ?

— C'est ce que je cherche. Voilà pourquoi je ne voudrais pas te voir considérer comme fait un mariage qui, en réalité, peut ne pas se faire.

— Tu ne voudrais pas le rompre pour si peu.

— Non, certes ; mais j'envisage sa rupture comme possible si...

— Si....

— Si je trouve ce que je cherche. Et cela, tu en conviendras, me donne bien le droit d'être préoccupé.

— Enfin, que cherches-tu ?

— A voir clair dans ce qui est obscur ; à faire préciser ce qui est vague et insaisissable.

— Le baron est un galant homme.

— Je le crois.

— Un honnête homme.

— J'en suis sûr.

— Alors ?

— Galant homme, honnête homme, on peut être mauvais mari : la responsabilité d'un père qui marie sa fille est trop lourde pour qu'il laisse rien au hasard.

— Tu t'inquiètes à tort.

— Qu'en sais-tu ? Je pourrais te dire que de ton côté tu t'obstines à tort aussi dans ton parti-pris de ne voir que ce que tu désires : si ce mariage peut se faire, il peut ne pas se faire.

— Il se fera.

— Tu ne peux pas le souhaiter plus vivement que moi.

— Ce serait folie de prendre au sérieux des propos en l'air ; il n'y a rien, il ne peut y avoir rien contre le baron, et ce que tu crois de la suspicion est simplement de l'envie : envie chez ses amis parce qu'Anie lui apporte une belle fortune ; envie chez nos amis, à nous, parce qu'il apporte à Anie un beau nom.

Il s'attendait à cette résistance et n'alla pas plus loin ; maintenant que l'ouverture était faite, il pourrait revenir sur cette rupture, et amener peu à peu l'esprit de sa femme à en admettre la possibilité, afin que le jour où elle se produirait elle ne fût pas un coup de foudre.

Avec Anie il procéda de la même façon, mais l'accueil qu'elle fit à ses paroles entortillées ne ressembla en rien à celui de sa mère :

— S'il y a dans ce mariage quelque chose qui t'inquiète, lui dit-elle, le mieux est d'y renoncer tout de suite.

— Tu n'en souffrirais pas, ma chérie ?

— Pas du tout, je t'assure ; quand tu m'as fait part de la demande de M. d'Arjuzanx, je t'ai répondu que je n'en étais ni charmée ni fâchée ; j'en suis toujours au même point ; je crois t'avoir dit aussi, faisant mon examen de conscience, que je ne trouvais en moi qu'une parfaite indifférence à son égard ; bien que depuis ce jour-là nous nous soyons rencontrés cinq fois, je n'ai point changé. Dans ces conditions, je pense donc que, ce mariage ne t'offrant plus les avantages que tu y trouvais, surtout une entière sécurité, le mieux est de le rompre avant d'aller plus loin.

— Tu ne le regretterais point ?

— Comment pourrais-je le regretter, puisque je ne sais pas encore si je l'accepterai !

— Alors ces entrevues de Biarritz n'ont rien produit ?

— Elles auraient produit un ennui réel si elles n'avaient pas eu lieu au bord de la mer, qui était une distraction, et si, d'autre part, elles n'avaient pas été égayées par le capitaine.

— Ah ! le capitaine.

Cette exclamation fut prononcée d'un ton qui frappa Anie.

— Que trouves-tu d'étonnant à ce que je dis là ?

Il l'examinait ; pendant un certain temps il la regarda sans répondre.

— Je me demande, dit-il, si tu n'accordes pas au capitaine des mérites que tu refuses au baron.

— Il n'y a aucune comparaison à faire entre eux.

De nouveau il garda le silence, et elle fut toute surprise de voir que les mains de son père tremblaient comme si elles étaient agitées par une profonde émotion.

— Qu'as-tu ? demanda-t-elle.

Il ne répondit pas, et il se mit à marcher en long, en large, à pas saccadés, la tête haute, les yeux brillants, les lèvres frémissantes.

— Une idée ! dit-il tout à coup en s'arrêtant devant elle, une idée que me suggère ta réflexion à propos du capitaine, et qui me fait te demander de répondre franchement à la question que je vais te poser.

— Elle est donc bien grave, cette question, qu'elle te met dans cet état d'agitation ?

— La plus grave qui puisse se présenter pour toi, pour moi.

— Alors dis tout de suite.

— Si le capitaine avait demandé ta main, ta réponse aurait elle été celle que tu as faite au baron ?

— Mais... papa.

— Je t'en prie, je t'en supplie, ma chérie, sois franche avec ton père ; tu ne sais pas quelles conséquences peut avoir la réponse que je demande.

— Mais je m'en doute bien un peu, à ton trouble.

— Alors, parle, parle.

— Eh bien, je reconnais, pour parler comme toi, que j'accorde au capitaine des mérites que je ne vois pas dans le baron.

— Et ces mérites auraient-ils été assez grands pour que, malgré son manque de naissance ou plutôt malgré la tare de sa naissance, et aussi malgré son manque de fortune, tu l'acceptes comme mari ?

— Justement parce que, grâce à l'héritage de mon oncle, la fortune ne compte pas pour moi, j'aurais aimé à choisir mon mari en dehors de toute préoccupation d'argent ; ne pas le refuser parce qu'il aurait été pauvre, ne pas l'accepter parce qu'il aurait été riche.

— Et la naissance ?

— Ça, c'est une autre affaire : il est certain que dans le monde le baron d'Arjuzanx, dont les ancêtres occupaient des charges auprès du roi Henri, fait une autre figure que le capitaine Valentin Sixte.

— Tu l'aurais donc refusé pour cette tare ?

— Je ne dis pas ça : J'aurais regretté que le capitaine n'eût pas le nom du baron ; mais je regrette encore bien plus à tous les autres points de vue que le baron ne soit pas le capitaine.

— Ah ! ma chère enfant !

— Tu voulais de la franchise.

— Ma chère petite Anie, ma fille, mon enfant bien-aimée, ma chérie.

Il l'avait prise dans ses bras et il l'embrassait.

— Le capitaine m'a demandée ? dit-elle.

— Non.

— Ah !

— Mais cela ne fait rien.

— Cela fait tout au contraire. Comment peux-tu me poser de pareilles questions ! Je ne t'ai répondu que parce que je croyais à cette demande.

Elle se dégagea des bras de son père et alla à la fenêtre pour cacher sa confusion.

Doucement il vint à elle, et, lui mettant la main sur l'épaule avec tendresse :

— Ne me suppose pas des intentions qui sont loin de ma pensée, dit-il ; rien, je t'assure, ne peut m'être plus doux que ce que tu viens de m'apprendre, rien, rien.

En effet ; plus d'une fois il avait vaguement entrevu un mariage entre Anie et Sixte comme la fin des angoisses au milieu desquelles il se débattait désespérément. Tout, de cette façon, était tranché pour le mieux : Anie ne perdait pas la fortune de son oncle, et, de son côté, Sixte héritait de son père ; ainsi se conciliaient les droits de chacun ; pas de luttes, pas de sacrifices ni d'un côté ni de l'autre ; plus de doutes sur la validité du testament, pas plus que sur la filiation du capitaine : ce n'était ni comme fils, ni comme légataire qu'il jouissait de la fortune de Gaston, mais comme mari d'Anie ; et, de son côté, ce n'était pas en qualité de nièce qu'elle gardait cette jouissance, mais comme femme du capitaine.

S'il ne s'était pas arrêté à cette idée lorsqu'elle avait traversé son esprit, s'il n'avait même pas voulu l'examiner lorsqu'elle lui revenait malgré ses efforts pour la chasser, c'est qu'il la considérait comme un misérable calcul, et la spéculation honteuse d'une conscience aux abois ; n'était-ce pas vendre sa fille ? et de sa vie, de son bonheur, payer leur repos à tous et la fortune ? Mais, du moment que spontanément, et sans que ce fût un sacrifice pour elle, Anie préférait le capitaine au baron, la situation se retournait ; à marier Anie et le capitaine il n'y avait plus ni calcul ni spéculation, on ne la vendait plus et, en même temps qu'on tranchait l'inextricable difficulté du testament, en même temps qu'on faisait un juste partage de la succession de Gaston entre ceux qui, à des titres divers, avaient des droits pour la recueillir, on assurait le bonheur de ceux qu'on mariait. Quel meilleur mari pouvait-on souhaiter pour Anie que ce beau garçon intelligent, franc, loyal, que cet officier distingué devant qui s'ouvrait le plus brillant avenir ? Quelle femme pouvait-il trouver qui fût comparable à Anie ? De là son élan de joie quand il avait entendu Anie venir au-devant du désir qu'il n'avait même pas osé former.

— Tu m'as parlé franchement, reprit-il, parce que le capitaine te plaît, et aussi parce que tu sais que, de ton côté, tu plais au capitaine.

— Mais je ne sais rien du tout ! s'écria-t-elle en se retournant vers son père.

— Tu ne le sais pas, j'en suis certain ; il ne te l'a pas dit, je le crois ; mais cela n'empêche pas que tu n'en sois sûre ; une jeune fille ne se trompe pas là-dessus ; c'est là l'essentiel ; le reste est de peu d'importance.

— Que veux-tu donc ?

— Que tu épouses le capitaine, puisqu'il te plaît.

— Mais ce ne sont pas les jeunes filles qui épousent, on les épouse.

— Si le baron ne te plaît pas, et si au contraire le capitaine te plaît, il y a d'autre part tant d'avantage à ce que ton mariage avec le capitaine se fasse, que nous devons nous unir pour qu'il réussisse.

— Mais je ne peux pas lui demander de m'épouser.

— Il ne s'agit pas de cela. Ce qu'il faut avant tout, c'est que tu refuses M. d'Arjuzanx.

— C'est facile et j'y suis toute disposée. Je n'ai accepté ces entrevues que pour t'obéir. Tu veux maintenant que nous les supprimions, je t'obéis encore bien plus volontiers. Quoi qu'il arrive, je ne regretterai point M. d'Arjuzanx. Je n'ai pour lui ni antipathie ni répulsion ; il m'est indifférent, voilà tout ; et ce n'est vraiment pas assez pour l'épouser : ami, oui ; mari, non. De son côté, ce que tu désires est donc fait. Seulement, je serais curieuse de savoir pourquoi tu le voulais pour gendre il y a un mois, et pourquoi tu ne le veux plus aujourd'hui.

Il resta un moment assez embarrassé.

— N'était-il pas alors ce qu'il est encore ? et du côté du capitaine as-tu appris des choses qui te le montrent sous un jour plus favorable ?

Il avait eu le temps de se remettre :

— J'ai à plusieurs reprises entendu parler de M. d'Arjuzanx d'une façon qui ne m'a pas plu.

— Que disait-on ?

— Rien de précis ; mais c'est justement le vague de ces propos qui fait mon inquiétude. Quant au capitaine, j'ai au contraire appris à le connaître sous un jour qui a singulièrement augmenté ma sympathie pour lui et l'a transformée en une estime sérieuse.

— Comment cela ? demanda-t-elle avec une vivacité caractéristique.

— En lisant ses lettres à Gaston ? Cette correspondance, qui commence quand le jeune garçon entre au collège de Pau et se continue sans interruption jusqu'à ces derniers temps, a été conservée par ton oncle, on l'a trouvée à l'inventaire et je viens de la lire. C'est une confession, ou plutôt, car elle ne contient l'aveu d'aucune faute, un journal qui embrasse toute sa jeunesse. Quels renseignements vaudraient ceux qu'il donne lui-même dans ces lettres où on le suit pas à pas, où l'on voit se former l'homme qu'il est devenu, et un homme de cœur, de caractère, droit, loyal, que la tare d'une naissance malheureuse n'a point aigri, mais qu'elle a au contraire trempé ; enfin, le type du mari qu'un père qui connaît la vie choisirait entre tous pour sa fille.

Pendant qu'il parlait, elle souriait sans avoir conscience de l'aveu que son visage épanoui trahissait :

— Alors, ces lettres… dit-elle machinalement pour dire quelque chose et pour le plaisir de parler de lui.

— Ces lettres sont un panégyrique d'autant plus intéressant qu'il est écrit au jour le jour. Sais-tu quelles étaient mes pensées en les lisant ?

— Dis.

— Je me demandais comment ton oncle n'avait pas eu le désir de te le donner pour mari, ce qui conciliait tout : son affection pour ce jeune homme et ses devoirs envers nous.

— Il n'a pas exprimé ce désir.

— Cela est vrai ; mais ce qu'il n'a pas fait, pour une raison que nous ignorons, simplement peut être parce que la mort l'a surpris, je puis le faire. Si ton oncle avait des devoirs envers nous, envers moi, envers toi, je me considère comme en ayant envers le capitaine qui a certainement des droits à la fortune dont nous héritons… quand ce ne serait que ceux que donne l'affection partagée : un mariage entre vous règle tous ces devoirs comme tous ces droits, et, de plus, il assure ton bonheur. Tu comprends pourquoi j'ai été si heureux quand je t'ai entendu manifester avec franchise tes sentiments ?

— Et maintenant ?

— Quoi, maintenant ?

— J'entends, que veux-tu faire ?

— Aller trouver Rébénacq qui est l'ami et le conseil du capitaine.

— Mais M. Rébénacq ne peut pas offrir ma main à M. Sixte.

— Assurément ; mais Rébénacq peut lui faire comprendre quels sont mes sentiments à son égard, et adroitement, discrètement, lui laisser entendre que, s'il voulait devenir le mari d'une belle jeune fille qu'il connaît et qu'il a pu apprécier, il n'aurait qu'à plaire à cette belle fille et se faire aimer d'elle pour que la famille l'accueillît, malgré son manque de fortune, à bras ouverts. Il n'y a point là d'offre, dont je ne veux pas plus que toi, mais une ouverture comme en doivent faire ceux qui sont riches à ceux qui ne le sont pas. Y a-t-il là-dedans quelque chose qui ne te convienne pas ?

Au lieu de répondre, elle interrogea :

— Et M. d'Arjuzanx ?

— Je lui écrirai que nos projets ne peuvent pas avoir les suites que nous espérions.

— Que vous espériez, lui et toi ?

— Dame !

— N'es-tu pour rien dans cette rupture ?

— J'arrangerai les choses de façon à porter ma part de responsabilité.

— Fais-la légère pour toi, plus grosse pour moi, ce ne sera que justice. Mais ce que je voudrais encore, ce serait qu'au lieu d'aller trouver M. Rébénacq et d'écrire ensuite à M. d'Arjuzanx, tu commences par cette lettre. Je connais assez M. Sixte pour être certaine qu'il ne consentirait pas à entrer en rivalité avec un ami. S'il est sensible à l'ouverture de M. Rébénacq, ce ne sera certainement que quand il aura la preuve que cet ami a été refusé.

— Tu as raison ; j'écris tout de suite au baron et demain seulement j'irai voir Rébénacq.

— Et maman ! tu es d'accord avec elle ?

— Je compte sur toi.

— Tu sais qu'elle trouve toutes les qualités à M. d'Arjuzanx : la naissance, la distinction, la beauté, et bien d'autres choses encore, sans parler de sa fortune qui ne peut pas être comparée à celle de M. Sixte.

— Ta mère ne veut que ton bonheur ; quand elle sera convaincue que tu n'aimeras jamais M. d'Arjuzanx, elle cédera.

— Enfin, je ferai ce que tu veux, mais si nous partageons les responsabilités, partageons aussi les difficultés : que j'amène maman à accepter ta rupture d'un mariage qu'elle souhaite si ardemment, toi, de ton côté, amène-la à accepter celui que tu désires.

— Et toi, ne le désires-tu pas aussi ?

Elle vint à son père, les yeux baissés, marchant avec componction.

— Une fille soumise n'a d'autre volonté que celle de son papa.

XII

Pendant que Barincq préparait le brouillon de sa lettre au baron, Anie annonçait à sa mère que, décidément, et après un sérieux examen de conscience, elle ne pouvait pas se résigner à accepter M. d'Arjuzanx pour mari.

Aux premiers mots ce fut de l'étonnement chez madame Barincq, puis de la stupéfaction, puis de la colère et de l'indignation qui s'exaspérèrent en une crise de larmes.

Elle était la plus malheureuse des femmes ; rien de ce qu'elle désirait ne comptait.

Ne sachant à qui s'en prendre, elle tourna sa colère contre son mari.

— C'est ton père avec ses sottes histoires, ses propos vagues, ses inquiétudes sans causes, qui a changé tes sentiments pour M. d'Arjuzanx.

Anie défendit son père en répondant que précisément ses sentiments n'avaient pas changé : tels ils étaient le jour où on lui avait parlé de ce mariage, tels ils étaient encore. M. d'Arjuzanx lui était indifférent, et elle n'accepterait jamais de devenir la femme d'un homme qu'elle n'aimerait pas ; elle n'aimait pas M. d'Arjuzanx, elle ne l'aimerait jamais, elle avait interrogé son cœur, non pas une fois, mais vingt, mais cent, la réponse avait toujours été la même ; et, puisque ce mariage ne se ferait pas, il convenait de rompre des relations qui n'avaient que trop duré et qui, en se prolongeant, deviendraient compromettantes. Pour ne pas vouloir du baron, elle ne renonçait pas au mariage : il ne fallait donc pas que plus tard on cherchât à savoir ce qui s'était passé entre M. d'Arjuzanx et elle, et pourquoi ils ne s'étaient pas mariés.

De tous les arguments qu'employa Anie, celui-là fut celui qui porta le plus juste et le plus fort ; pendant trop longtemps madame Barincq avait vécu dans l'avenir pour que les sécurités du présent lui eussent fait perdre l'habitude de l'escompter : pour rompre avec le baron, Anie ne rompait pas avec le mariage, et il était très possible, il était même probable, il était vraisemblable qu'elle en ferait un beaucoup plus beau que celui auquel elle renonçait : pourquoi le baron ne serait-il pas remplacé par un prince, le gentillâtre par un homme dans une grande situation ?

Alors elle se calma, et si bien, qu'elle voulut donner elle-même le texte de la lettre à écrire au baron ; ce qu'il fallait, c'était éviter de présenter des explications difficiles, et se contenter de dire avec politesse que, leur fille n'étant pas décidée à se marier encore, il convenait d'interrompre des entrevues qui pouvaient avoir des inconvénients.

Anie et son père se regardèrent, se demandant s'ils devaient profiter de cette ouverture, mais ni l'un ni l'autre n'osa commencer ; c'était un si heureux résultat d'avoir obtenu l'abandon du baron qu'ils jugèrent plus sage de s'en tenir là ; plus tard on agirait pour faire accepter le capitaine ; à la vérité tous deux sentaient qu'il eût mieux valu donner un autre motif de rupture que celui que madame Barincq proposait, et ne pas l'appuyer sur la volonté d'Anie de ne pas se marier encore ; mais cela n'était possible qu'en entrant dans des explications devant lesquelles le père et la fille reculèrent.

Quand la lettre fut écrite, madame Barincq la relut deux fois, puis, avant de l'enfermer dans son enveloppe, elle la balança plusieurs fois entre ses doigts :

— Tu veux qu'elle parte ? dit-elle en regardant sa fille.

— Mais certainement.

— Que ta volonté s'accomplisse, et fasse le ciel que ce soit pour ton bonheur ! Qui sait si celui qui remplacera M. d'Arjuzanx le vaudra !

Mais cette parole n'émut ni la fille ni le père ; ils savaient, eux, combien celui qui devait remplacer le baron valait mieux que celui-ci.

Le lendemain matin, à l'ouverture de l'étude, Barincq entrait dans le cabinet de Rébénacq. Quand le notaire entendit parler de rupture avec le baron, il ne montra aucune surprise.

— Dois-je t'avouer que je m'y attendais ? dit-il.

— Et pourquoi t'y attendais-tu ?

— Parce que M. d'Arjuzanx n'est pas du tout le mari qui convient à ta fille.

— Et tu ne me l'as pas dit ?

— Tu devais t'en apercevoir tout seul ; cela valait mieux.

— M'apercevoir de quoi ?

— De ce que tout le monde disait.

— Mais que disait tout le monde ? Vingt fois j'ai voulu aller au fond de certaines paroles énigmatiques ou de silences étranges, on ne m'a jamais répondu. Maintenant que ce mariage est rompu, ne parleras-tu pas franchement ?

— On s'étonnait que tu consentisses à donner une jolie fille comme mademoiselle Anie, discrète, délicate de sentiments, distinguée d'esprit, à un homme comme le baron, qui n'est pas précisément doué de qualités semblables.

— Que lui reproche-t-on ?

— Un homme qui va en vélocipède à Paris, qui paraît en maillot dans les baraques, qui vit en intimité avec un lutteur.

— Ah !

— On ne parlait que de ça à Bayonne et à Orthez.

— On est sévère à Bayonne et à Orthez.

— Tu plaisantes en Parisien sceptique ; mais, si ridicules que te paraissent les préjugés provinciaux, crois-tu qu'un homme qui n'a pas d'autres occupations et d'autres plaisirs que de briller dans les luttes du cirque ou du sport soit précisément le mari qui convienne à une fille intelligente comme la tienne ? Quels points de contact vois-tu entre eux ? Sois certain que la province n'est pas si bête que Paris l'imagine.

— Sans doute tu as raison, puisque ma fille n'a pas voulu de M. d'Arjuzanx.

— J'estime qu'elle a été sage, et j'ajoute que de sa part je n'en suis pas étonné.

— Il est vrai qu'elle demande chez son mari d'autres qualités que celles que M. d'Arjuzanx pouvait lui offrir ; seulement le mari chez qui nous rencontrerions ces qualités n'est pas facile à trouver.

Il y eut un moment de silence ; tout à coup le notaire, prenant son menton dans sa main, dit, comme s'il se parlait à lui-même :

— Ça dépend.

— De quoi ça dépend-il ?

— Des qualités exigées.

— Simplement morales et intellectuelles ; physiques aussi, il est vrai, car il faut que ce mari plaise à Anie.

— Évidemment. Ainsi la fortune n'entre pour rien dans vos exigences... ni la naissance ?

— Pour rien.

— Et la position sociale ?

— C'est une autre affaire.

— Ainsi tu accepterais pour gendre un homme doué de tous les avantages corporels et ayant devant lui le plus bel avenir, mais sans fortune et sans naissance ?

— Tu as quelqu'un en vue ?

Ils se regardèrent assez longuement sans parler, franchement, les yeux dans les yeux.

— Oui, dit enfin le notaire.

— Qui ?

— Note que je ne suis chargé d'aucune ouverture, et que je parle simplement en camarade, en ami, de toi d'abord, et aussi de ta fille pour qui j'ai une vive sympathie.

— Parle donc.

— Tu ne m'en voudras pas ?

— Le nom.

— Sixte.

C'était assez timidement que le notaire avait prononcé ce nom en regardant avec une inquiétude manifeste son ancien camarade, ce fut franchement que celui-ci lui tendit la main :

— Je venais pour te parler de lui.

— Et moi je t'en aurais parlé depuis longtemps, si je ne t'avais cru engagé avec M. d'Arjuzanx.

— Nous sommes à l'égard du capitaine dans une situation délicate, car nous lui avons enlevé une fortune qu'il devait considérer comme sienne.

— Il serait à peu près dans la même situation envers vous, si le testament de Gaston n'avait pas été détruit.

— De sorte qu'on peut dire que cette fortune nous a appartenu à l'un et à l'autre ; une alliance entre nous remettrait tout en état.

— Veux-tu me permettre de te dire que je me suis demandé plus d'une fois comment cette idée ne t'était pas venue ? il est vrai que tu ne connaissais pas Sixte comme moi et ne savais pas ce qu'il vaut.

— Je viens de l'apprendre en lisant ses lettres à Gaston trouvées à l'inventaire, et elles m'ont inspiré pour lui une véritable estime.

— N'est-ce pas que c'est un brave garçon ?

— J'ai lu aussi les lettres de sa mère et je me suis demandé comment il pouvait être le fils de cette coquine.

— S'il est le fils de Gaston, comme on peut le croire, cette paternité explique tout.

— C'est ce que je me suis dit, et tout cela : caractère de l'homme, filiation, fortune, fait que j'ai pensé à un mariage, et que cette idée ayant pris corps, j'ai voulu te la soumettre pour te demander conseil d'abord, puis, plus tard, ton concours s'il y a lieu. Car, si je suis disposé à l'accepter pour gendre, je ne sais pas si lui est disposé à se marier ; et, le fût-il, je ne peux pas lui offrir ma fille.

— Mon amitié pour toi et pour Sixte t'assure à l'avance que je vous suis entièrement dévoué à l'un comme à l'autre, et franchement je ne crois pas, eu égard à vos situations respectives, que tu pouvais t'adresser à un meilleur intermédiaire. A ta question : Sixte est-il disposé à se marier ? je puis répondre tout de suite par l'affirmative, il se mariera quand il trouvera la femme qu'il désire ; et si, jusqu'à ce moment, il est resté garçon, c'est que cette femme ne s'est pas rencontrée. Les occasions ne lui ont cependant pas manqué, ce qui ne doit pas te surprendre, beau garçon, officier brillant, héritier présumé de Gaston, il avait tout pour faire un gendre et un mari désirables. Il est vrai que maintenant l'héritage s'est envolé, mais pour cela il n'est pas devenu une non-valeur. Ainsi, à l'heure présente, on lui propose deux partis.

— Ah !

— Il n'est disposé à accepter ni l'un ni l'autre, et maintenant, certainement, il ne balancera pas entre mademoiselle Anie et celles qu'on lui propose.

— Certainement ?

— Cela ne fait pas de doute, et tu vas en juger. L'une de ces jeunes filles est l'aînée des demoiselles Harraca ; et, quelle que soit la déférence de Sixte pour son général, quel que soit son dévouement, son respect pour son chef qu'il aime, ils n'iront pas jusqu'à faire de lui le mari d'une femme sans le sou, médiocrement agréable, flanquée d'une mère impossible et de quatre sœurs qui seront probablement à sa charge un jour ; ce serait un suicide. Réalisable peut-être quand Sixte était l'héritier probable de Gaston, cette idée est devenue de la folie toute pure du jour où l'inventaire a prouvé que le testament sur lequel on était en droit de compter n'existait pas, et, pour que la famille Harraca ne l'ait pas abandonnée, il faut que les services que Sixte rend au général soient tels qu'on le croie capable de tous les sacrifices. Ce que je vais te dire, je ne le tiens pas de Sixte, qui est discret, mais de la femme du chef d'état-major du général, notre cousine, en bonne position pour savoir ce qui se passe dans la famille Harraca. Malgré ses apparences de solidité, le pauvre général est perdu de rhumatismes et bronchiteux au point de tousser dix mois par an. Si cela était connu, bien qu'il n'ait que soixante-deux ans, on le remiserait ; alors, que deviendrait-on avec cinq filles à marier ? Tout le souci de la famille est donc de cacher la vérité, et s'il ne peut pas devenir commandant de corps d'armée, d'arriver au moins à soixante-cinq ans. Pour cela tous les moyens sont bons, et les artifices qu'on emploie seraient comiques s'ils n'étaient navrants. Sixte, en bon garçon qu'il est, s'associe à cette campagne, et si aux dernières grandes manœuvres où le général n'a été qu'un invalide la face a été sauvée, c'est à lui qu'on le doit. Il a accompli de véritables miracles dont un fait entre cent te donnera l'idée : il a appris à imiter l'écriture du général, et quand celui-ci doit écrire une lettre de sa propre main tordue par les douleurs, c'est celle de Sixte qui la remplace.

— Le brave garçon !

— Tu comprends donc combien on serait heureux de faire un gendre de ce brave garçon ; mais, si brave qu'il soit, il ne peut pas se mettre au cou la corde de l'officier pauvre. Donc il n'épousera pas mademoiselle Harraca, pas plus que mademoiselle Libourg, l'autre jeune fille qu'on lui propose. Celle-là appartient au genre riche, et c'est pour sa richesse gagnée par deux faillites de son père que Sixte ne veut pas d'elle, de sorte qu'elle va être obligée de se rabattre sur un petit nobliau du Rustan qui a pour tout mérite de porter les corps saints et les reliques dans les processions de Saint-Cernin, d'être brancardier à Lourdes, et d'avoir un long nez qui justifie, si l'on veut, sa prétention de descendre d'une bâtarde de Louis XV.

— Je comprends qu'elle lui préfère le capitaine.

— Et tu dois comprendre aussi qu'à elle et à mademoiselle Harraca Sixte préfère ta fille ; au reste tu seras fixé bientôt là-dessus, j'irai demain à Bayonne.

XIII

Quand, après plus d'un quart d'heure d'explications entortillées, Sixte comprit où tendaient les discours du notaire, il commença par se retrancher derrière la réponse qu'avait prévue Anie :

— Mais je ne peux pas entrer en rivalité avec d'Arjuzanx qui est mon ami.

— Avez-vous d'autres objections à opposer à ce que je viens de vous dire ?

— Aucune.

— Mademoiselle Anie vous plaît-elle ?

— Je la trouve charmante, à tous les points de vue.

— Alors ne vous embarrassez pas de scrupules qui n'ont pas de raison d'être : vous n'entrez pas en rivalité avec M. d'Arjuzanx que mademoiselle Anie refuse.

— Ah ! elle refuse ! Elle refuse d'épouser d'Arjuzanx ? Comment ? Pourquoi ?

Cela fut dit avec une vivacité qui frappa le notaire ; évidemment ce sujet ne laissait pas Sixte indifférent.

— Je n'ai pas reçu les confidences de la jeune fille, qui ignore ma démarche auprès de vous, cela va sans dire. Je ne peux donc pas vous répondre catégoriquement. Mais de celles du père, il résulte que M. d'Arjuzanx ne plaît pas, soit pour une raison, soit pour une autre ; et, cela étant, la famille trouve convenable de ne pas prolonger des relations que le monde pourrait mal interpréter. D'ailleurs ces relations ne sont établies que sous condition suspensive, comme nous disons, nous autres gens de loi. Quand le baron a fait part à mon ami Barincq de son désir d'épouser mademoiselle Anie, celle-ci a répondu qu'à ce moment M. d'Arjuzanx lui était indifférent, et que, si on voulait d'elle un engagement immédiat, elle ne pouvait pas le prendre, puisqu'elle ne connaissait pas celui qu'on lui proposait ; mais que, pour ne pas contrarier ses parents touchés par les avantages de cette alliance, elle était disposée à se rencontrer avec M. d'Arjuzanx comme celui-ci le désirait ; si, en apprenant à le connaître, ses sentiments changeaient, elle accepterait ce mariage, sinon elle le refuserait. Il paraît que ses sentiments n'ont pas changé. Cette situation n'est-elle pas parfaitement nette !

— Il est vrai.

— Maintenant, pourquoi M. d'Arjuzanx ne s'est-il pas fait aimer ? Je n'en sais rien. Vous qui êtes son camarade, vous pouvez mieux que moi répondre à cette question.

— Sait-on pourquoi l'on aime ? Précisément parce je suis le camarade de M. d'Arjuzanx, je trouve qu'il a tout pour être aimé.

— Alors, comme il ne l'a point été, il en résulterait que la jeune fille ne pouvait pas être sensible à sa recherche. Pourquoi ? C'est encore une question à laquelle je ne me charge pas de répondre. Moi, bonhomme de notaire, je ne dois m'en tenir qu'aux faits. Or, ceux qui m'amènent près de vous se résument en trois points : 1° Barincq a pour vous autant de sympathie que d'estime ; 2° il ne tient pas à la fortune de son gendre ; 3° il se considère comme le continuateur de son aîné, et en cette qualité il croit que c'est un devoir pour lui d'exécuter les engagements ou les intentions de Gaston. Cela dit et sans insister d'avantage, ce qui ne serait pas dans mon rôle, je vous laisse à vos réflexions. Lorsqu'elles seront mûres, vous m'écrirez ou vous viendrez déjeuner à Ourteau, ce qui sera mieux, parce que, si vous avez des observations à présenter, j'y répondrai de vive voix ; j'étais l'ami et le conseil de Gaston, je suis l'ami et le conseil de Barincq, j'ai pour vous une amitié véritable : si vous jugez qu'en cette circonstance mes avis peuvent vous être utiles, je les mets à votre disposition.

Là-dessus Rébénacq se leva et partit. Pour une première négociation c'était assez. Tout bonhomme de notaire qu'il fût, il savait parfaitement qu'en posant la question à propos de l'insensibilité d'Anie, il avait planté dans le cœur de Sixte un point d'interrogation qui allait faire travailler son esprit, et que le mieux était de laisser ce travail se faire sans témoin. Il ne pouvait y avoir qu'une réponse à cette question ainsi formulée. — Son cœur était gardé. — De là à chercher par qui, il n'y avait qu'un pas à franchir, et ce n'était pas un brillant officier de dragons qui devait hésiter.

En effet, la surexcitation sur laquelle le notaire comptait se produisit chez Sixte, et, quand il fut seul, il ne put pas ne pas s'avouer qu'il se trouvait dans un état de trouble violent assez difficile à définir, délicieux et douloureux à la fois.

— Hé quoi ! cette belle fille ! Est-ce possible ! Pourquoi pas après tout ?

Pourquoi n'aurait-il pas produit sur elle l'impression qu'elle avait faite sur lui le jour où, pour la première fois, ils s'étaient trouvés en présence sur la grève de la Grande-Plage ? Tandis qu'il était arrêté dans son vol par d'Arjuzanx, qui s'accrochait à lui, elle, de son côté, était libre, libre de rêver, et même d'arranger dès cette heure sa destinée. Était-ce dans sa position de pauvre diable, avec une naissance qui était une tare, sans famille, sans relations, sans appuis dans le monde, qu'il pouvait avoir l'espérance de lutter contre un rival comme d'Arjuzanx ! Ce serait plus que de la folie, de la bêtise ! Pas pour les officiers de son espèce, les belles filles riches ! Qu'aurait-il à lui offrir ? La vie lui avait été assez cruelle pour lui apprendre ce qu'il pouvait, c'est-à-dire moins que rien. Il n'avait donc qu'à s'effacer, à laisser le premier rôle à d'Arjuzanx et à prendre celui de confident, ce qu'il avait fait. Ainsi, il avait vu grandir l'amour de son rival, et en avait suivi le développement, les enthousiasmes comme les inquiétudes et les craintes, se tenant à son plan, affectueux avec Anie, mais rien de plus, et même lorsqu'il s'observait, réservé.

Mais pourquoi Anie, qui n'était pas retenue par les même raisons, n'aurait-elle pas écouté les seules impulsions de son cœur ? Sa fortune la laissait maîtresse de faire ce qu'elle voulait, d'aimer qui lui plaisait, et la douce autorité qu'elle exerçait sur son père et sa mère l'assurait à l'avance qu'elle ne serait jamais violentée dans son choix.

Quand ces hypothèses s'étaient parfois présentées à son esprit, après quelques heures passées avec Anie, il les avait toujours repoussées, se fâchant contre lui-même de ce qu'il appelait son infatuation ; mais, maintenant, elles n'étaient plus rêveries en l'air, et reposaient sur deux faits matériels : la rupture avec d'Arjuzanx et la démarche du notaire. Sans doute, Rébénacq était sincère en disant qu'il n'avait pas reçu les confidences de la jeune fille, et que celle-ci ignorait sa démarche ; mais il n'en était pas moins certain que cette démarche se faisait avec l'autorisation du père, qui vraisemblablement, ne l'aurait pas permise s'il n'avait su qu'il ne serait pas désavoué par sa fille. Et la sympathie, l'estime du père, c'était un fait aussi. De même, il y en avait encore un autre qui n'était pas de moindre importance : le désir de continuer le frère aîné en exécutant, dans une certaine mesure, les intentions de celui-ci.

Et, par sa chambre, il tournait à pas précipités, s'arrêtant tout à coup, reprenant aussitôt sa marche, répétant machinalement à mi-voix des mots entrecoupés :

— Se marier... cette belle fille... se marier... se marier.

C'était celui-là qui revenait le plus souvent, comme le refrain de la chanson que chantait son cœur.

Quelle envolée pour lui ! Quel changement de destinée !

Au temps où il se savait l'héritier de Gaston, il s'était arrangé un avenir avec un intérieur, une famille, tout ce qui avait si douloureusement manqué à sa jeunesse, et, s'il n'avait pas dès ce moment réalisé ses rêves, c'est que Gaston ne l'avait pas voulu, se réservant de trouver lui-même la femme qu'il voulait lui donner, et qui devait réunir un tel ensemble de qualités qu'on ne pouvait la prendre au hasard : il fallait chercher, attendre. Mais, en attendant, la mort était venue, et le testament qu'il connaissait dans ses dispositions principales ne s'était pas retrouvé : de la fortune certaine qui permettait tous les espoirs et toutes les ambitions, il était tombé à la misère. Si violente qu'eût été la chute, il n'était cependant pas resté écrasé. A la vérité, il avait eu un moment de protestation suivi d'une période de révolte et d'amères récriminations : qu'avait-il fait pour mériter une si rude destinée ? Mais il n'était pas homme à se courber sous la main qui le frappait, et à s'aigrir dans le désespoir. Il ne pouvait être que soldat, c'était déjà beaucoup qu'il pût l'être, et tout de suite, abandonnant l'appartement confortable que la pension que lui servait M. de Saint-Christeau lui permettait d'occuper, il avait loué une chambre modeste, la meublant simplement des meubles qu'il conservait, et réglé les dépenses de cette nouvelle existence sur sa solde de capitaine. Et cela s'était fait dignement, sans plainte comme sans honte, sinon sans regret ; il aurait la vie de l'officier pauvre, et encore serait-elle moins misérable que celle de plusieurs de ses camarades, puisqu'il n'avait pas de dettes et n'en ferait jamais.

Et voilà que tout à coup, d'un mot, le notaire lui rouvrait les portes de la vie heureuse : cette belle fille qu'il avait dû s'habituer à regarder et à traiter comme la femme d'un autre pouvait être la sienne.

— Ah ! vraiment ! ah vraiment !

Et il riait en arpentant sa chambre, dont le parquet craquait sous ses coups de talon triomphants.

Réfléchir ? Ah ! bien oui. Ce n'était pas à ses réflexions que le notaire l'avait laissé, c'était à la joie.

Cependant, quand le premier trouble commença à se calmer un peu, la pensée de d'Arjuzanx se présenta à son esprit, sinon inquiétante, au moins gênante. D'Arjuzanx eût été un indifférent ou un inconnu, qu'il n'eût pas eu à s'en préoccuper ; c'eût été un simple prétendant refusé, comme il devait y en avoir déjà quelques-uns de par le monde, dont il n'avait pas à prendre souci. Mais avec d'Arjuzanx il n'en était pas ainsi : ils étaient camarades, amis, il avait été son confident, et cette qualité lui créait une situation toute particulière qui devait être franche et nette, de façon à ne permettre plus tard ni fausses interprétations, ni accusations, ni récriminations.

Pour cela il convenait donc qu'il y eût une explication entre eux qui précisât bien qu'il ne se posait point en rival : s'il prétendait à la main d'Anie, c'est qu'elle était libre ; s'il passait au premier rang, après s'être si longtemps effacé, c'est que ce premier rang n'était plus occupé. Il connaissait trop d'Arjuzanx pour imaginer que cette communication serait accueillie d'un front serein, mais il croyait le connaître trop bien aussi pour admettre qu'elle pût provoquer une rupture ou une querelle entre eux : il y aurait mécontentement, vexation, blessure d'amour-propre, mais ce serait tout ; plus tard d'Arjuzanx serait le premier à se dire que cette démarche était d'une entière loyauté et qu'il n'avait qu'à se soumettre à la force des choses.

Aussitôt il lui écrivit pour le prévenir que le surlendemain il irait à Seignos afin d'avoir avec lui un entretien sur un sujet important, le priant, au cas où ce rendez-vous indiqué ne lui conviendrait pas, de l'en avertir par un mot, et de lui en donner un autre.

Le lendemain, aucune réponse n'étant arrivée, Sixte prit le train pour Seignos, un peu surpris que d'Arjuzanx ne lui eût pas écrit qu'il l'attendait, mais ne doutant pas cependant de le rencontrer ; aussi ne fut-il pas peu étonné quand un jardinier, qu'il rencontra, répondit à sa question « que M. le baron n'était pas au château. »

— Où est-il ?

— Je n'en sais rien ; mais M. Toulourenc vous le dira mieux que moi.

En effet, Toulourenc, l'ancien lutteur que le baron avait recueilli, un peu pour travailler avec lui, et beaucoup par charité, faisait, en quelque sorte, fonction de majordome au château, et en cette qualité devait savoir ce que les gens de service ignoraient.

L'absence du baron ne fut pas le seul sujet d'étonnement du capitaine ; comme il se dirigeait vers le château, il n'aperçut aucun des nombreux ouvriers qui, en ces derniers temps, travaillaient aux jardins et au château lui-même, pour que le vieux domaine, abandonné depuis si longtemps, fût digne de recevoir Anie lorsqu'elle viendrait l'habiter. Comme ces travaux considérables s'appliquaient à tout : aux pelouses qu'il fallait retourner et vallonner ; aux toits qu'il fallait refaire ; à la façade qu'il fallait ravaler ; aux volets et aux fenêtres qu'il fallait repeindre, et à tout l'intérieur qui était entièrement à reprendre du haut en bas, on les poussait aussi activement que possible sans temps perdu, sans respect du dimanche ou des lendemains de paie. Cependant, ce jour-là, tous les chantiers étaient déserts aussi bien dans les jardins qu'aux environs de la maison ; pas un ouvrier ; partout l'image du travail brusquement interrompu : les brouettes sur les pelouses ; les échelles sur les toits ; contre les façades les échafaudages ; au pied des constructions les pierres, le sable, le mortier gâché tout prêt à être employé et resté là.

Le même abandon se retrouvait à l'intérieur et le haut vestibule aux voûtes sonores était plein des copeaux et des papillotes des menuisiers, mêlés aux baquets, aux bidons et aux échelles des peintres.

Il fallut un certain temps avant qu'une servante répondît au coup de sonnette de Sixte : elle dit comme le jardinier que M. le baron n'était pas au château.

— Et M. Toulourenc ?

— Ah ! voilà. M. Toulourenc est en train de fricasser une fressure d'agneau ; et quand il fait la cuisine, il ne peut pas se déranger.

— Eh bien, dit le capitaine, je vais l'aller trouver dans sa cuisine.

— Si monsieur veut.

Devant un fourneau au charbon de bois qui jetait de pétillantes étincelles dans la vaste cuisine, Toulourenc, ses larges reins d'hercule ceints d'un tablier de toile blanche, présidait gravement à la cuisson de sa fressure, une cuiller de bois à la main ; quand, en se retournant, il reconnut le capitaine, il porta machinalement cette cuiller à son front en faisant le salut militaire.

— Oh ! mon capitaine, excusez-moi.

— De quoi donc ?

— De vous recevoir ici ; mais voilà la chose : j'aime la fressure et on ne sait pas l'accommoder ici, on la fait revenir au beurre quand c'est de l'huile qu'il faut ; alors, comme je suis seul, je m'en préparais une à la mode de mon pays.

— Vous êtes donc seul au château ?

— Oui, mon capitaine ; M. le baron est en voyage.

— Depuis quand ?

— Depuis vendredi.

— Pour longtemps ?

— Je n'en sais rien ; et, comme mon capitaine est l'ami de. M. le baron, je peux bien lui dire que j'en suis tourmenté.

— Comment cela ?

Avant de répondre, Toulourenc versa une demi-bouteille de vin blanc dans sa casserole.

— Faut que ça réduise sur feu vif, dit-il ; pendant que ça cuira je vous raconterai la chose. Voulez-vous entrer dans le petit salon ?

— Nous sommes très bien ici.

— Donc, vendredi, pendant que je travaillais avec M. le baron, on lui apporte une lettre ; il la lit, son visage se décolore et ses mains tremblent. Il n'y avait pas besoin d'être fin pour deviner que c'était une mauvaise nouvelle. Sans rien dire je file pour ne pas le gêner. Deux heures après, qu'est-ce que j'apprends ? Ce qui va vous renverser aussi, je parie : qu'il a donné ordre à tous les entrepreneurs d'interrompre les travaux partout le soir même, et de laisser les choses dans l'état où elles sont, sans s'inquiéter du reste. Qu'est-ce que cela veut dire ? Vous pensez bien que je n'ai pas l'idée de le questionner. D'ailleurs, il ne m'en laisse pas le temps, il me fait appeler et m'annonce qu'il part en voyage ; je lui demande comme toujours où il faut lui envoyer ses lettres ; il me répond qu'il n'y a qu'à les garder. Cinq minutes après, il monte sur sa bicyclette et le voilà parti avec une figure plus tourmentée encore que celle que je lui avais vue quand il avait reçu la lettre. Où est-il ? Depuis vendredi nous sommes sans nouvelles. Si vous pouvez me dire ce que ça signifie et ce que j'ai à faire, je vous en serai reconnaissant : partout on me poursuit tant et tant que je n'ose plus sortir.

Ce que cela signifiait, Sixte le devinait : en recevant la lettre qui lui annonçait le refus d'Anie, le baron avait interrompu les travaux qu'il ne faisait exécuter que pour recevoir sa femme, et il était parti furieux ou désespéré, en tout cas dans un état violent ; mais c'étaient là des explications qu'il n'y avait pas nécessité de donner à Toulourenc qui, d'ailleurs, faisait tout ce qu'il fallait pour se consoler.

Assurément Sixte eût préféré avoir une explication avec le baron, mais puisqu'en partant celui-ci paraissait renoncer à toute espérance, il fallait bien accepter la situation telle que ce départ la faisait : ce n'était pas la main d'une fille déjà engagée qu'il demandait, c'était celle d'une fille libre ; il expliquerait cela à d'Arjuzanx dans une lettre, franchement, loyalement.

Et, au lieu de revenir à Bayonne, il prit le train pour Puyoo d'où une voiture l'amena chez Rébénacq, qui, immédiatement, tout fier du succès de sa négociation, alla avec lui au château.

XIV

Quand Barincq revint de reconduire Sixte et le notaire, il trouva sa femme qui l'attendait, anxieuse :

— Que voulaient Rébénacq et le capitaine ? demanda-t-elle avec une vivacité fébrile.

Bien qu'il s'attendit à être interrogé et se fût préparé, il ne répondit pas tout de suite.

— C'est pour un nouveau testament ? dit-elle.

— Oh ! pas du tout.

— Eh bien alors ?

— Tu vas être surprise... et, je le pense, satisfaite aussi.

— Surprise, je le suis, satisfaite, de quoi ?

A ce moment Anie vint les rejoindre, pressentant que son père devait avoir besoin d'elle.

— Voilà justement Anie, dit-il en respirant, et je suis aise qu'elle arrive, car ce que j'ai à vous apprendre la touche autant que nous, et même plus que nous encore... si vive que soit notre tendresse pour elle.

Voyant son père entasser les paroles sans oser se décider, elle se décida à brusquer la situation :

— M. Sixte est venu te demander ma main ? dit-elle.

— Anie ! s'écria sa mère suffoquée.

— Précisément.

— Est-ce possible ! s'écria madame Barincq.

Après avoir engagé l'action avec cette vigueur, Anie voulut se jeter elle-même dans la mêlée :

— S'il ne m'avait pas crue engagée avec M. d'Arjuzanx, il y a longtemps qu'il l'aurait fait.

— Il te l'a dit ? demanda madame Barincq frémissante.

— Il ne le pouvait pas puisqu'il est l'ami de M. d'Arjuzanx.

— Alors ?

— Est-il besoin de paroles pour s'entendre ?

— Vous vous êtes entendus ?

— Tu le vois, maman.

A ces mots madame Barincq se laissa tomber sur un fauteuil :

— Malheureux que nous sommes ! murmura-t-elle.

Anie vint à elle et lui posant la main sur le bras tendrement :

— Pourquoi malheureux ? dit-elle d'une voix douce et caressante. Qui est malheureux ? Est-ce moi ? Je n'ai jamais éprouvé joie plus profonde, bonheur plus complet. Est-ce mon père ? Je ne vois pas que ses yeux expriment le mécontentement ou le chagrin. Est-ce toi ?

— Oui, moi, qui me demande si je rêve ou si je suis folle.

— Et que peux-tu désirer chez un gendre que tu ne trouves chez M. Sixte ? Beau garçon, ne l'est-il pas ? et avec cela distingué, l'air bon, d'une bonté sans faiblesse. Intelligent, ne l'est-il pas aussi ? Non seulement pour tout ce qui touche à son métier, sa carrière le prouve, mais d'une intelligence étendue qui ne se spécialise pas sur un seul point : ce n'est pas un officier qui n'a que du vernis, comme on dit dans le monde militaire, c'est un esprit qui comprend, qui sait, qui sent.

— Et sa naissance ?

— Est-ce que tu t'imaginais qu'un prince me demanderait en mariage ?

— Je ne parle pas des titres, mais de la famille.

Barincq, qui jusque-là avait laissé sa fille mener l'entretien, assuré à l'avance qu'elle le ferait avec plus d'autorité que lui, voulut l'appuyer :

— Et si le capitaine est le fils de Gaston, dit-il, cette paternité n'est-elle pas la meilleure pour nous ?

— Cette paternité ne peut faire de lui qu'un bâtard, et ne lui donne pas de famille.

— Eh bien, tant mieux, répliqua Anie vivement, s'il n'a pas de famille il n'en sera que mieux à nous ; je n'aurai pas à lutter contre un beau-père, une belle-mère, des parents plus ou moins hostiles. Nous serons tout pour lui ; tu seras sa mère. N'est-ce rien cela ?

Longuement madame Barincq sans répondre regarda sa fille d'un air dans lequel il y avait autant d'indignation que de chagrin, puis, se tournant vers son mari :

— Qu'as-tu dit ? demanda-t-elle.

— Que je devais vous soumettre cette proposition à l'une et à l'autre.

— Dieu soit loué, nous avons du temps à nous.

Mais elle se trompait, Anie ne lui laissa pas ce temps sur lequel elle comptait pour organiser la défense et trouver, elle qui n'était pas femme de premier jet, des arguments de refus auxquels il n'y aurait rien à répondre. Chose extraordinaire, ce ne fut pas la fille qui resta court devant la mère, soumise par la force de la persuasion, ce fut la mère qui se laissa convaincre par la fille et eut la stupéfaction de voir qu'elle avait dit « oui » quand elle voulait dire « non ».

Cette stupéfaction ne fut pas moins vive chez elle lorsque, le mariage ayant été décidé et le jour fixé, il fut question de la rédaction du contrat : son mari ne voulait-il pas faire plus pour Sixte qu'il n'avait promis au baron ?

— Veux-tu donc nous dépouiller ? s'écria-t-elle.

— Pourquoi pas ?

— Au profit d'un homme qui n'a rien !

— C'est parce qu'il n'a rien que nous devons compenser ce qui lui manque.

— C'est de la folie.

— Ce que nous nous retirons, c'est à notre fille que nous le donnons.

— Non, ce n'est pas à notre fille, c'est à notre gendre, et il semble que ce soit à lui que tu penses plus qu'à elle. Que t'a-t-il fait ? Qu'est-il pour toi ? C'est à n'y rien comprendre.

Et, comme il était disposé à faire deux parts égales de sa fortune, l'une pour Sixte, l'autre pour lui-même, ce qui, selon sa conscience, n'était que juste, il dut, devant la résistance de sa femme, se modérer dans ses élans de générosité, qui n'étaient en réalité qu'une réparation.

— Faisons un contrat convenable, dit madame Barincq, et plus tard, quand nous verrons ce qu'est ce mari que vous m'imposez, nous lui donnerons ce qu'il méritera. Pourquoi remettre notre fortune entre ses mains ? beaucoup d'officiers sont dépensiers ; je ne vois pas l'intérêt qu'il y a à le mettre à même de se ruiner si l'envie lui en prenait ; en dons, tout ce que tu voudras et ce qui lui sera nécessaire ou agréable ; en dû, pas plus que ce qui est honorable.

Comme en réalité il importait peu que la restitution qu'il cherchait avant tout se fît d'une façon ou d'une autre, il n'insista pas davantage. Sixte aurait sa part de la fortune de Gaston, c'était l'essentiel. Assurément il n'imaginait pas que Sixte fût jamais amené à se ruiner, mais enfin le langage de sa femme était trop prudent et trop sensé pour qu'il ne l'acceptât pas.

Une autre question qu'ils agitèrent non moins vivement fut celle de la cérémonie même du mariage. A raison de la mort encore si récente de son frère, Barincq n'aurait voulu aucune cérémonie : une simple bénédiction nuptiale suivie d'un déjeuner pour la famille et les témoins, cela lui suffisait ; mais pour madame Barincq les choses ne pouvaient pas se passer ainsi ; sa fille eût épousé le baron que cette simplicité eût été une marque de goût, mais avec le capitaine Sixte, avec M. Valentin Sixte, on aurait l'air de vouloir se cacher et cela ne pouvait pas lui convenir ; au contraire il fallait faire les choses de façon à imposer silence aux mauvaises langues, et profiter de ce mariage pour prendre position dans le pays. Les six mois de deuil seraient écoulés, on pouvait donc ouvrir le château à des invités. Vingt ans auparavant elle eût reçu ces invités en leur donnant un déjeuner et un bal champêtre, mais, la mode de ces réjouissances bourgeoises étant passée, on leur offrirait un lunch assis, servi sur de petites tables installées sous une vaste tente élevée dans le jardin ; cela permettrait de réunir un plus grand nombre de personnes, les parents, les alliés de la famille de Saint-Christeau, et aussi le monde militaire officiel de Bayonne, les camarades de Sixte.

Il ne fallut pas moins de six semaines pour les préparatifs : le trousseau, les toilettes commandées à Paris qu'une *première* vint essayer à Ourteau, et aussi l'installation au château d'un appartement pour le jeune ménage, en même temps que celle d'une maison à Bayonne.

Cette installation au château fut un nouveau sujet de discussion entre le mari et la femme, car, fidèle à son idée de restitution, Barincq voulait abandonner son propre appartement, c'est-à-dire celui de Gaston, à Sixte et à Anie ; mais madame Barincq n'accepta pas cet arrangement ou plutôt ce dérangement.

— Ne sommes-nous plus rien chez nous ? dit-elle indignée.

— A notre âge.

Cette fois ce ne fut pas du côté de son père que la fille se rangea, et il dut céder à leurs volontés : ce serait au second étage qu'il voulait prendre pour lui qu'on leur aménagerait cet appartement ; et, ne pouvant pas leur donner les pièces qu'il désirait, il se rattrapa sur le mobilier en choisissant dans le château pour le placer chez eux tout ce qui avait une valeur artistique quelconque ou l'intérêt d'un souvenir ; dans le cabinet de travail de Sixte, le portrait et le bureau de Gaston ; dans celui d'Anie, un magnifique tapis de fabrication arabe, haute laine, à dessins riches de couleurs, de ceux que les antiquaires appellent *tapis de Mascara*, et un cabinet à deux corps à quatre vantaux en bois de noyer sculpté datant de Henri II dans lequel il avait rangé une collection de livres de choix aux plus jolies reliures ; enfin, dans la chambre à coucher, des tentures en soie brodée, appliquée et rehaussée d'or et d'argent, représentant Henri IV en Apollon, et un grand lit à baldaquin du dix-septième siècle avec pentes, courtines et plafond en velours ciselé de Gênes.

Comme Anie et Sixte se défendaient qu'il dépouillât ainsi le château tout entier pour orner leur appartement de ce qui, pendant une longue suite d'années, avait été accumulé par les héritages de famille, il leur dut avouer dans quel but il se donnait tant de peine :

— Je veux vous organiser un nid qui soit un reliquaire pour vos souvenirs, digne de vous, de votre jeunesse, de votre tendresse. Comme les fonctions de Sixte, et surtout les exigences du général ne vous permettent pas un voyage de noces — ce dont, à vrai dire, je ne suis pas fâché, car ces voyages, sous prétexte d'éloignement et d'isolement, ne sont en réalité que des occasions de promiscuité gênante ou blessante, dans lesquelles on éparpille ses souvenirs sans jamais pouvoir mettre la main dessus plus tard, quand il serait bon de se retremper dedans — j'estime que le jour de votre mariage doit se passer tout entier ici, et s'achever dans cet appartement, que je vous arrange à cette intention. Je sais bien que ce jour-là les parents sont encombrants, aussi mon intention est-elle que ma bonne femme et moi nous nous en allions à Biarritz, où vous viendrez nous rejoindre le lendemain ou le surlendemain, enfin quand il vous plaira. Par ce moyen, vous aurez la pleine liberté du tête-à-tête dans cette maison, qui a été celle de votre grand-père et de vos aïeux : la chaîne ne sera pas interrompue, et, plus tard, vos enfants feront comme vous, puisque le château ne sortira jamais de la famille.

Pendant ces six semaines Sixte vint tous les jours au château, faisant à cheval les trente kilomètres qui séparent Bayonne de Ourteau, les heures des trains ne lui permettant pas d'user du chemin de fer. A quatre heures moins cinq, son ordonnance lui amenait son cheval ; à quatre heures il l'enfourchait, et, entre six heures quinze et six heures vingt, il arrivait devant la grille du château, où il trouvait Anie qui l'attendait. Le concierge prenait le cheval pour le conduire à l'écurie, où il se reposait jusqu'au lendemain, un autre devant servir pour le retour à Bayonne ; et, par l'allée qui longe le Gave, les deux fiancés, à pas lents, s'entretenant, se regardant, gagnaient la maison. Une humide fraîcheur se dégageait de l'eau bouillonnante ; la lumière rasante du soleil abaissé glissait sous le couvert des saules cendrés et s'allongeait en nappes d'or dans le fouillis des hautes herbes. Et chaque soir, avec le jour décroissant, le spectacle changeait : les feuilles prenaient insensiblement leurs teintes roses ou jaunes de l'automne, et sur les prairies fumaient des vapeurs blanches d'où émergeaient les vaches.

Mais ce n'était point des charmes du paysage qu'ils s'inquiétaient, des jeux de la lumière, de la musique des eaux, de la poésie du soir : ils s'entretenaient simplement d'eux, à mi-voix, de leur bonheur présent, de leur bonheur à venir. Si parfois Sixte venait à parler de ce qui se déroulait devant leurs yeux, c'était pour louer le talent avec lequel elle avait rendu dans ses études, poursuivies continuellement depuis six mois, les aspects vaporeux et tendres de ce Gave et de ses rives. Et quand elle s'en défendait en disant qu'il était trop partial, et qu'elle ne méritait pas ces éloges, il les précisait : s'il était vrai qu'elle fût encore une écolière en arrivant à Ourteau, au moins en cela qu'elle subissait l'influence de ses maîtres, cette nature qu'elle traduisait si bien et interprétait si merveilleusement, parce qu'il existait sans doute un accord intime entre elle et ce pays, avait certainement fait d'elle une artiste : rien de plus original, de plus personnel que ces études.

Quand madame Barincq avait entendu parler de ces visites quotidiennes, elle s'était montrée assez sceptique, disant que trente kilomètres à l'aller et trente kilomètres au retour ne tarderaient pas à faire plus de soixante kilomètres ; mais, quand elle avait vu que ces soixante kilomètres pas plus que la chaleur ou la pluie n'avaient d'influence sur la régularité de Sixte, elle avait commencé à le regarder d'un œil un peu plus favorable, et à reconnaître en lui des qualités qu'elle ne soupçonnait pas ; aussi, lorsqu'elle parlait de lui avec Anie, répétait-elle son mot favori, celui qui pour elle résumait tout :

— Décidément, il est très convenable.

Et, pour qu'il fût plus convenable encore, elle veillait elle-même à ce que Manuel ne négligeât point la chambre mise à la disposition de Sixte, et dans laquelle il faisait sa toilette en arrivant, et reprenait au départ son uniforme poussiéreux.

Mais ce qui paraissait convenable à Ourteau passait à Bayonne, dans le monde militaire, pour excessif.

— A-t-on idée de ça ! S'exposer à crever deux jolies juments pour une jeune grue ! Il se prépare d'agréables exercices.

Excessifs pour les camarades, ces voyages étaient absolument ridicules pour les femmes et les filles des camarades.

— Vous savez que le capitaine Sixte fait tous les jours soixante kilomètres à cheval pour aller voir sa fiancée et revenir coucher à Bayonne ?

— Le général le permet !

— Le pauvre général a si grand besoin de lui !

— Le fait est que... Enfin ! Ces filles riches sont vraiment incroyables avec leurs exigences. Il me semble que, si celle-là avait eu un peu de tact, elle aurait eu l'intelligence de montrer que, quand on se paie un mari, il n'est pas nécessaire de crier sur les toits qu'on peut lui faire faire tout ce qu'on veut.

— Vous irez au mariage ?

— Peut-être ; pour voir, ça promet d'être drôle.

En attendant qu'on allât au mariage, on ne manquait pas de prendre un peu avant quatre heures la route de Saint-Palais pour but de promenade, de la porte de Mousserolle jusqu'à Saint-Pierre d'Irube, à seule fin de voir passer le capitaine Sixte d'une allure régulière, si bien occupé à égaliser son poids sur sa jument et à la soulager par un parfait accord de la main et des jambes, que c'était à peine s'il répondait aux saluts qu'on lui adressait.

— L'imbécile !

Et les mères qui avaient reçu une solide éducation ne manquaient pas de dégager la leçon morale qu'enseignait ce spectacle : à savoir que l'argent est tout en ce monde.

Enfin, le jour du mariage arriva et, contrairement aux pronostics de madame Barincq qui répétait du matin au soir que la malice des choses allait certainement leur jouer quelque mauvais tour, tout se trouva prêt : les toilettes de la fille et de la mère, l'installation de la maison de Bayonne, l'aménagement de l'appartement d'Ourteau, la tente, le lunch ; le temps lui-même qui, au dire de madame Barincq, ne pouvait être qu'exécrable, se trouva radieux.

Des voitures avaient été mises à la disposition des invités : — à Puyoo des landaus pour prendre à la descente du chemin de fer ceux qui viendraient par les lignes de Dax et d'Orthez ; à Bayonne des grands breacks, conduits par des postillons à la veste galonnée d'argent et au chapeau pointu enguirlandé de rubans, pour amener en poste ceux qui trouveraient plus agréable ou plus économique de se servir de la voie de terre.

La cérémonie était fixée à 11 heures 1/2 ; à 11 heures 25 le général, qui était un des témoins de Sixte, fit son entrée dans le salon, en grande tenue, accompagné de sa femme ainsi que de ses cinq filles, et aussitôt Anie s'avança au-devant de lui.

— Tous mes compliments, mademoiselle, dit-il gracieusement en l'examinant sous le voile à la juive qui recouvrait jusqu'aux pieds sa robe de satin, vous êtes la première mariée que je vois prête à l'heure.

— C'est que j'ai sans doute la vocation militaire, répondit-elle en souriant.

Comme l'église et la mairie, qui se font face, sont à moins de trois cents mètres du château, on devait, en cas de beau temps, ne pas monter en voiture pour ce court trajet. Quand le cortège arriva sur la place, il y trouva les douze pompiers formant la haie, et la fanfare le salua d'un pas redoublé.

Jamais dans l'église trop petite on n'avait vu tant d'uniformes, et les rayons du soleil, passant librement par les claires fenêtres sans vitraux, faisaient miroiter l'or des galons en nappes rutilantes, qui éblouirent si bien le curé, d'un caractère simple et timide, qu'au lieu de prononcer l'allocution qu'il avait longuement travaillée, il se contenta de leur lire, en la bredouillant, celle qui servait à tous ses paroissiens.

Au reste, eût il débité avec l'onction qu'il voulait son discours inédit, qu'il n'eût pas été mieux écouté de cette assistance, cependant religieuse : ce n'était pas des oreilles qu'elle avait, mais des yeux.

Dans le monde militaire on ne connaissait pas Anie ; plusieurs des parents de la famille Barincq voyaient Sixte pour la première fois. Et on les regardait, on les étudiait, on les tournait et les retournait curieusement : les militaires évaluaient la fortune de la femme, les parents le présent et l'avenir du mari.

— Ils n'auront pas moins de cent cinquante mille francs de rente.

— Est-ce possible ? Alors ils auront hôtel à Paris.

— En tout cas ils donneront à danser à Bayonne.

On ne variait pas moins dans les appréciations physiques : certainement elle louchait ; il ne serait pas étonnant qu'elle devint poitrinaire ; à coup sûr elle se teignait les cheveux ; on ne pouvait pas dire que sa toilette fût riche, mais elle était d'un goût parisien tout à fait scandaleux.

Et Sixte, qui jusque-là avait passé pour le plus bel officier de Bayonne, avait-il l'air assez humilié !

— Dame ! un vendu.

La sacristie étant trop petite pour le défilé, il avait été convenu que tout le monde passerait par le château et qu'il n'y aurait pas deux catégories d'invités, les uns qui devaient luncher, et d'autres qui devaient se contenter de la vue du cortège.

Barincq avait mis sa gloire de propriétaire dans ce lunch, dont le menu se composait exclusivement de ses produits : saumons pris dans sa pêcherie ; jambons de sa porcherie ; dindes de sa basse-cour ; chauds-froids de faisans et de perdreaux tués sur ses terres ; fleurs et fruits de son jardin et de ses serres.

On lui fit meilleur accueil qu'aux mariés, et il y eut unanimité pour le déclarer excellent, pas très distingué, mais d'une qualité supérieure, ce qui, d'ailleurs, est facile pour les gens qui ne comptent pas.

Anie, au bras de son mari, allait de table en table, son voile ôté maintenant, adressant à chacun quelques mots aimables ou un sourire. L'élément militaire s'était massé dans une partie de la tente qu'il occupait en maître. Là, il se passa le contraire de ce qui s'était produit dans le clan de la famille où l'on avait été froid pour Sixte, ce fut pour Anie que l'on fut réservé, et si nettement au moins chez les femmes que Sixte crut devoir plaider les circonstances atténuantes en leur faveur.

— Si vous saviez, dit-il à voix basse, à quel paroxysme d'envie arrivent les femmes pauvres de notre monde, en peine de filles à marier !

— Je m'en doute.

— Vous doutez-vous aussi que mademoiselle Laurence Harraca, l'aînée des filles de mon général, est la seule qui ait un chapeau de Lebel et une robe parisienne, les quatre autres n'ont que des copies exécutées par elles à la maison.

— Ça se voit ; mais je ne trouve pas que ce soit une raison pour me déshabiller et m'habiller comme ça : est-ce que je ne les ai pas connus ces artifices des filles pauvres, et je n'avais pas des modèles de Lebel.

De table en table ils arrivèrent à celle où le baron d'Arjuzanx était assis avec des jeunes gens du pays. Comme il s'était rendu directement à l'église, ils ne s'étaient pas encore vus. Il y eut un moment d'embarras que d'Arjuzanx parut vouloir abréger en complimentant Anie et en serrant la main de Sixte.

Ce fut pour tous les deux un soulagement qu'ils se gardèrent bien de montrer.

— Saviez-vous que M. d'Arjuzanx fût de retour ? demanda Anie.

— Non.

— Ni moi.

Une heure après, comme on se promenait dans le jardin, Anie, qui venait de reconduire une de ses parentes, se trouva face à face avec d'Arjuzanx, qui vint au-devant d'elle.

Il affectait le calme et l'indifférence, cependant il était facile de lire l'émotion sous son sourire.

Il la salua en lui disant :

— Je vous aimais tant, que votre refus n'a pas tué mon amour ; je n'aimerai jamais que vous.

Avant qu'elle fût revenue de son trouble, il s'était éloigné.

FIN DE LA DEUXIÈME PARTIE

TROISIÈME PARTIE

I

A courte distance de la mer, dont les vents brisés par les dunes et les *pignadas* rafraîchissent la température ; au confluent d'une rivière capricieuse et d'un beau fleuve, à l'endroit précis où sa courbe s'arrondit le plus noblement ; entourée de paysages verts et gras comme ceux de la Normandie, en face d'un plateau boisé avec de claires échappées de vue sur des vallées largement ouvertes, Bayonne serait une des plus jolies villes du Midi, n'étaient ses fortifications.

C'est pour ne pas se laisser enserrer dans ces fortifications démodées, que les habitants qui ne sont pas retenus dans la ville pour une raison impérieuse se sont fait construire des maisons sur la route d'Espagne, dans la vallée de la Nive, et le long de l'Adour, en façade sur une belle promenade plantée de grands arbres qu'on appelle les Allées marines.

C'était une de ces maisons que Barincq avait choisie pour ses enfants, une des plus élégantes, sinon des plus riches, en forme de chalet avec des avant-corps enguirlandés de plantes grimpantes, au milieu d'un jardin aux arbres toujours verts, aux magnolias gigantesques, sur les pelouses duquel s'élançaient des touffes de gynerium d'une végétation extraordinaire, digne de celle des pampas. Une de ces pelouses était réservée au lawn-tennis, l'autre au crocket, de même qu'une pièce du rez-de-chaussée l'était à un billard.

Une fois par semaine la maison était ouverte, le filet du lawn-tennis tendu, les portes du crocket plantées, et dans la salle à manger était dressé un buffet, où se retrouvaient les produits de la terre plantureuse d'Ourteau, qui justifiaient les 150,000 francs de rente qu'on attribuait au jeune ménage, et même les 200,000 que les estomacs satisfaits lui reconnaissaient.

Était-ce ce buffet, était-ce le charme d'Anie, était-ce simplement parce qu'elle faisait partie maintenant de la famille militaire ? mais le certain c'est qu'elle était adoptée comme une gloire.

— Nous avons madame de Saint-Christeau !

C'était tout dire.

Comme cela se voit souvent dans le monde militaire, on avait ajouté le nom de la femme à celui du mari, et personne n'eût pensé à le lui contester, puisqu'on en était fier.

Et même on savait d'autant plus gré à Anie d'avoir apporté ce panache à son mari, qu'elle ne s'en paraît pas elle-même, et ne profitait pas de sa naissance pour faire bande à part avec les deux ou trois femmes à particule de la garnison.

Ses jeudis étaient si suivis que les réceptions de la générale paraissaient mornes à côté ; et plus d'une fois on lui avait insinué qu'elle pourrait bien aussi avoir des dimanches.

Mais elle trouvait qu'un jour par semaine donné à la camaraderie, c'était assez comme ça.

Les dimanches d'ailleurs appartenaient à ses parents et à Ourteau, les autres jours à son mari, à l'intimité, à leur amour.

Bien que Sixte fût étroitement pris par son service auprès du général qui n'écrivait plus du tout, et gardait quelquefois la chambre durant des semaines entières, ne sortant que pour retomber aussitôt dans son fauteuil, malade de l'effort même qu'il s'était imposé, coûte que coûte, ils avaient cependant des heures de liberté, le matin et le soir, où ils pouvaient être entièrement l'un à l'autre, sans que personne se glissât entre eux.

Le matin de bonne heure, ils montaient à cheval ; pendant des vacances passées chez une de ses amies, Anie avait pris quelques leçons d'équitation, et si elle n'était point une écuyère correcte, au moins savait-elle se tenir, et sa souplesse naturelle, sa légèreté, sa crânerie, son adresse, aidées des leçons de Sixte, faisaient le reste.

Ils suivaient la rive de l'Adour jusqu'à la balise de Blanc-Pignon, et là, mettant les chevaux au galop sur le sable blanc, feutré d'aiguilles rousses, on allait à travers la pinède qui chantait sa chanson plaintive, et parfumait l'air de son odeur résineuse, jusqu'à la tour des signaux ou bien jusqu'au lac de Chiberta. Devant eux s'ouvraient des horizons sans borne, tandis qu'à leurs pieds la vague mourait doucement sur la grève, ou la prenait d'assaut en jetant au vent la mousse blanche de son écume, qui les fouettait au visage. Alors d'un même mouvement, dans une entente partagée, ils s'arrêtaient pour regarder au loin les voiles blanches d'un navire penché sur la mer verte, ou pour suivre le panache de fumée d'un vapeur déjà disparu, qui traînait dans le ciel bleu. Puis, reprenant leur promenade, ils suivaient la grève ou la falaise jusqu'au phare de Biarritz, qu'ils se gardaient bien de dépasser pour ne pas entrer dans la ville ; et ils revenaient chez eux par les chemins où ils avaient le plus de chance d'être seuls et de pouvoir prolonger leur tête-à-tête. Mais le plus souvent on s'était attardé à se regarder ou à parler : maintenant il fallait se hâter : l'heure pressait ; ce serait à peine si Sixte aurait le temps de changer de tenue avant de paraître devant son général, qui, furieux contre les autres autant que contre lui-même de son inaction forcée, ne permettait pas la plus petite tache de boue, ou le moindre grain de poussière.

— Comment pourrez-vous travailler si vous vous éreintez dès le matin ? sans compter que vous sentez le salin.

Sentir le salin eût été un tort qu'il n'eût pas pardonné s'il n'avait pas eu si grand besoin de Sixte ; au moins était-ce à peu près le seul qu'il lui reprochât.

— Officier très intelligent, brillant, apparence très distinguée, sera toujours à la hauteur de toutes les missions qu'on lui confiera…mais sent le salin.

Et c'était un grief pour un homme qui, comme lui sentait le cataplasme quand il ne sentait pas le Rigolot ou le laudanum.

Quelquefois aussi, au lieu de monter à cheval, ce qui était toujours une fatigue pour Anie, ils s'embarquaient dans un petit canot garé devant leur maison et selon l'heure de la marée ils descendaient la rivière avec le jusant ou ils la remontaient avec le flot : Anie s'asseyait au gouvernail, Sixte prenait les rames et ils allaient ainsi, sans trop de peine, en s'entretenant doucement jusqu'à ce que le mouvement de la haute ou de la basse mer les ramenât chez eux : ces jours-là, c'était la vase que Sixte sentait.

Régulièrement à onze heures dix minutes, il rentrait pour déjeuner, et dans la salle à manger fleurie, devant la table servie, il trouvait sa femme qui l'attendait, habillée, ayant fait toilette pour le recevoir. Comme à ce déjeuner du matin le valet de chambre ne paraissait point, le service se faisant au moyen d'une servante tournante et d'un monte-charge qui apportait les plats de la cuisine, ils pouvaient s'entretenir librement, et, quand un mot leur montait du cœur, trop tendre pour être exprimé entièrement par des paroles humaines, l'achever dans un baiser. Si les joies de l'heure présente et les certitudes d'un avenir toujours serein se pressaient sur leurs lèvres, ils avaient cependant comme tous ceux qui ont souffert et désespéré des retours vers le passé.

— Qui m'aurait dit…

— Et moi comment aurais-je jamais cru…

A une heure moins quelques minutes il fallait se séparer, elle le conduisait jusqu'à la grille du jardin, et derrière une touffe de bambou ils s'embrassaient une dernière fois ; cependant ils ne se quittaient pas encore ; après qu'il était parti elle restait à la grille et le suivait des yeux jusqu'à ce qu'il disparût sous la Porte Marine.

Alors elle restait un moment désorientée, dans le vide ; puis, pour occuper le temps, elle montait à son atelier et travaillait une heure ou deux. Comme elle n'avait plus les sujets d'étude que le Gave lui donnait à Ourteau, avec ses végétations folles, ses bois, ses prairies, elle peignait ce qu'elle avait sous les yeux : l'aspect du fleuve à la marée montante ; son mouvement de barques de pêche, ou de navires ; ses coteaux verts parsemés de champs, de haies, de maisons aux couleurs claires et aux tuiles qui descendent du plateau des Landes jusque dans ses eaux argentées.

Pour ceux qui sont habitués comme elle l'était à la pâle lumière du ciel de Paris, ce qui les frappe à mesure qu'ils descendent dans le Midi, c'est l'intensité de l'éclairage des choses qui va toujours grandissant : la Loire paraît claire, la Gironde l'est plus encore ; l'Adour, à de certaines heures, est éblouissant. C'était cette lumière tendre et vaporeuse où rien n'a le dur ni le heurté du vrai Midi, qu'elle s'efforçait de rendre ; aussi, lorsque le jour baissait, abandonnait-elle son chevalet. Alors elle s'habillait à la hâte, allait rendre quelques-unes des nombreuses visites qu'elle recevait le jeudi, de façon à être à la maison quand son mari y rentrerait.

A partir de ce moment, ils étaient l'un à l'autre et la consigne était donnée pour que, sous aucun prétexte, on ne pût les déranger ou arriver jusqu'à eux. Tout d'abord il montait à l'atelier voir ce qu'elle avait fait, dans la journée ; quand l'étude n'était encore qu'ébauchée, il se contentait de remarques sans grande importance ; mais, quand elle prenait tournure et qu'on pouvait commencer à se rendre compte de ce qu'elle deviendrait, c'étaient des admirations émues :

— Sais-tu qu'il y a des jours, disait-il souvent, où je regrette que tu n'aies pas à vendre tes tableaux ?

— Moi, je ne le regrette pas, et pour bien des raisons dont la principale est que les offres des acheteurs ne seraient peut-être pas à la hauteur de tes compliments.

Mais il n'admettait pas cela.

Après une causerie ou un tour dans le jardin, une visite aux chevaux, ils dînaient ; puis après, si le temps était beau, ils faisaient une promenade sur le quai, ou bien, s'il était douteux, ils s'asseyaient sous la vérandah qui prolongeait leur chambre du côté de la rivière ; et là, assis l'un près de l'autre, ils restaient à s'entretenir, regardant le mouvement de l'Adour ; quand c'était l'heure de la marée, les vapeurs qui arrivaient ayant leurs feux de protection allumés, le remorqueur qui chauffait pour sortir un voilier au delà de la barre ; et le temps passait pour eux, enchanté, sans qu'ils eussent conscience des heures. Tout à coup, dans le silence de la nuit, s'élevait un ronflement sourd qui allait rapidement grandissant :

— L'express de Paris !

En effet, c'était le train qui descendait à toute vitesse le plateau des Landes ; bientôt il arrivait au Boucau ; on apercevait le fanal de la locomotive qui semblait venir sur eux ; puis il passait, sa marche ralentie, avant de disparaître dans la gare.

Il allait être onze heures, la journée était finie.

II

Cependant deux points noirs se montraient dans ce ciel d'une limpidité si sereine : l'un qui inquiétait vaguement la fille ; l'autre qui troublait le père.

Quand le jour de son mariage Anie avait entendu le baron lui dire qu'il n'aimerait jamais qu'elle, sa surprise et sa confusion avaient été grandes. Pendant assez longtemps elle était restée décontenancée et il avait fallu la nécessité de montrer à son mari ainsi qu'à leurs invités un visage calme pour qu'elle pût imposer silence à son émotion. Mais l'impression qu'elle avait à ce moment reçue ne s'était point effacée, et si, lorsqu'elle avait son mari près d'elle, elle oubliait le baron, lorsqu'elle restait seule, elle le revoyait la face pâle, les yeux ardents, les lèvres frémissantes, lui disant : « Je n'aimerai jamais que vous. » Pourquoi avait-il prononcé ces paroles ? Dans quel but ? Parce qu'elles échappaient à sa douleur ? Ou bien avec une intention ? Elle aurait eu besoin de s'ouvrir à son mari, mais elle n'osait de peur de le tourmenter et aussi parce que tout ce qui se rapportait au baron, sa pensée, son nom, la gênait elle-même. Quand, après un certain temps, elle avait vu qu'il ne s'était point présenté chez elle, comme elle le craignait, elle s'était rassurée ; sans doute il avait parlé sous le coup d'un violent chagrin, involontairement inconscient, et elle s'était apitoyée sur lui : le pauvre garçon !

A la vérité cette compassion n'avait pas été bien loin, cependant il s'y était mêlé une certaine sympathie ; parce qu'il l'avait aimée, parce qu'il l'aimait encore, elle ne pouvait pas lui en vouloir, alors surtout que cet amour n'avait pas empêché qu'elle épousât Sixte. Mais, peu de temps après, Sixte, qui lui rapportait ce qu'il faisait dans sa journée, lui raconta qu'il avait reçu la visite du baron à son bureau ; et, comme elle s'en montrait surprise, il trouva que cette visite s'expliquait tout naturellement par l'intention de bien marquer qu'il ne lui gardait pas rancune de son échec : sa présence au mariage était déjà significative ; cette visite l'était plus encore. Comment répondre à cela, à moins de tout dire ? Un moment elle avait hésité, puis décidément elle avait gardé le silence. Après tout Sixte avait peut-être raison, et dans ce cas il ne fallait considérer les paroles prononcées le jour du mariage que comme le cri d'une douleur trop vive pour se contenir. Cependant, quoi qu'elle se dit dans ce sens, elle ne se rassura pas entièrement, et quand à peu de temps de là Sixte lui parla d'une seconde visite, puis d'une troisième, elle se demanda si quelque menace ne se cachait pas sous cette intimité cherchée. A la vérité il ne venait pas chez elle ; mais que ferait-elle le jour où il se présenterait ? Cette question qu'elle se posait quelquefois l'inquiétait vaguement : elle voulait le repos pour elle et plus encore pour son mari ; or, ce ne serait pas le repos que d'avoir à se défendre contre un homme qui la menaçait d'un amour éternel. Sans doute elle se sentait parfaitement assurée de ne jamais se laisser toucher par cet amour ; mais il n'en serait pas moins ennuyeux pour elle, agaçant, encombrant. Et la sympathie qu'elle avait d'abord éprouvée pour l'amoureux repoussé se changea bien vite en hostilité pour l'amoureux persévérant : ne pouvait-il pas la laisser tranquille ?

Les tourments du père, pour être d'une autre nature que ceux de la fille, n'en étaient pas moins vifs.

Lorsque le mariage d'Anie et de Sixte avait été décidé, Barincq s'était dit que c'en était fini de ses troubles de conscience et que le testament de Gaston qui, si souvent dans ses nuits sans sommeil pesait lourdement sur sa poitrine haletante comme l'éphialte du cauchemar, ne serait plus qu'une feuille de papier légère et insignifiante. Qu'importait ce testament maintenant ? Que Sixte jouît de la fortune de Gaston comme héritier de celui-ci ou comme mari d'Anie, n'était-ce pas la même chose ?

C'était sous l'influence de cette idée, avec cette espérance, qu'il avait poursuivi ce mariage et l'avait vu se faire avec tant de joie, tant de bonheur ; pensant à lui-même, à son repos, à sa satisfaction personnelle, au moins autant qu'à sa fille et au bonheur de celle-ci.

Quel soulagement !

Mais voilà que, le mariage accompli, ce soulagement ne s'était pas trouvé dans la réalité l'égal de celui qu'il imaginait, et que cette feuille de papier qu'il imaginait légère comme une plume avait recommencé à peser sur lui. Certainement ce n'était pas avec les hallucinations, le sentiment d'anxiété, l'oppression, l'étouffement, les sueurs qui accompagnaient ses remords quand il avait, à la suite de raisonnements spécieux, décidé que Sixte n'avait aucun droit à la fortune de Gaston ; mais enfin elle avait recommencé à devenir bien vite assez lourde pour lui comprimer le creux épigastrique.

C'est que mieux il avait connu Sixte, plus il s'était convaincu de sa filiation : le fils, en tout le fils de Gaston.

Lorsqu'à table Gaston avait quelque chose d'intéressant à dire à ceux qui l'entouraient, machinalement, sans se rendre compte de son mouvement, il commençait par mettre de chaque côté les verres placés devant lui, et faire place nette : Sixte procédait si bien de la même manière qu'on croyait revoir Gaston ; cela n'était-il pas significatif ?

Quand Gaston riait, l'élévation de ses joues et de sa lèvre supérieure faisaient que son nez semblait se raccourcir ; l'expression de la physionomie de Sixte était exactement la même.

Enfin, quand Gaston discutait, il avait l'habitude d'accompagner ses arguments d'un mouvement de main tout particulier, d'abord avec le pouce, puis bientôt au pouce il ajoutait l'index, et à la fin le médius qui, semblait-il, devait achever sa démonstration ; et cela se faisait méthodiquement, dans un ordre qui jamais ne s'intervertissait ; Sixte répétait ce même geste, dans le même ordre.

Que prouvaient ces divers points de ressemblance ? Jusqu'à l'évidence que Sixte en avait hérité de son père, et que, par conséquent, ils étaient un acte de reconnaissance plus probant que tous ceux qu'auraient pu dresser les maires et les notaires.

S'il en était ainsi, Gaston, qui avait eu souvent Sixte près de lui, n'avait pas pu fermer les yeux à cette évidence, et ne pas acquérir la plus nette des certitudes que cet enfant qui le reproduisait dans ses manières et ses habitudes, était et ne pouvait être que son fils.

Qu'il eût douté de la fidélité de sa maîtresse, c'était probable ; mais de sa paternité, impossible.

Le retrait du testament des mains de Rébénacq n'avait donc nullement la signification qu'une interprétation fausse lui donnait, et jamais, à coup sûr, Gaston n'avait voulu déshériter son fils ou établir entre lui et les héritiers naturels des partages qui ne reposaient que sur les fantaisies de l'imagination dominée par les calculs de l'intérêt personnel.

Sans doute les raisons pour lesquelles ce retrait avait eu lieu restaient inexplicables ; mais il n'y avait qu'elles qui fussent obscures, sur tous les autres points la lumière était faite, et de telle sorte que tout honnête homme qui connaîtrait le testament n'hésiterait pas une minute à déclarer que Sixte était le seul héritier de Gaston.

Ce qu'un honnête homme ferait, pouvait-il le balancer, lui qui dans toutes les circonstances de sa vie n'avait obéi qu'à sa conscience ?

Pourquoi donc, après le mariage d'Anie et de Sixte, s'insurgeait-elle et protestait-elle avec tant de violence si elle n'avait rien à lui reprocher ?

C'est qu'il fallait bien reconnaître que ce mariage n'avait été qu'un expédient inspiré par le sophisme et le subterfuge.

— De quoi Sixte pourra-t-il se plaindre, si d'une façon ou d'une autre il jouit de la fortune de son père ? Comme héritier de Gaston ou comme mari d'Anie, n'est-ce pas la même chose ?

Eh bien, non, ce n'était pas la même chose ; et si Sixte ne se plaignait pas, c'est qu'il ignorait l'existence de ce testament ; mais celui qui la connaissait pouvait-il refouler ses scrupules et se dire avec sérénité qu'il n'avait rien à se reprocher ?

Pour cela il aurait fallu que par contrat de mariage il se dépouillât entièrement de la fortune de Gaston en faveur de Sixte. Et encore l'eût-il fait qu'il eût donné ce qui ne lui appartenait pas ? Mais les choses ne s'étaient point passées de cette façon, et quand maintenant Sixte le remerciait de quelque nouveau cadeau, il ne pouvait pas s'empêcher de rougir : sa générosité n'était-elle pas simplement restitution ?

Comme il continuait à se perdre au milieu de ces raisonnements, sans se fixer à rien, décidé aujourd'hui dans un sens, demain dans un autre, il reçut une visite qui fit faire un pas décisif à ses irrésolutions : celle d'un de ses parents, son cousin Pédebidou, avec qui il avait fait commerce de vive amitié en ses années de jeunesse, et qui plus tard était intervenu plusieurs fois auprès de Gaston pour les rapprocher l'un de l'autre.

Ce Pédebidou, dont la maison était à la tête du commerce des salaisons à Orthez et à Bayonne, passait pour fort riche, et Barincq le considérait comme tel ; mais, aux premiers mots de l'entretien, il eut la preuve qu'il se trompait.

— Mon petit cousin, dit Pédebidou sans aucune gêne, je viens te demander 80,000 fr. qui me sont indispensables pour mon échéance.

— Toi !

— C'est ça le commerce : des faillites à l'étranger suspendent depuis deux mois les acceptations de mes traites et, de mon côté, je suis engagé pour de grosses sommes.

— Mais je n'ai pas 80,000 fr. ; le mariage de ma fille, son établissement, les frais que je fais dans cette propriété...

— C'est ta signature que je te demande.

— Signer, c'est payer.

— Pas avec moi. Viens à la maison, je te montrerai mes livres ; c'est d'une situation accidentellement gênée qu'il s'agit, et nullement désespérée.

Barincq était bouleversé : libre, maître de sa fortune, il eût donné sans hésitation la signature que ce camarade, ce vieil ami lui demandait si franchement, avec la conviction évidemment qu'on ne pouvait pas la refuser ; mais il n'était ni l'un ni l'autre, ce ne serait pas sa signature qu'il engagerait, ce serait celle de Sixte.

— Sais-tu, dit-il avec embarras, que si depuis que je suis de retour dans ce pays j'avais prêté tout ce qu'on m'a demandé, il ne me resterait pas grand chose ?

— Combien as-tu prêté ?

— Rien.

— Alors il te reste tout.

— Mais...

— Enfin, peux-tu ou ne peux-tu pas faire ce que je te demande ?

Il y eut un moment de silence, cruel pour tous les deux, et plus encore peut-être pour celui qui ne répondait pas que pour celui qui attendait.

Mais Pédebidou était un homme résolu et de premier mouvement ; il se leva.

— C'est bien, dit-il, tu es un mauvais riche ; je regrette, je regrette bien sincèrement de t'avoir mis dans la nécessité de me le montrer ; je n'aurais pas cru cela d'un homme qui a tant souffert de la pauvreté.

— Je t'assure que je ne peux pas.

— Ta fortune est à toi.

— Non, à mes enfants.

— Adieu.

Barincq passa une nuit terrible ; le lendemain il partait pour Bayonne par le premier train, et en arrivant courait à la maison de commerce de son cousin.

— Je t'apporte ma signature, dit-il en entrant dans le bureau où Pédebidou, tout seul, dépouillait son courrier.

En entendant ces quelques paroles Pédebidou se leva vivement et, venant à lui, il l'embrassa :

— Fais préparer les traites, dit Barincq se méprenant sur les causes de cette émotion.

— Tu ne sauras jamais combien ta générosité me touche, mais il est trop tard, mon pauvre ami, je ne peux accepter ta signature.

— Tu me refuses ! dit Barincq.

— Hier, je pouvais te la demander parce que j'étais certain que ton argent ne courrait aucun risque ; aujourd'hui que je sais qu'il serait perdu je ne peux pas te le prendre ; je viens d'apprendre de nouvelles faillites, c'est fini pour moi.

Malgré le chagrin que lui causait cette nouvelle, Barincq eut l'humiliation de sentir que d'un autre côté il éprouvait un soulagement.

— Mon pauvre ami, dit-il, mon pauvre ami !

Et pendant quelques instants ils s'entretinrent de ce désastre.

Mais, quand Barincq fut dans la rue, il eut la stupeur de reconnaître qu'une fois encore il était bien le mauvais riche qu'avait dit son cousin.

Il ne le serait pas plus longtemps.

III

Il fallait donc que le testament fût remis à Sixte et que la fortune qu'il lui léguait passât tout entière entre ses mains.

Son repos, sa dignité, son honnêteté, le voulaient ainsi.

D'ailleurs pas si héroïque qu'elle paraissait au premier abord, cette restitution ; que la fortune de Gaston restât entre ses mains, ou passât entre celles de son gendre, ce serait toujours Anie qui en profiterait, car Sixte, droit et sage tel qu'il le connaissait, était incapable de la gaspiller ou d'en mal user.

Pour accomplir cette remise du testament, une difficulté se présentait devant laquelle il resta embarrassé un certain temps.

Le mieux assurément serait que Sixte le trouvât, par hasard, dans le bureau de Gaston, comme lui-même l'avait trouvé ; mais pour cela il fallait commencer par l'introduire dans ce bureau ; et, comme il n'en avait plus la clé, ce moyen n'était pas praticable, et il dut recourir à un autre plus simple encore.

Un dimanche soir que Sixte repartait en voiture avec Anie pour Bayonne, il lui remit une liasse de papiers en prenant un air aussi indifférent qu'il pût.

— Qu'est-ce que tu veux que nous fassions de cela, papa ? demanda-t-elle.

— Cela ne te regarde pas : ce sont des papiers qui concernent Sixte et qu'il aura intérêt à lire, je pense un jour de loisir.

— Qu'est-ce donc ?

— Simplement la collection des lettres que vous avez écrites à Gaston depuis votre enfance jusqu'à sa mort ; et aussi différentes pièces de comptes et de factures. On a trouvé tout cela à l'inventaire dans un tiroir qui vous était consacré, mais on ne l'a pas coté, comme étant pièces sans importance ; j'aurais dû vous le remettre depuis longtemps.

Cela fut dit sans appuyer et il brusqua les adieux.

Mais dès le surlendemain il alla déjeuner chez sa fille, anxieux de savoir si Sixte avait ouvert le paquet ; il le trouva intact, comme il l'avait noué lui-même, sur la table de Sixte.

— Tiens, ton mari n'a pas ouvert ce paquet ? dit-il.

— Quand Sixte rentre, il est tellement écœuré des paperasses que le général lui fait lire ou écrire qu'il a l'horreur des papiers.

— Il ferait tout de même bien de ne pas le laisser traîner : c'est toute sa jeunesse qui est là-dedans.

— Je le lui dirai.

Le vendredi, quand il revint sous un prétexte quelconque, car il n'avait pas l'habitude de faire deux voyages par semaine à Bayonne, le paquet était toujours dans le même état.

Il attendit le dimanche ; mais ni Anie ni Sixte ne parlèrent de rien ; donc il n'y avait rien, semblait-il.

Ce fut seulement dix jours après que Sixte, rentrant un soir de mauvais temps avant sa femme, retenue par l'odieux enchaînement des visites qu'elle avait à rendre et dont la comptabilité exigeait une tenue de livres, ouvrit le paquet, n'ayant rien de mieux à faire.

Pas bien intéressantes pour lui ces lettres, dont les premières, qu'il avait oubliées, étaient écrites dans un style enfantin, que paralysait encore le respect envers celui auquel il s'adressait.

Les laissant de côté il prit la liasse des comptes qui, par les chiffres seuls des factures, était plus curieuse.

— C'était cela qu'on avait dépensé pour lui ; cela qu'il avait coûté.

Comme il les parcourait les unes après les autres, ses yeux tombèrent sur une feuille de papier timbré, de l'écriture de M. de Saint-Christeau.

Qu'était cela ?

Il lut.

Mais c'était le testament de M. de Saint-Christeau, celui qu'il connaissait, celui que l'inventaire devait faire trouver, et qui avait échappé sûrement aux recherches du notaire, parce qu'on n'avait pas pris ces factures les unes après les autres, pour les classer, et qu'il s'était glissé entre deux papiers insignifiants.

Avant qu'il fût revenu de sa surprise, sa femme rentra, et, comme à l'ordinaire, vint vivement à lui pour l'embrasser.

— Tiens, dit-elle, tu te décides à lire ces papiers ?

Mais elle n'avait pas achevé sa question, qu'elle s'arrêta stupéfaite de la physionomie qu'elle avait devant elle.

— Qu'as-tu ? Mon Dieu, qu'as-tu ? demanda-t-elle

— Voilà ce que je viens de trouver, lis.

Il lui tendit la feuille.

— Mais c'est le testament de mon oncle Gaston ! s'écria-t-elle, dès les premières lignes.

— Lis, lis.

Elle alla jusqu'au bout ; alors le regardant :

— Que vas-tu faire ? demanda-t-elle d'une voix qui tremblait.

— Mais que veux-tu que je fasse ? répondit-il. Imagines-tu que je vais m'armer de ce testament pour troubler ton père, si heureux d'être le propriétaire d'Ourteau ? Pour qui travaille-t-il ? Pour nous. A qui donne-t-il ses revenus ? A nous. Non, non, ce testament, que je ne suis pas fâché d'avoir d'ailleurs, par un sentiment de reconnaissance envers M. de Saint-Christeau, ne sortira jamais de ce tiroir, dans lequel je vais l'enfermer, et ton père ignorera toujours qu'il existe.

Elle lui jeta les bras autour du cou, et l'embrassa nerveusement, avec un flot de larmes.

— Mais que pensais-tu donc de moi ? dit-il.

— C'est de fierté que je pleure.

IV

De temps en temps, Sixte parlait de d'Arjuzanx à sa femme : ou bien, il avait reçu sa visite, ou bien ils s'étaient rencontrés par hasard ; en tout cas, au grand ennui d'Anie, les relations continuaient entre eux, et rien n'annonçait qu'elles dussent finir.

Un jour, il lui annonça d'un air assez embarrassé que d'Arjuzanx, qui venait de louer une villa à Biarritz, l'avait invité à pendre la crémaillère avec quelques amis : de la Vigne, Mesmin, Bertin.

— Tu as accepté ?

— Je peux me dégager.

— Il ne faut pas te dégager.

— Si cela t'ennuie.

— C'est toujours un chagrin pour moi de ne pas t'avoir, mais je serais ridicule de vouloir te confisquer : on ne me trouve déjà que trop accapareuse.

— Ne t'inquiète donc pas de ce qu'on trouve ou de ce qu'on ne trouve pas.

— Mais si ; c'est mon devoir de m'en inquiéter : je ne dois pas te rendre heureux seulement par ma tendresse, je dois aussi m'appliquer à te faire une vie à l'abri de toute critique ; avec votre camaraderie militaire, personne plus que vous n'est exposé aux interprétations bizarres ; ne devez-vous pas être tous coulés dans le même moule ? Va donc dîner chez M. d'Arjuzanx et amuse-toi bien comme les autres. En réalité, ce qui m'ennuie le plus, ce n'est pas que tu ailles chez M. d'Arjuzanx, mais c'est que tu sois obligé de lui rendre ce dîner.

— Il vaut donc mieux ne pas y aller.

— C'est bien difficile.

— Alors ?

— Alors j'ai tort, cela est certain ; je me le dis, je me le répète ; mais j'ai beau faire, je ne peux pas m'habituer à l'idée que des relations suivies s'établissent entre M. d'Arjuzanx et nous. Si le prétendant m'a inspiré une répulsion qui a abouti à mon refus, l'homme ne m'est pas moins antipathique.

— As-tu quelque chose à lui reprocher ?

— Malheureusement non ; sans quoi ce serait fini.

— D'Arjuzanx est fier et susceptible ; si tu le tiens à distance, il n'insistera pas.

— Le rôle est aimable.

— Dans ma position il m'est bien difficile de le prendre, j'aurais trop l'air d'un jaloux.

— Un jaloux triomphant. Enfin, vas-y pour cette fois. Nous aviserons plus tard. Car je t'assure que mes sentiments à son égard ne changeront pas ; et je n'imagine rien de plus pénible que des relations avec qui n'inspire pas sympathie et confiance. Quand je vous vois si différents l'un de l'autre, je me demande comment vous avez pu vous lier d'amitié au collège.

Bien qu'il fût trop épris de sa femme pour sentir autrement qu'elle, Sixte trouvait cependant qu'elle était bien sévère : pas si antipathique que cela, semblait-il, d'Arjuzanx ; rageur, violent, obstiné dans ses idées, entêté dans ses rancunes, oui, cela était vrai ; mais sans que cela allât jusqu'à l'extrême et le rendît gênant ou ridicule.

Libre, Anie n'aurait pas laissé Sixte accepter l'invitation du baron, et d'une façon ou d'une autre se serait arrangée pour qu'il refusât sans paraître le pousser à un refus qui serait venu de lui ; mais précisément cette liberté elle ne l'avait pas, et le nom seul d'un des convives de d'Arjuzanx le lui avait rappelé de façon à fermer ses lèvres.

Au temps où Sixte lui faisait la cour et pendant leurs tête-à-tête dans les jardins d'Ourteau, elle avait voulu qu'il lui dît ce qu'était le monde nouveau au milieu duquel elle allait vivre à Bayonne dans une sorte de camaraderie obligatoire ; quels étaient ses mœurs, ses usages, ses habitudes, ses travers, ses faiblesses, ses ridicules, ses qualités, ses mérites ; et de ces longs récits il était sorti pour elle un enseignement qu'elle s'était bien promis de ne pas oublier.

Parmi les officiers de la garnison, il y en avait un, le lieutenant de la Vigne, qui avait épousé une jeune fille de la ville dont le père avait fait une grosse fortune dans le commerce et la raffinerie des pétroles. Élevée dans le couvent le plus aristocratique de Bordeaux, cette fille avait contracté la folie des vanités mondaines, à laquelle d'ailleurs sa nature la prédestinait, et, rentrée à Bayonne dans sa famille honnêtement bourgeoise, elle n'eût jamais consenti à accepter pour mari un homme dans les affaires et en relations commerciales avec son père ou les amis de son père. C'est pourquoi, lorsqu'elle avait hérité de la fortune de sa mère, elle s'était offert un joli petit lieutenant, qui à une profession décorative et honorable ajoutait le prestige d'un nom ou plutôt d'une apparence de nom : Ruchot de la Vigne. Le nom il l'avait reçu de son père, tout petit propriétaire campagnard ; l'apparence il la tenait des bons Pères qui l'avaient élevé. — Comment ! Ruchot ? lui avaient-ils dit lorsqu'il était entré chez eux ; Ruchot tout court ! il faut ajouter quelque chose à cela. Votre père a bien une propriété ? — Il a une vigne. — C'est parfait ; vous

vous appellerez désormais Ruchot de la Vigne, comme vous avez des camarades qui s'appellent Mouton du Pré, Jeannot du Gué, Petit de la Mare ; ça fait bien sur le palmarès, et plus tard ça sert dans la vie pour un beau mariage.

En effet, cela lui avait servi à épouser la fille du raffineur de pétrole, qui n'aurait jamais consenti à être madame Ruchot tout court, et qui était fière de s'entendre annoncer sous le nom de madame de la Vigne. Il est vrai qu'à la mairie on lui avait impitoyablement coupé le de la Vigne, mais on le lui avait généreusement donné à l'église ; et l'église était pleine, tandis qu'à la mairie il n'y avait personne.

Devenue madame de la Vigne, elle tenait plus que personne à sa noblesse : si son linge, son argenterie, ses voitures, ses bijoux, n'étaient pas marqués de ses armes, en tout cas étaient-ils agrémentés d'emblèmes qu'on pouvait prendre pour des armes de loin, et qui pour elles en étaient. S'étant payé un officier, il semblait qu'elle avait acheté avec lui tout le régiment, et les officiers de la place, y compris le général. Quand elle disait à son mari : — N'est-ce pas un officier de votre régiment ? — elle parlait de quelqu'un qui lui appartenait et lui devait de la déférence, sinon de la reconnaissance.

Les histoires à ce sujet qui couraient la ville étaient aussi nombreuses que réjouissantes, embellies chaque jour par les camarades du seigneur de la Vigne, qui s'amusaient autant des prétentions de la femme que de l'esclavage du mari, véritable caniche en laisse qu'elle promenait sans cesse avec elle, et qui n'avait le droit ni de faire un pas ni de dire un mot, ni de dépenser un sou, sans en avoir reçu préalablement la permission.

Anie, qui, elle aussi, épousait un officier pauvre, s'était promis de ne pas tomber dans ces travers et de veiller à ce que rien en elle ne pût rappeler les exigences de madame de la Vigne, ou évoquer des comparaisons que leurs positions, à l'une comme à l'autre, ne rendraient que trop faciles. Sans doute, elle se savait à l'abri de ces prétentions vaniteuses ; mais, aimant son mari comme elle l'aimait, saurait-elle toujours se garder d'exigences matrimoniales auxquelles son cœur épris pourrait trop facilement l'entraîner ?

Pour elle la question avait sa gravité et son inquiétude ; aussi, quand Sixte avait prononcé le nom de son camarade de la Vigne, n'avait-elle pas hésité à répondre : « Il faut accepter. »

V

Quand Sixte arriva chez le baron il était presque en retard, et tous les invités se trouvaient réunis dans le salon de la villa, dont les fenêtres ouvraient sur la mer ; il y avait là quelques propriétaires de la contrée, des Russes, des Espagnols, et les camarades que d'Arjuzanx lui avait annoncés.

— Je croyais que tu ne viendrais pas, dit l'un d'eux.

— Et pourquoi ?

— Lune de miel.

— Miel n'est pas glu.

Le dîner était combiné pour laisser des souvenirs aux convives et les rendre fidèles, composé de mets envoyés des pays d'origine : poulardes de la Bresse, écrevisses de Styrie, ortolans des Landes tirés dans les terres de d'Arjuzanx, pâté de foie gras de Nancy ; en vins, les premiers crus authentiques.

Ce qui ne fut pas de premier cru, ce fut la conversation, qui se maintint dans la banalité, ces étrangers que le hasard réunissait n'ayant entre eux ni idées communes, ni habitudes, ni relations ; on parla du climat de Biarritz, puis de la température, de la plage, des villas et de leurs habitants, on passa aux casinos.

— Très agréables, ces deux casinos ; quand on est nettoyé dans l'un, on peut essayer de se refaire dans l'autre.

Mais d'Arjuzanx ne fut pas de cet avis : pour lui le jeu n'était un plaisir qu'entre amis, là où l'on trouvait la tranquillité, et où l'on n'était pas exposé à s'asseoir à côté de gens qu'on ne saluait pas dans la rue ; si, d'autre part, il fallait surveiller les croupiers pour voir s'ils ne bourraient pas la cagnotte ou n'étouffaient pas les plaques en même temps qu'il fallait se défier des grecs, le jeu devenait un très vilain travail que pouvaient seuls accepter ceux qui lui demandaient leur gagne-pain.

— Aussi, messieurs, dit-il en concluant, si jamais l'envie vous prend, dans l'après-midi ou dans la soirée, de tailler un bac, considérez cette maison comme vous appartenant, un cercle dont nous faisons tous partie, et où vous pourrez amener vos amis.

Le menu, si abondant qu'il fût, eut une fin cependant ; on passa dans le salon, où l'on fuma des cigares exquis en regardant la mer ; mais le miroitement de la lune sur les vagues, pas plus que les éclats du feu tournant de Saint-Martin renaissant et mourant dans les profondeurs bleues de la nuit, n'étaient des spectacles faits pour retenir longtemps l'attention de cette jeunesse peu contemplative.

Les cigares n'étaient pas à moitié brûlés que les yeux s'interrogèrent d'un air vague et inquiet :

— Que va-t-on faire ?

A cette question, l'un des convives répondit en rappelant la proposition de d'Arjuzanx :

— Si on taillait un bac ?

Dix voix appuyèrent.

— Je ne vous demande que le temps de faire desservir la table, dit d'Arjuzanx ; nous serons mieux dans la salle à manger qu'ici ; j'enverrai aussi chercher des cartes, car je n'en ai pas.

Un quart d'heure après on était assis autour de la table sur laquelle on avait dîné, et le banquier disait :

— Messieurs, faites votre jeu.

Sixte, de la Vigne et un de leurs camarades étaient restés dans le salon, où ils causaient ; d'Arjuzanx vint les rejoindre.

— Vous ne jouez pas ?

— Tout à l'heure, répondit de la Vigne.

— Et toi, Sixte ?

— Ma foi non.

— Je t'ai connu joueur, cependant.

— Au collège.

— Et à Saint-Cyr aussi, dit de la Vigne.

— J'ai joué, continua Sixte, quand le gain ou la perte de cent francs me crispait les nerfs, arrêtait mon cœur et m'inondait de sueur, mais maintenant qu'est-ce que cela peut me faire de gagner ou de perdre ?

— Et l'émotion du jeu ? dit d'Arjuzanx.

— Je ne désire pas me la donner, et même je souhaite ne pas me la donner.

— Alors tu n'es pas sûr de toi ?

— Qui est sûr de soi ?

— Si tu n'as pas apporté d'argent, continua d'Arjuzanx, ma bourse est à ta disposition, et à la vôtre aussi, monsieur de la Vigne.

— J'accepte vingt-cinq louis, dit de la Vigne d'un ton qui montrait que son porte-monnaie n'avait pas été garni.

Aussitôt qu'il fut en possession des vingt-cinq louis, de la Vigne passa au salon.

— Voilà qui prouve, dit d'Arjuzanx avec une ironie légèrement méprisante, que madame de la Vigne tient de court son mari.

Sixte ne répliqua rien, mais deux minutes après il entrait à son tour dans le salon et mettait dix louis sur la table.

Il gagna, laissa sa mise et son gain sur le tapis, gagna une seconde fois, puis une troisième.

Alors il ramassa ses seize cents francs et retourna dans le salon, tout surpris de ressentir en lui une émotion que le gain d'une somme en réalité minime n'expliquait pas.

Quelle étrange chose ! pendant ces trois coups, il avait éprouvé ces frémissements, ces arrêts de respiration qui l'avaient si fort secoué autrefois quand il était gamin ou à l'École.

Comme il avait eu raison de dire à d'Arjuzanx qu'on n'était jamais sûr de soi !

— S'il s'en allait !

Mais la fausse honte qui l'avait fait jeter ses dix louis sur la table le retint : que ne dirait-on pas ?

Il alluma un cigare ; mais devant la fenêtre où il le fumait lui arrivaient les bruits de la salle à manger se mêlant au murmure rauque de la marée montante ; de temps en temps la voix du banquier ou des pontes et aussi le tintement de l'or, le flic-flac des billets et des cartes, dominaient ces bruits vagues : Messieurs, faites votre jeu. Cartes, cinq, neuf.

Fut-ce ce sentiment de fausse honte, fut-ce la magie, la suggestion de ces bruits ? Toujours est-il qu'au bout de dix minutes il revenait au salon et déposait cinquante louis sur l'un des tableaux qui gagna.

Jusque-là, il avait joué debout ; machinalement, il attira une chaise et s'assit : il était dans l'engrenage.

Alors l'ivresse du jeu le prit, l'emporta, et anéantit sa raison aussi complètement que sa volonté : il n'était plus qu'un joueur, et, en dehors de son jeu, rien n'existait plus pour lui.

De partie en partie, le jeu arriva vite à une allure enfiévrée, vertigineuse ; à son tour Sixte prit la banque, gagna, perdit, la reprit et, à une heure du matin, il devait quarante mille francs à d'Arjuzanx, cinq mille à de la Vigne, vingt mille aux autres ; en tout soixante-cinq mille francs représentés par des cartes qui portaient écrit au crayon le chiffre de ses dettes envers chacun.

Alors d'Arjuzanx l'attira dans son cabinet.

— Si tu veux payer ce que tu dois, lui dit-il, je mets vingt-cinq mille francs à ta disposition ; il y a des étrangers qui ne te connaissent pas, peut-être voudrais-tu t'acquitter envers eux tout de suite.

— Je le voudrais.

— Eh bien ! accepte ce que je t'offre ; ne vaut-il pas mieux que je sois ton seul créancier ? entre nous, cela ne tire pas à conséquence ; tu me rembourseras quand tu pourras.

VI

Du quai, Sixte vit qu'une lampe brûlait dans la chambre de sa femme ; et, au bruit qu'il fit en ouvrant sa grille, Anie parut sur la vérandah.

En route il s'était dit qu'elle se serait couchée, et qu'il la trouverait endormie, ce qui retarderait l'explication jusqu'au lendemain ; mais non, elle l'avait attendu et la confession devrait se faire tout de suite.

Pendant qu'il traversait le jardin, la lumière avait disparu de la fenêtre de la chambre, et quand il entra dans le vestibule il trouva sa femme devant lui qui le regardait.

— Tu t'es impatientée ?

Anie avait trop souvent entendu sa mère dire à son père : « Je ne te fais pas de reproches, mon ami », pour tomber dans ce travers des femmes qui se croient indulgentes ; aussi en descendant l'escalier avait-elle mis dans les yeux son plus tendre sourire ; mais, en le voyant sous le jet de lumière qu'elle dirigeait sur lui, ce sourire s'effaça.

— Qu'avait-il ?

Elle le connaissait trop bien, elle était en trop étroite communion de cœur, d'esprit, de pensée, de chair avec lui, pour n'avoir pas reçu un choc, et malgré elle, instinctivement, elle formula tout haut le cri qui lui était monté à la gorge :

— Qu'as-tu ? Que s'est-il passé ? Que t'est-il arrivé ?

— Je vais te le dire. Montons.

Au fait cela valait mieux ainsi : au moins les embarras de la préparation seraient épargnés.

Et, en arrivant dans leur chambre, en quelques mots rapides il dit ce qui s'était passé chez d'Arjuzanx, sa perte, le chiffre de cette perte.

A mesure qu'il parlait il vit l'expression d'angoisse qui contractait le visage de sa femme, relevait ses sourcils, découvrait ses dents, s'effacer ; il n'avait pas fini qu'elle se jeta sur lui et l'embrassa passionnément.

— Et c'est pour cela que tu m'as fait cette peur affreuse ! s'écria-t-elle.

— N'est-ce rien ?

— Qu'importe !

— Il faut payer.

— Eh bien, tu paieras ; ne peux-tu pas prendre soixante-cinq mille francs sur ta fortune sans que ce soit une catastrophe ?

A son tour, sa physionomie sombre se rasséréna :

— Alors, il n'y a donc qu'à prendre les soixante-cinq mille francs dans notre caisse, dit-il avec un sourire.

— Il n'y a qu'à les demander à mon père ; ce que je ferai dès demain matin.

— Ce que nous ferons, reprit-il ; c'est déjà beaucoup que tu sois de moitié dans une démarche dont je devrais être seul à porter la responsabilité.

Les choses arrangées ainsi, elle pouvait maintenant poser une question qu'elle avait sur les lèvres, et cela sans qu'il pût voir dans sa demande une intention de reproche ou de blâme :

— Mais comment as-tu perdu cette somme ? dit-elle.

— Ah ! comment ?

Elle hésita une seconde, puis se décidant :

— Tu es donc joueur ? dit-elle.

— Je l'ai été à deux périodes de ma vie : à quinze ans au collège, et à vingt ans à Saint-Cyr. A quinze ans, j'ai, à un certain moment, perdu cent vingt francs contre d'Arjuzanx, en jouant quitte ou double. Tu imagines quelle somme c'était pour moi qui n'avais que vingt sous qu'on me donnait par semaine, et quelles émotions j'ai alors éprouvées ; heureusement d'Arjuzanx me donnant toujours ma revanche, j'ai fini par m'acquitter. Plus tard, à Saint-Cyr, j'ai perdu douze cents francs qui pendant longtemps ont pesé sur ma vie d'un poids terriblement lourd. Depuis, je n'avais pas touché à une carte ; et il y a dix ans de cela. Comment me suis-je laissé entraîner, moi qui n'aime ni le jeu ni les joueurs ? Je n'en sais rien. Un coup de vertige. Et aussi, je dois te le confesser, puisque je ne te cache rien, certaines railleries qui, adressées à de la Vigne, me parurent passer par-dessus la tête de celui-ci pour frapper sur moi.

— Alors tu as bien fait, dit-elle.

— Peut-être ; mais où j'ai eu tort, ç'a été en ne m'arrêtant pas à temps.

— Qui s'arrête à temps ?

— Toutes les ivresses sont les mêmes ; il arrive un moment où l'on ne sait plus ce qu'on fait, et où l'on est le jouet d'impulsions mystérieuses, auxquelles on obéit, avec la conscience parfaitement nette qu'on est misérable de les subir. C'est mon cas ; ce qui n'atténue en rien ma responsabilité.

Le lendemain, non le matin comme le voulait Anie, mais dans l'après-midi, aussitôt que Sixte fut libre, ils partirent en voiture pour Ourteau où ils arrivèrent à la nuit tombante. Barincq qui rentrait à ce moment même se trouva juste à point pour donner la main à sa fille descendant du phaéton.

— Quelle bonne surprise ! dit-il en l'embrassant. Qui vous amène ?

— Nous allons te dire ça, répondit Anie, quand nous serons avec maman.

— Enfin, vous êtes en bonne santé, c'est l'essentiel ; et vous dînez avec nous, c'est la fête. Manuel, va vite dire à la cuisine que les enfants dînent. Justement, j'ai gardé ce matin un superbe saumon pour vous l'envoyer, nous le mangerons ensemble.

Il avait pris le bras de sa fille :

— Et ça ne peut se dire que devant ta mère, votre affaire ?

— Cela vaut mieux.

— Alors, allons la rejoindre tout de suite.

Ils entrèrent dans le salon où se tenait madame Barincq, sous la lumière de la lampe, coupant une revue qu'elle ne lirait jamais et à laquelle elle n'était abonnée que parce qu'elle trouvait cela « châtelain ».

— Anie a quelque chose à nous annoncer, dit-il.

Il n'y avait pas à reculer.

— Un accident, dit-elle, qui la nuit dernière est arrivé à mon mari.

— Un accident ! s'écrièrent en même temps le mari et la femme.

— Dans une réunion chez M. d'Arjuzanx, il a été entraîné à jouer, et il a perdu...

— Soixante-cinq mille francs, acheva Sixte.

— Soixante-cinq mille francs ! répéta madame Barincq en laissant tomber sa revue et son couteau à papier.

— Que nous venons te demander, papa, dit Anie en regardant son père.

— Il est évident que ce n'est pas vous qui pouvez les payer, répondit-il d'un ton tout franc.

— Et les dettes de jeu se paient dans les vingt-quatre heures, dit Anie.

— C'est certain.

Depuis le mariage, madame Barincq, au contact du bonheur de sa fille, s'était singulièrement adoucie à l'égard de Sixte, qu'elle n'appelait que mon cher

Valentin, mon bon gendre, ou mon enfant tout court, mais la perte des soixante-cinq mille francs la suffoqua.

— Comment, monsieur ! vous perdez soixante-cinq mille francs ! dit-elle.

— Hélas ! ma mère.

— Et comment avez-vous perdu soixante-cinq mille francs ?

— Le comment ne signifie rien, interrompit Anie.

— Au contraire, il signifie tout : vous êtes donc joueur, monsieur ?

— On n'est pas joueur parce que par hasard on perd une somme au jeu, continua Anie.

Sans répondre à sa fille, madame Barincq se leva et, s'adressant à son mari :

— Ainsi, dit-elle, vous avez marié ma fille à un joueur !

— Mais, chère amie…

— Je ne vous fais pas de reproches, vous êtes assez malheureux de votre faute, pauvre père, mais enfin vous l'avez sacrifiée.

Puis tout de suite, se retournant vers son gendre :

— Comment n'avez-vous pas eu la loyauté de nous prévenir que vous étiez joueur ?

— Mais, maman, interrompit Anie, Valentin n'est pas joueur ; il y a dix ans qu'il n'avait touché aux cartes.

— Eh bien ! quand il y touche, ça nous coûte cher !

Barincq crut que ce mot lui permettait d'arrêter la scène qui, pour lui, était d'autant plus injuste que tout bas il se disait que Sixte avait bien le droit de perdre ce qui lui appartenait.

— Donc il n'y a qu'à payer, conclut-il.

Mais sa femme ne se laissa pas couper la parole :

— Je ne fais pas de reproches à M. Sixte, reprit-elle, seulement je répète que quand on entre dans une famille, on doit avouer ses vices…

— Mais Valentin n'a pas de vices, maman.

— C'est peut-être une vertu de jouer. Je dis encore que quand un homme a le bonheur inespéré… pour bien des raisons, d'être distingué par une jeune fille accomplie, et d'entrer dans une famille… une famille accomplie aussi, il doit se trouver assez honoré et assez heureux pour ne pas chercher des distractions ailleurs…

Pendant que madame Barincq parlait avec une véhémence désordonnée, Anie regardait son mari qui, immobile, calme en apparence, mais très pâle, ne bronchait pas ; elle coupa la parole à sa mère :

— Allons-nous-en, dit-elle à son mari.

Mais son père la prenant par la main la retint :

— Ni les paroles de ta mère, dit-il, ni ton départ n'ont de raison d'être. Dans la situation présente, il n'y a qu'une chose à faire : payer. C'est à quoi nous devons nous occuper.

— Où est l'argent ? demanda madame Barincq.

— Je ne l'ai pas ; mais je le trouverai. Sixte, mon cher enfant, accompagnez-moi chez Rébénacq. Et toi, Anie, reste avec ta mère, à qui tu feras entendre raison.

— J'ai besoin de te parler, s'écria madame Barincq en faisant signe à son mari de la suivre.

— Et tu n'as rien dit du testament ! s'écria Anie en se jetant dans les bras de son mari quand son père et sa mère furent sortis. Ah ! cher, cher !

— C'est lui justement qui m'a si bien fermé les lèvres ; et puis, quand ta mère me disait qu'un mari qui a eu le bonheur de trouver une femme telle que toi n'a pas à chercher de distractions autre part, elle n'avait que trop raison.

— Tu es un ange.

VII

Non seulement Barincq n'avait pas soixante-cinq mille francs dans sa caisse ou chez son banquier, pour les donner à Sixte, mais encore il n'en avait pas même dix mille, ni même cinq mille.

L'argent liquide trouvé dans la succession de Gaston et toutes les valeurs mobilières avaient été absorbés par la transformation de la terre d'Ourteau, défrichements, constructions, achat des machines, acquisition des vaches, des porcs, et si complètement qu'il n'avait pu faire face aux dépenses du mariage d'Anie que par un emprunt.

Mais cela n'était pas pour l'inquiéter : la réalité avait justifié toutes ses prévisions, aucun de ses calculs ne s'était trouvé faux, et avant quelques années sa terre transformée donnerait tous les résultats qu'il attendait de cette transformation et même les dépasserait largement : c'était la fortune certaine, une belle fortune, et si facile à gérer, que quand il viendrait à disparaître, Anie et Sixte n'auraient qu'à en confier l'administration à un brave homme pour qu'elle continuât à leur fournir pendant de longues années les mêmes revenus.

Cependant, si l'avenir était assuré, le présent n'en était pas moins assez difficile, et quand, au milieu des embarras contre lesquels il avait à lutter chaque jour, survenait une demande de plus de soixante mille francs, à laquelle il fallait faire droit sans retard, du jour au lendemain, il ne le pouvait que par un nouvel emprunt.

Ce fut ce qu'il expliqua à son gendre, en se rendant chez le notaire, et, comme Sixte confus exprimait tout son chagrin du trouble qu'il apportait dans sa vie si tranquille, il ne permit pas que la question se plaçât sur ce terrain.

— Je vous ai dit, mon cher enfant, que je vous considérais comme co-propriétaire de l'héritage de Gaston. Ce n'était pas là un propos en l'air, un engagement vague qu'on prend dans l'espérance de ne pas le tenir. Je ne veux donc pas de vos excuses. Et même j'ajoute que jusqu'à un certain point je ne suis pas fâché de ce qui arrive, puisque cela me permet de vous prouver la sincérité de ma parole.

— Je n'avais pas besoin de cela.

— J'en suis certain. Mais, puisque les choses sont ainsi, il vaut mieux les envisager à ce point de vue et ne considérer que le rapprochement que cet incident amènera entre nous.

— Vous êtes trop bon pour moi, mon cher père, trop indulgent.

— Qui peut sonder l'entraînement auquel vous avez cédé !

Il le sondait au contraire parfaitement, cet entraînement qui, chez Sixte, était un fait d'hérédité. Est-ce que Gaston n'avait pas plus d'une fois subi cette ivresse du jeu, lui d'ordinaire si calme, si maître de lui ? Quoi d'étonnant à ce que Sixte la subît à son tour ? Tel fils, tel père. S'il était heureux que sur beaucoup de points Sixte ressemblât à Gaston, il fallait accepter la ressemblance complète, celle pour le mauvais comme celle pour le bon, celle pour les défauts comme celle pour les qualités. En tous cas, il y avait cela d'heureux dans cette aventure qu'elle s'était produite avant que Sixte eût trouvé le testament de Gaston. Que serait-il arrivé et jusqu'où ne se serait-il pas laissé entraîner, si cette fâcheuse partie s'était engagée quelques mois, quelques semaines plus tard, alors que, se sachant seul légataire de la fortune de Gaston, il n'aurait point été retenu par l'inquiétude d'avoir à demander la somme qu'il perdrait ? Tandis que, dans les circonstances présentes, cette perte pouvait, et même, semblait-il, devait être une leçon pour l'avenir, celle dont profite le chat échaudé ; il se souviendrait.

Rébénacq n'avait pas les soixante-cinq mille francs chez lui, mais il promettait de les verser dès le lendemain à Bayonne ; seulement, au lieu de pouvoir faire un emprunt au Crédit Foncier et de bénéficier de conditions modérées, il faudrait subir la loi d'un prêteur dur, qui profiterait des circonstances pour exiger un intérêt de cinq pour cent, avec première hypothèque sur la terre d'Ourteau tout entière, non seulement pour cette somme de soixante-cinq mille francs, mais encore pour celles précédemment empruntées par Barincq, c'est-à-dire pour un total de cent dix mille francs, de façon à être seul créancier.

Comme il n'y avait pas moyen d'attendre, il fallut bien en passer par là, et, de nouveau, Sixte, en revenant au château, exprima à son beau-père toute sa désolation de l'entraîner dans des affaires si pénibles.

— Laissez-moi vous dire que je considère ces sacrifices que je vous impose comme un prêt, dont je vous demande de vous rembourser en diminuant de dix mille francs tous les ans la pension que vous nous servez.

— Vous n'y pensez pas, mon cher enfant.

— J'y pense beaucoup, au contraire, et je suis sûr que ma femme se joindra à moi pour vous demander qu'il en soit ainsi ; cette suppression ne sera pas bien dure pour nous et elle sera une leçon utile pour moi.

— Ne parlons pas de ça.

— Et moi je vous prie de me permettre d'en parler.

— Non, non, dix fois non. Je sais, je sens pourquoi vous me faites cette proposition, que j'apprécie comme elle le mérite, croyez-le : c'est votre réponse au langage que ma femme vous a tenu tout à l'heure. Je comprends qu'il vous ait blessé, profondément peiné.... Mais persister dans votre idée serait montrer une rancune peu compatible avec un caractère droit comme le vôtre. Voyez-vous, mon ami, quand il s'agit de gens d'un certain âge, c'est d'après ce qu'ils ont souffert qu'on doit les juger, et vous savez que pour tout ce qui est argent, la vie de ma femme n'a été qu'un long martyre.

— Soyez certain que je n'en veux pas à madame Barincq ; elle n'avait que trop raison dans ses reproches.

— Ce qui n'empêche pas qu'elle eût mieux fait de les taire, puisqu'ils ne servaient à rien.

Bien que Sixte n'en voulût pas à sa belle-mère, il n'en persista pas moins dans son idée de rembourser ces soixante-cinq mille francs au moyen d'une retenue sur la pension qu'on leur servait. Ce fut ce qu'il expliqua le soir à sa femme en rentrant à Bayonne.

— Tu serais le mari pauvre de mademoiselle Barincq riche, dit-elle, que je trouverais tes scrupules exagérés, tu comprends donc que je ne peux pas partager ceux d'un mari riche qui a épousé une fille pauvre et qui n'aurait qu'un mot à dire pour prendre ce qu'il veut bien demander. Mais, enfin, il suffit que tu tiennes à ce remboursement pour que je le veuille avec toi. Je t'assure que dépenser dix mille francs de plus ou de moins par an est tout à fait insignifiant pour moi : nous nous arrangerons pour faire cette économie.

En rentrant, Sixte trouva une lettre de d'Arjuzanx arrivée en leur absence, et il la donna tout de suite à lire à sa femme :

« Mon cher camarade,

> Je pars pour Paris, d'où je ne reviendrai que dans huit jours ; ne te gêne donc en rien pour moi ; prends ton temps, ces huit jours et tous ceux que tu voudras.

Amitiés,

D'ARJUZANX. »

— Tu vois, dit Sixte.

— Quoi ?

— Que d'Arjuzanx n'est pas ce que tu crois.

— Je vois que cet ami a joué contre toi d'autant plus gros jeu que tu étais moins en veine.

— A sa place tout joueur en eût fait autant.

— Donc, c'est en joueur qu'il faut le traiter, non en ami.

VIII

En faisant cette observation, Anie avait une intention secrète, qui était d'envoyer tout simplement au baron les soixante-cinq mille francs, le jour de son retour à Biarritz.

Mais Sixte n'accepta pas cette combinaison :

— En me prêtant vingt-cinq mille francs, d'Arjuzanx a agi en ami, dit-il ; à ce titre je lui dois des égards, auxquels je manquerais en lui envoyant sèchement son argent.

Il n'y avait pas à répliquer ; tout ce qu'elle put obtenir, ce fut que Sixte, au lieu d'aller à Biarritz dans la soirée, y allât dans l'après-midi, avant le dîner, ce qui abrègerait sa visite.

Il n'était pas cinq heures quand Sixte arriva chez d'Arjuzanx qu'il trouva assis devant une table d'écarté, ayant pour vis-à-vis un des Russes avec lequel il avait dîné huit jours auparavant ; deux des convives de ce dîner étaient assis près d'eux.

Ce fut seulement quand d'Arjuzanx quitta sa chaise que Sixte put l'attirer dans une pièce voisine.

— Je t'apporte ce que je te dois, dit-il.

Et il déposa sur une table plusieurs liasses de billets de banque qu'il tira de sa poche gonflée.

— Qu'est-ce que c'est que tout ça ? demanda d'Arjuzanx.

— Les soixante-cinq mille francs que je te dois.

— Tu me dois vingt-cinq mille francs que je t'ai prêtés.

— Et quarante mille que tu m'as gagnés.

D'Arjuzanx prit trois liasses, deux grosses et la plus petite, les mit dans la poche de son veston et repoussa les autres.

— Reprends cela, dit-il.

Sixte le regarda étonné.

— As-tu pu penser que j'accepterais ces quarante mille francs ? dit d'Arjuzanx.

— Tu me les as gagnés.

— Et j'ai eu tort. Un emballement de joueur m'a troublé la conscience. J'ai subi le vertige du gain comme toi tu subissais celui de la perte.

Mais, le calme me revenant, je me suis reproché ces quelques instants d'erreur.

— Tu ne peux pas me faire un cadeau, qu'il ne m'est pas possible d'accepter.

— Je n'en ai pas la pensée ; mais tu peux me regagner ce que tu as perdu et nous serons quittes. N'est-ce pas ainsi que les choses se sont passées entre nous, quand au collège je t'ai gagné cent vingt francs que tu aurais eu plus de peine à trouver à ce moment, sans doute, que tu n'en as maintenant pour ces quarante mille francs ? Je t'ai donné ta revanche. Faisons-en autant.

— C'est impossible.

— Pourquoi ?

— Parce que...

D'Arjuzanx lui coupa la parole :

— Tu sais que je suis obstiné, dit-il, je me suis mis dans la tête que je ne prendrai pas ton argent, je ne le prendrai pas.

Et, le laissant seul, d'Arjuzanx retourna dans le salon.

Sixte remit les liasses dans sa poche et rejoignit d'Arjuzanx ; la discussion ne pouvait pas se continuer dans ces termes, il lui enverrait les quarante mille francs par un chèque.

Pendant leur entretien d'autres convives du dîner de la semaine précédente étaient arrivés, entre autres de la Vigne, la partie continuait.

Pendant un certain temps Sixte resta debout auprès de la table regardant le jeu machinalement, ayant en face de lui d'Arjuzanx debout aussi ; puis il fit un pas en arrière pour s'en aller discrètement mais à l'instant même d'Arjuzanx, qui avait vu son mouvement, l'interpella :

— Fais-tu vingt-cinq louis contre moi ? dit-il.

Sixte eut une seconde d'hésitation : une nouvelle partie commençait, les adversaires allaient relever les cartes données ; Sixte crut sentir que tous les regards ramassés sur lui l'interrogeaient.

— Pourquoi non ? dit-il.

Au fait, pourquoi n'accepterait-il pas la revanche que d'Arjuzanx lui offrait ? Cinq cents francs, s'il les perdait, n'étaient pas pour le gêner et s'il les gagnait, ce serait un commencement de remboursement ; quelques coups heureux abrègeraient d'autant les mois de privation qu'il allait imposer à sa femme.

Il perdit.

— Quitte ou double, n'est-ce pas ? dit d'Arjuzanx.

— Soit.

Il perdit encore.

Si cinq cents francs n'avaient pas grande importance pour lui, il n'en était pas de même de mille ; il fallait donc tâcher de les regagner.

— Nous continuons ? dit-il.

— Avec plaisir, continua d'Arjuzanx.

— Sixte va s'emballer, dit de la Vigne à son voisin.

— C'est fait.

En effet, il n'était pas difficile de remarquer, pour qui connaissait les joueurs, les changements caractéristiques qui de seconde en seconde se produisaient en lui : tout d'abord, quand d'Arjuzanx l'avait interpellé, il avait rougi comme sous une impression de fausse honte, puis instantanément pâli en répondant : « Pourquoi non ? » ; maintenant cette pâleur s'était accentuée, ses lèvres frémissaient et ses mains étaient agitées d'un léger tremblement ; penché sur la table de jeu, il semblait qu'il prît avec ses yeux les cartes dans les mains de celui qui les tenait et les abattit lui-même, exactement comme au cochonnet le joueur accompagne de la tête, des épaules et des bras, par un mouvement symbolique, la boule qui roule.

Les cartes n'obéirent point à cette suggestion magnétique ; pour la troisième fois elles furent contre lui.

Évidemment la veine devait changer.

— Toujours ? demande-t-il.

Parbleu !

Il gagna.

Raisonnable, il eût dû s'en tenir là, heureux d'en être quitte ainsi ; mais quel joueur écoute la raison quand il voit la fortune lui sourire ! ne serait-il pas fou de la repousser si elle venait à lui ?

— Continuons-nous ? demanda-t-il.

— Tant que tu voudras.

— Cent louis ?

— Tout ce que tu voudras.

Il gagna encore.

Décidément la chance était pour lui ; son heure avait sonné ; encore quelques coups et il pouvait rendre à sa belle-mère cet argent qu'il lui avait été si dur de demander.

— Doublons-nous ? dit-il.

— Assurément, répondit d'Arjuzanx.

La pâleur de Sixte avait disparu sous l'afflux d'une bouffée de chaleur qui du cœur était montée au front et aux joues ; il respirait plus largement, ses mains ne tremblaient plus.

On s'était groupé autour d'eux, et chacun était plus attentif à leur duel qu'à la partie elle-même, insignifiante comparée à leurs paris.

— Le baron voudrait perdre exprès qu'il ne s'y prendrait pas autrement, dit de la Vigne à son voisin.

— Croyez-vous ?

Qu'il le voulût ou ne le voulût point, toujours est-il que d'Arjuzanx perdit encore.

— Je crois bien que tu as passé un engagement avec la veine, dit-il à Sixte.

A ce moment un domestique entra dans le salon.

— Il est entendu que vous restez à dîner, dit d'Arjuzanx en s'adressant à Sixte et à de la Vigne en même temps.

Ils voulurent refuser.

— Sixte, décide M. de la Vigne par ton exemple, dit d'Arjuzanx, et vous, monsieur de la Vigne, gagnez Sixte par le vôtre.

On insista de divers côtés.

D'Arjuzanx avait ouvert un petit bureau :

— Voici ce qu'il faut pour écrire, dit-il, on portera immédiatement vos dépêches au télégraphe.

Déjà de la Vigne avait pris place au bureau ; quand il quitta la chaise, Sixte le remplaça :

« Retenu à dîner avec de la Vigne ; à ce soir.

VALENTIN. »

Comme il remettait sa dépêche à d'Arjuzanx, celui-ci lui dit :

— Crois-tu maintenant qu'en refusant d'accepter ton argent j'avais le pressentiment que tu me le reprendrais bientôt ? ça me semble bien vouloir recommencer notre fameuse partie du collège de Pau.

Cette insistance frappa Sixte ; pourquoi donc d'Arjuzanx mettait-il un empressement si peu déguisé à le pousser au jeu ?

Ce fut la question qu'il se posa : d'Arjuzanx voulait-il lui infliger une nouvelle perte ? ou bien, honteux de la somme qu'il avait gagnée, ne cherchait-il que des occasions de la perdre ?

C'était de cette façon qu'il avait agi autrefois au collège ; pourquoi n'en serait-il pas de même maintenant ? rien en lui ne permettait de supposer qu'il fût devenu un homme d'argent, âpre au gain, capable d'employer des moyens peu loyaux à l'égard d'un camarade. N'avait-il pas reconnu lui-même qu'il était dans son tort en subissant une sorte de vertige qui le faisait jouer gros jeu contre un ami malheureux ?

Cependant, quoi qu'il se dît, il ne put pas pendant le dîner ne pas regretter de n'être pas rentré à Bayonne, et ne pas trouver bien nulle, bien vide, la conversation de ses voisins : assurément cette salle à manger ne le reverrait pas souvent ; qu'il sût profiter de sa soirée pour regagner une partie de ce qu'il avait si bêtement perdu huit jours auparavant, et elle serait la dernière qu'il passerait dans cette maison. S'il vivait retiré quand il était garçon, ce n'était pas maintenant qu'il avait un intérieur si charmant avec une femme jeune, jolie, intelligente, adorée, qu'il allait l'abandonner pour ces réunions banales.

Bien qu'il n'eût pas l'expérience du jeu, il savait, pour l'avoir entendu dire, de quelle importance est un régime sévère pour le joueur ; ce n'est pas quand on est congestionné par une digestion difficile ou échauffé par des vins largement dégustés, qu'on est maître de soi, et qu'on garde en présence d'un coup décisif la sûreté du jugement ou le calme de la raison ; or, dans la partie qu'il voulait engager pour profiter de la veine qui semblait lui revenir, il fallait qu'il eût tout cela, et ne subît pas plus l'influence de son cerveau surexcité que de son estomac trop chargé ; il mangea donc très peu et but encore moins, malgré l'insistance de d'Arjuzanx dont l'amabilité ne réussit pas mieux que la raillerie à l'arracher à sa sobriété.

Quand de la salle à manger on passa dans le salon, il ne s'approcha pas tout d'abord des tables de jeu qui avaient été préparées : une grande pour le baccara, deux petites pour l'écarté ; il voulait choisir son moment et ne pas commettre les folies de ceux qui, courant après leur argent, se jettent à l'aveugle dans la mêlée. C'était d'un pas ferme et sûr qu'il devait y descendre ; puisqu'une heureuse chance lui avait permis de rattraper trois cents louis, il devrait manœuvrer avec cette somme de façon à regagner ses quarante mille francs sans se découvrir jamais.

Comme il se tenait à la fenêtre, d'Arjuzanx vint le rejoindre :

— Tu ne me donnes pas ma revanche ? dit-il.

— Est-ce que ce n'est pas à toi plutôt de me donner la mienne ?

— Je suis à ta disposition.

— Tout à l'heure ; le temps de finir ce cigare.

Son cigare achevé il alla rôder autour de la table de baccara, mais sans s'y asseoir : il voulait rester frais pour sa partie contre d'Arjuzanx, et, d'ailleurs, il craignait d'épuiser sa veine dans des coups insignifiants, s'imaginant, par une superstition de joueur, qu'il ne pouvait pas faire grand fond sur elle, et qu'il ne fallait pas lui demander plus d'une courte série heureuse ; quand il l'aurait obtenue il s'en tiendrait là.

Enfin, une des tables d'écarté n'étant plus occupée, il fit un signe à d'Arjuzanx, voulant, cette fois, tenir lui-même les cartes qui allaient décider de cette lutte.

— Combien ? demanda d'Arjuzanx en s'asseyant vis-à-vis de lui.

— Veux-tu cent louis ?

— Parfaitement.

En prenant ce chiffre Sixte se croyait prudent, puisque, sur les trois parties qu'il lui permettait de jouer avec son gain, il ne devait pas les perdre toutes : il pourrait se défendre si la chance tournait d'abord contre lui, et à un moment quelconque attraper la série sur laquelle il comptait.

En prenant ses cartes Sixte eut la satisfaction de constater que ses mains ne tremblaient pas et de se sentir maître de son cœur comme de son esprit : il voyait, il savait, il jugeait ce qu'il faisait.

D'Arjuzanx, au contraire, paraissait ému, et, en le regardant, on voyait clairement qu'il n'était plus le même homme ; sa nonchalance, son indifférence, avaient disparu et dans ses yeux noirs brillait une flamme qui leur donnait une expression de dureté que Sixte n'avait jamais remarquée.

Mais ce n'était pas le moment de se livrer à des observations de ce genre ; c'était à son jeu comme à celui de son adversaire qu'il devait donner toute son attention.

La chance, au lieu de tourner contre lui, continua à lui être fidèle.

— Nous doublons, n'est-ce pas ? demanda d'Arjuzanx.

— N'est-ce pas entendu ?

— Alors cela est dit une fois pour toutes.

— Sans doute ; au moins jusqu'à ce que nous soyons d'accord pour changer cette convention.

— Nous serons d'accord.

Lentement ils avaient relevé leurs cartes.

— J'en demande ? dit d'Arjuzanx.

— J'en refuse.

D'Arjuzanx avait un jeu détestable, Sixte le roi et la voie assurée.

— Tu ne vas pas être long à regagner tes quarante mille francs, dit d'Arjuzanx.

— Je n'en serais pas fâché.

— Tu vois donc que j'ai bien fait de te garder à dîner.

Quelques-uns des convives, en les voyant s'asseoir à la table d'écarté, avaient quitté le baccara qui ne se traînait que misérablement, et les entouraient, attentifs, silencieux.

A son tour d'Arjuzanx fit trois points :

— Je commence à me défendre, dit-il.

Cependant il perdit ; mais la partie suivante fut pour lui, et ils recommencèrent avec un enjeu de cent louis qu'il gagna de nouveau.

— Faisons-nous quitte ou double ? dit-il.

Sixte eut un éclair d'hésitation pendant lequel il se demanda si sa veine n'était pas épuisée ; mais, comme il avait eu quatre points contre cinq, il crut que la fortune était hésitante et qu'il pouvait la retenir.

— Oui, dit-il.

Il eut encore quatre points contre cinq, et cette fois il n'hésita pas ; il était à découvert, il devait au moins s'acquitter ; puisque d'Arjuzanx consentait à faire quitte ou double, il n'y avait qu'à continuer jusqu'à ce qu'il gagnât, alors il s'arrêterait et ne toucherait plus aux cartes ; il était déraisonnable, impossible, contraire à toutes les règles d'admettre que ce coup ne lui viendrait pas aux mains ; le jeu n'est-il pas une bascule réglée par des lois immuables ?

— Toujours, dit-il.

Maintenant tout le monde se pressait autour d'eux, mais personne ne parlait, ne les interrogeait directement, et c'était par des regards muets qu'on se communiquait ses impressions.

Sixte fut surpris de sentir des gouttes de sueur lui couler dans le cou et il s'en inquiéta ; évidemment il n'était plus maître de ses nerfs, cependant il n'eut pas la force de mettre cette observation à profit ; certainement l'émotion ne lui enlèverait pas son coup d'œil.

Au moins lui enleva-t-elle la décision : par prudence, par excès de conscience, il demanda des cartes, et il en donna, quand il aurait dû en refuser, et jouer hardiment.

Trois parties successives, perdues avec ce système, l'en firent changer : ce n'était pas la chance qui le battait, mais sa propre maladresse, et aussi le calme de d'Arjuzanx, attentif à se défendre et à profiter de fautes de son adversaire, sans que la grandeur de l'enjeu parût exercer sur lui la moindre influence. Ne pourrait-il donc pas retrouver lui-même ce calme pour quelques minutes, quelques secondes peut-être ?

Mais le changement de méthode ne changea pas la veine, au contraire ; les fautes qu'il avait commises par trop de timidité, il les commit maintenant par trop d'audace.

Et chaque fois qu'il perdait, il répétait son mot :

— Toujours.

Ceux qui étaient attentifs aux nuances pouvaient saisir dans sa prononciation une différence qui en disait long sur son état ; en même temps son visage et ses mains s'étaient décolorés.

A mesure que l'enjeu grossissait, l'attitude de la galerie se modifiait : on avait commencé par regarder ce duel avec une curiosité recueillie ; mais maintenant, s'échappaient de sourdes exclamations ou des gestes, qui étaient un relèvement et une excitation pour Sixte : puisque tout le monde était stupéfié de sa déveine, cette unanimité prouvait qu'elle ne pouvait pas durer : un coup heureux, et il s'acquittait.

Deux se suivirent malheureux encore, et comme Sixte répétait :

— Toujours.

Pour la première fois, d'Arjuzanx ne répondit pas :

— Parfaitement.

Il posa ses deux bras sur la table, et regardant Sixte en face :

— Comment toujours ? dit-il d'une voix nette et dure.

— N'est-il pas entendu, répondit Sixte, que, nous doublons toujours ?

— Entendu jusqu'à ce que nous changions cette convention...

Il y eut un moment de silence saisissant.

... Et j'estime, continua d'Arjuzanx, de la même voix nettement articulée, que le moment est venu de la changer. Où en sommes-nous ?

Il compta les jetons rangés devant lui.

— Voilà sept parties que je gagne. Est-ce exact ?

— Oui, dit Sixte la gorge étranglée.

— Nous avons commencé à cent louis, qui doublés font quatre mille francs, puis huit mille, puis seize mille, puis trente-deux mille ; puis soixante-quatre mille, puis cent trente-huit mille, et enfin deux cent soixante-seize mille où nous sommes.

Il s'arrêta et, du regard, parut prendre ses invités à témoins de la justesse de son compte, qu'il avait fait sans aucune hésitation ; mais personne ne pensa à faire un signe affirmatif, chacun étant tout entier au drame qui se déroulait, et qu'on sentait terrible, sans comprendre comment il s'était engagé et où il allait.

— Jouons-nous comme des enfants ou comme des hommes ? continua d'Arjuzanx.

Sixte ne répondit pas, il voyait maintenant combien était faux son sentiment sur les intentions de d'Arjuzanx qui, au lieu de chercher à lui faire regagner ses quarante mille francs, n'avait eu d'autre but, au contraire, que de l'entraîner à perdre une somme beaucoup plus considérable ; en même temps il était frappé d'un fait, en apparence insignifiant et cependant décisif : — le soin que d'Arjuzanx mettait à ne pas s'adresser à lui directement, et surtout à ne pas employer le tutoiement.

Le baron reprit :

— Si notre argent n'est pas sur cette table, notre parole y est ; je peux jouer cent mille francs, et même deux cent soixante-seize mille sur parole, non cinq cent cinquante mille qui excéderaient peut-être l'engagement qu'on pourrait tenir.

Il se tut, et chacun évita de se regarder pour ne pas livrer ses impressions ; quelques convives prudents s'éloignèrent même de la table, mais sans sortir du salon ; de la Vigne ne fut pas de ces derniers : une place étant libre auprès de son camarade, il s'avança pour la prendre.

Mais rien n'indiquait que Sixte dût se laisser entraîner à un éclat ; son attitude était plutôt celle d'un homme qui vient de recevoir un coup sous lequel il est tombé assommé.

Cependant, après quelques secondes, il se leva.

— Il est évident, dit-il, que je n'ai pas ces deux cent soixante-seize mille francs sur moi.

— N'est-il pas admis par les honnêtes gens qu'on a vingt-quatre heures pour dégager sa parole ?

IX

Comme Sixte mettait le pied sur le trottoir dans la rue, il sentit qu'on lui prenait le bras ; il se retourna : c'était de la Vigne.

— Comment t'es-tu laissé entraîner ? demanda celui-ci.

— Ah ! comment...

— Tu n'as pas vu que c'était un coup monté ?

— Trop tard.

— Nous rentrons ?

Sixte ne répondit pas.

— Nous prenons une voiture ?

— Non ; J'ai besoin d'être seul, de marcher.

— Tu descendras en arrivant à Bayonne.

— Ne me laisseras-tu pas tranquille ?

— Ah !

Sixte, malgré son désarroi, eut conscience de ses paroles :

— Sois assuré que j'ai été sensible au mouvement qui t'a fait prendre place auprès de moi pendant que le baron parlait !

— C'était naturel.

— Tu as cru à une altercation ; elle était impossible puisqu'il était dans son droit, et que j'étais moi, dans mon tort. Merci.

Et Sixte lui tendit la main.

Cependant de la Vigne ne bougeait pas.

— Adieu, dit Sixte en s'éloignant.

Mais il n'avait pas fait trois pas qu'il s'arrêta.

— De la Vigne !

Il revint vers son camarade.

— Tiens, dit-il en lui tendant des liasses de billets de banque.

— Qu'est-ce que c'est que ça ?

— Quarante mille francs que je te prie de me garder ; comme tu montes en voiture ils sont mieux dans tes poches que dans les miennes ; tu me les donneras demain.

Cette fois il quitta son camarade au milieu de la rue, et de la Vigne fut abasourdi de voir qu'au lieu de se diriger vers Bayonne il prenait une direction précisément opposée, comme s'il voulait gagner la côte des Basques.

C'est qu'en effet telle était l'intention de Sixte ; son parti était pris : se jeter à la mer du haut de la falaise noire et ruisselante qui, à pic, s'élève au-dessus de la grève.

Et, par les rues désertes de la ville, il descendit vers le Port-Vieux, courant plutôt que marchant, le visage fouetté par le vent froid qui soufflait du large avec un bruit sinistre que dominait le mugissement rauque de la marée montante déjà haute.

C'était quand d'Arjuzanx avait dit : « Si notre argent n'est pas sur cette table, notre parole y est », que sa résolution s'était formée dans son esprit : son honneur engagé, il n'avait que sa vie à donner pour payer sa dette, il la donnait.

Il avait dépassé les bains de Port-Vieux et constaté que l'heure de la pleine mer ne devait pas être éloignée ; quand il se laisserait tomber de la falaise, la vague le recevrait et l'emporterait.

C'était sans aucune faiblesse qu'il envisageait sa mort ; ce serait fini, fini pour lui, fini pour les siens qu'il n'entraînerait pas dans le désastre.

Mais cette pensée des siens, celle de sa femme l'amollit ; ce n'était pas seulement sa vie qu'il sacrifiait, c'était aussi le bonheur de celle qu'il aimait. Quel désespoir, quel écroulement, quel vide pour elle ! ils n'étaient mariés que depuis deux mois ; elle était si heureuse du présent ; elle faisait de si beaux projets ! Elle ne l'aurait même pas revu. Il ne l'aurait pas embrassée une dernière fois d'un baiser qu'elle retrouverait.

Il s'arrêta, et après un moment d'hésitation revint sur ses pas pour prendre la route de Bayonne : il avait vingt-quatre heures devant lui, ou tout au moins il avait jusqu'au matin avant qu'on apprît ce qui s'était passé.

Que de fois il l'avait parcourue à cheval avec sa femme, cette route qu'il suivait maintenant à pied, seul, dans la nuit ! cette évocation eut cela de bon qu'elle l'arracha aux angoisses de l'heure présente et du lendemain, pour le maintenir dans ce passé si plein de souvenirs qui s'enchaînaient, doux ou passionnés, tendres ou joyeux.

Comme il approchait de Bayonne, il entendit dans le silence deux heures sonner au clocher de la cathédrale ; au lieu d'entrer en ville, il longea le rempart et descendit aux allées Marines.

Cette fois sa maison était sombre : Anie ne l'avait pas attendu. Il ouvrit les portes sans faire de bruit, et alluma une bougie, qui était préparée, à la veilleuse de l'escalier.

Arrivé à la porte de leur chambre, il écouta et n'entendit rien : assurément Anie s'était endormie. Alors, au lieu d'entrer dans la chambre, il tourna avec précaution le bouton de la porte de son cabinet de travail, qu'il referma sans bruit.

Une glace sans tain s'ouvrait au-dessus de la cheminée dans le mur qui séparait la chambre du cabinet, masquée par un store à l'italienne à ce moment à demi baissé ; dans la chambre deux lampes et une statuette garnissaient la tablette de cette cheminée ; dans le cabinet c'était un vase avec une fougère et deux flambeaux.

D'une main écartant les frondes de la fougère, et de l'autre approchant son bougeoir de la glace, Sixte regarda dans la chambre. Tout d'abord ses yeux se portèrent dans l'obscurité. Mais, s'étant fait un abat-jour avec sa main de façon à projeter la lumière en avant, il aperçut dans le lit lui faisant face la tête de sa femme se détachant sur la blancheur du linge.

Puisqu'elle ne bougeait pas, puisqu'elle ne l'appelait pas, c'est qu'elle dormait : cela lui fut un soulagement ; il avait du temps devant lui.

Dans ses deux heures de chemin, il n'avait pas uniquement pensé à Anie, il avait encore arrêté son plan, dont ce sommeil facilitait l'exécution : ce n'était pas seulement l'embrasser, qu'il voulait, c'était aussi qu'elle eût sa dernière pensée : il s'assit à son bureau placé devant la cheminée et se mit à écrire :

> « Tes pressentiments ne te trompaient pas : devenu notre ennemi implacable, le tien, le mien, il a voulu se venger de toi, de moi ; aveuglé, entraîné, j'ai joué et j'ai perdu deux cent soixante-seize mille francs, en plus de ce que j'avais déjà perdu. En revenant, j'ai réfléchi ; j'ai vu la situation comme on voit dans la solitude et dans la nuit, d'une manière lucide, sans mensonge ; et de cette froide vision est résultée la décision qui fait l'objet de cette lettre — un adieu. Un adieu, ma belle et chère Anie. Oh ! si chère, si aimée ! plus que dans le bonheur encore, et que je vais quitter pour mourir. Mais ce n'est pas mourir qui m'effraie ; c'est briser notre vie amoureuse ; c'est ne plus voir Anie ; c'est aussi lui laisser le doute d'avoir été aimée comme elle le pensait. Comprendra-t-elle que je veux disparaître, parce que je l'aime plus que moi-même, et que je

préfère — cherchant le meilleur pour elle — la savoir veuve, tragique, plutôt que femme amoindrie par un mari coupable ?

Je ne puis pas payer ma dette, et je ne veux plus rien demander à ton père que je ruinerais. Il n'y a donc qu'à m'arracher de toi, avec la pensée que je laisse presque intacte une fortune doublement tienne, qui te gardera indépendante et fière.

Comprends-tu que mon amour est tel que tu pouvais le désirer et que je ne t'abandonne pas ?

Dis-toi, au contraire, que c'est serré contre toi, mon âme mêlée à la tienne, que je me suis arrêté à la résolution de ne plus te voir, et de te laisser dans ta fleur de jeunesse et de beauté vivre sans moi.

Je n'ai songé qu'à ton repos, et j'ai dû oublier combien ont été courtes nos heures d'amour. J'ai dû oublier aussi qu'une femme adorée m'échappe dans la première émotion de notre existence fondue, et qu'ivre de toi, je me détourne de toi, vibrant, soudé de cœur et de chair, rêvant l'éternité de mon amour alors qu'il n'a plus de lendemain. »

X

Il avait écrit rapidement, sans hésiter ; sa lettre achevée il la relut, et alors il eut une minute d'anéantissement : comme il l'aimait ! et cependant, par sa faute, stupidement, follement, il la jetait dans le désespoir quand il n'avait qu'à laisser aller leur vie pour la rendre heureuse. Le misérable, l'insensé qu'il avait été !

L'indignation le tira de sa faiblesse ; abaissant ses deux mains dans lesquelles il avait enfoncé sa tête, il reprit sa lettre, la mit dans une enveloppe sur laquelle il écrivit le nom d'Anie, et la plaça sous la première feuille de son buvard.

Il n'avait pas encore fini : doucement, avec mille précautions il ouvrit un tiroir de son bureau fermé à clef, et, fouillant dedans sans froisser les papiers qui s'y trouvaient, il en tira le testament de Gaston de Saint-Christeau ; puis l'allumant à la bougie il le déposa dans la cheminée où il brûla avec une grande flamme qui éclaira tout son cabinet, du plancher au plafond.

Cette fois tout ce qu'il avait combiné était accompli ; maintenant il pouvait rejoindre sa femme quatre heures allaient sonner, il lui restait trois heures à vivre pour elle.

Quand il entra dans la chambre, elle leva la tête.

— Te voilà ? dit-elle.

Il vint au lit, et, se penchant sur elle, il l'embrassa longuement.

— Il ne faut pas m'en vouloir, j'ai été retenu, je t'expliquerai.

— Mais je ne t'en veux pas.

Moins troublé il eût remarqué que, pour une femme qui s'éveille, la voix d'Anie était étrangement tremblante ; mais, tout à son émotion, il ne fit pas cette observation.

C'est qu'en réalité, Anie, qui n'avait pas dormi depuis qu'elle s'était mise au lit à son heure habituelle, ne venait pas de s'éveiller.

En recevant la dépêche de son mari, alors qu'elle l'attendait pour dîner, elle avait éprouvé une commotion violente, hors de toute proportion, semblait-il, avec un fait si simple.

Pourquoi restait-il chez le baron ? Comment oubliait-il la promesse qu'il lui avait faite de revenir immédiatement ? Et, ce qui était plus grave, comment ne pensait-il pas qu'après les craintes qu'elle lui avait montrées, cette dépêche allait la jeter dans l'inquiétude et dans l'angoisse ?

C'était la première fois qu'il lui manquait de parole, la seconde fois qu'il la laissait dîner seule ; et toujours pour le baron. Que lui ménageait donc cette liaison qui l'épouvantait ?

Elle ne put pas dîner, et de bonne heure elle monta à sa chambre, s'imaginant qu'elle serait là moins mal que partout ailleurs pour attendre. Alors elle calcula le moment où il pouvait rentrer ; et, ses comptes faits, elle trouva que ce serait sans doute entre dix et onze heures.

Pour user le temps, elle prit un livre, mais les lignes dansaient devant ses yeux et elle ne comprenait rien à ce qu'elle lisait. Si elle continuait ainsi, les minutes seraient éternelles. S'enveloppant d'un châle, elle sortit sur la vérandah pour suivre le mouvement de la rivière. C'était la basse mer et il ne se passait rien sur la rivière qui coulait clapoteuse entre ses rives confuses ; la nuit était sombre ; rien sur les eaux, rien sur la terre, rien au ciel qui pût occuper son esprit et l'emporter au pays de la rêverie où le temps se dévore sans qu'on sache comment.

Après un certain temps elle revint à son livre, le changea, pour un nouveau qui peut-être serait plus attachant, l'abandonna bientôt comme elle avait fait du premier, retourna sur la vérandah, tâcha de deviner ce qu'elle ne voyait pas, rentra dans sa chambre, descendit au rez-de-chaussée épousseter une vitrine qui tout à coup se trouva avoir besoin d'être nettoyée, cassa deux bibelots, se fâcha contre sa maladresse, et remonta dans sa chambre pour se jeter dans un fauteuil où elle resta jusqu'à dix heures.

Alors elle se déshabilla lentement et fit une coquette toilette de nuit : puisqu'il avait paru surpris, presque fâché la première fois qu'elle l'avait attendu, elle ne voulait pas qu'il en fût ainsi ce soir-là : la trouvant endormie, il verrait tout de suite qu'elle ne pensait pas à lui adresser le plus léger reproche.

Mais elle ne s'endormit pas, et si le temps lui avait duré alors qu'elle pouvait aller et venir, il fut mortel dans l'immobilité et l'obscurité du lit ; l'horloge du vestibule sonnait l'heure et la demie, mais l'intervalle qui s'écoulait entre l'une et l'autre était si long qu'elle s'imaginait toujours que le mécanisme s'était arrêté.

Onze heures, onze heures et demie, minuit, minuit et demi, une heure ; était-ce possible ? Pourquoi ne rentrait-il point ? Que lui était-il arrivé ? Au milieu de la nuit, ne pouvait-on pas être arrêté, assassiné, sur la route déserte ? Elle voyait les passages dangereux, ceux du crime.

Elle se releva pour lire sa dépêche qu'elle savait par cœur : « A ce soir » ; ce n'était pas : « Je rentrerai tard » qu'il avait dit. « A ce soir ! » c'était sûrement avant minuit. Et il était une heure et demie ; deux heures, deux heures et demie.

La fièvre la dévorait ; il y avait des moments où elle écoutait les bruits du dehors avec une anxiété si intense, que son cœur s'arrêtait et restait sans battre.

Enfin, un peu après que la demie de deux heures eût sonné, elle reconnut sur le gravier du jardin le pas qui était si familier à ses oreilles, et, instantanément, une fraîcheur pénétrante succéda à la flamme qui la dévorait : lui ! maintenant qu'importait ce qui avait pu le retenir, puisqu'il arrivait ! est-ce que mille raisons qui se présentaient à son esprit, alors que quelques minutes auparavant elle n'en trouvait pas une seule, n'avaient pas pu le retarder ?

Cependant elle fut surprise des précautions qu'il prit dans l'escalier, et aussi qu'il passât par son cabinet au lieu d'entrer tout de suite dans leur chambre ; il ne sentait donc pas l'impatience, poussée jusqu'au paroxysme, avec laquelle elle l'attendait ?

N'y tenant plus, elle pensa se jeter à bas de son lit pour courir à lui et l'embrasser, mais n'y aurait-il pas là comme un tendre reproche qui pourrait le peiner ? alors elle crut que le mieux était de ne pas bouger et de paraître dormir.

C'est pourquoi, lorsqu'il écarta le store et projeta sur elle la lumière de sa bougie, il la trouva plongée dans un sommeil si parfait, que quelqu'un qui n'eut pas été bouleversé comme lui se serait à coup sûr demandé s'il était naturel.

A travers ses paupières mi-closes, Anie avait vu le visage convulsé que la bougie éclairait, et cette remarque, s'ajoutant à toutes ces précautions pour ne pas la réveiller, l'avait rejetée dans l'inquiétude.

Que se passait-il donc ? Ou plutôt que s'était-il passé ?

La porte qui faisait communiquer sa chambre avec le cabinet étant fermée, elle n'entendait rien, et n'osant pas se soulever sur son lit, de façon à ce que son regard passât par-dessus la tablette de la cheminée, elle ne voyait rien non plus, ce qui semblait indiquer que son mari avait dû s'asseoir à son bureau, placé devant la cheminée.

Heureusement les dispositions des deux pièces et de leur ameublement pouvaient lui venir en aide : le lit, la glace sans tain, ainsi que le bureau de Sixte, étaient placés sur une même ligne, et en face, au mur opposé dans le cabinet, en ligne aussi, un vieux miroir, avec fronton et bordure décorés d'estampage, était accroché, incliné de telle sorte qu'il réflétait le bureau et la cheminée. Qu'elle trouvât sur son oreiller une position d'où son regard, en passant à travers la glace sans tain, irait jusqu'à ce miroir, et elle verrait ce que faisait son mari.

Sans mouvements brusques qu'elle n'osait se permettre, cela lui fut assez facile, et alors elle l'aperçut écrivant.

Comme son visage était sombre, comme sa main paraissait agitée ! De temps en temps, il s'arrêtait un court instant, pour reprendre aussitôt avec une décision et un emportement qui disaient la netteté de sa pensée, autant que la violence de son émotion. Quand elle le vit, sa lettre achevée, enfoncer sa tête entre ses mains, tout en lui trahissait une telle douleur, un anéantissement si désespéré, qu'elle ne respirait plus.

A qui écrivait-il ? Qu'écrivait-il ? Cette lettre était donc bien terrible, qu'elle le bouleversait à ce point !

Elle le vit aussi écrire l'adresse sur l'enveloppe, et à sa brièveté il lui sembla que c'était un simple nom, court comme le sien, formé seulement de quatre ou cinq lettres. Mais pourquoi lui écrivait-il, quand il n'avait que la porte à ouvrir pour être près d'elle ?

Il y avait là une question qu'elle se sentait trop affolée pour résoudre, ou même pour examiner.

D'ailleurs elle le suivait, et ne pouvait s'arrêter pour réfléchir, ni pour revenir en arrière.

Quand il avait pris dans le tiroir du bureau une feuille de papier, sur laquelle elle voyait un timbre, il lui avait semblé que c'était le testament de son oncle Gaston ; mais le mouvement par lequel il l'alluma à la bougie et la déposa dans la cheminée fut si rapide, qu'elle ne put pas être certaine qu'elle ne se trompait pas ; une flamme claire reflétée par le miroir vint jusque dans sa chambre, dont elle perça l'obscurité pour deux ou trois secondes, et ce fut tout.

Presque aussitôt il entrait et venait à elle : ce fut miracle qu'elle ne se trahit pas quand il l'embrassa, et qu'elle ne se jetât pas éperdue dans ses bras quand il prit place près d'elle.

XI

Déjà les bruits de la ville et du port commençaient confus dans le lointain, quand, brisé et anéanti par les émotions, il s'était endormi sur l'épaule d'Anie.

Pendant plus d'une heure, elle était restée immobile, pour ne pas troubler ce lourd sommeil, si poignante que fût son angoisse de savoir ce qu'était le papier placé dans le buvard, à propos duquel son imagination affolée envisageait les choses les plus terribles, n'osant pas s'arrêter à celle-ci plutôt qu'à celle-là, mais n'osant pas davantage en rejeter aucune. Qu'elle pût se lever avant lui, elle verrait ce papier. Qu'au contraire il se levât le premier, elle resterait en proie à son anxiété.

Cependant les vitres des fenêtres blanchissaient du côté de l'est, le ciel se rayait de bandes claires qui annonçaient l'approche du jour : encore quelques instants, et l'habitude allait le tirer de son sommeil à l'heure ordinaire.

Il fit un mouvement ; elle crut qu'il s'éveillait, mais il abandonna seulement son épaule, et alors, avec précaution, elle put se laisser glisser à bas du lit.

A pas étouffés, elle se dirigea vers le cabinet, dont la porte n'avait pas été refermée, et elle put la gagner sans qu'il bougeât. Vivement elle alla au bureau et prit la lettre dans le buvard. Mais le jour n'étant pas assez avancé pour qu'elle en pût lire la suscription, elle courut à la fenêtre, dont elle écarta le rideau.

« Anie. »

Elle ne s'était pas trompée : frémissant de la tête aux pieds sous la main froide du malheur qui venait de la saisir, elle coupa l'enveloppe avec une épingle qu'elle tira de ses cheveux.

Elle poussa un cri, et, traversant en courant le cabinet ainsi que la chambre, elle vint au lit où elle s'abattit sur son mari qu'elle enveloppa de ses deux bras :

— Mourir !

Il la regarda hébété, puis, voyant la lettre qu'elle tenait dans sa main :

— Tu as lu ?

— Est-ce que je dormais ?

— Puisque tu as lu, je n'ai rien à ajouter.

— Tu es fou.

— Hélas !

— Mais cette fortune, tout ce que nous possédons, c'est à toi.

— J'ai brûlé le testament.

— Que ce soit toi, que ce soit nous, qu'importe qui paye ta dette !

— Ton père ne doit rien.

— Tu ne le connais pas ; mon père paiera comme tu paierais toi-même : ta mort n'acquitterait rien ; et, quand même elle te libérerait, crois-tu que nous voudrions de la fortune à ce prix ?

— Je ne veux pas ruiner ton père, te ruiner toi-même.

— Mais comprends donc que nous paierons : tu dois, nous devons ; cette fortune est la tienne, non la nôtre ; et fût-elle à nous qu'il en serait exactement de même. Tu dis que tu as réfléchi ! Mais non, tu n'as pas réfléchi ; sous un coup de désespoir tu as perdu la tête. Est-ce que nous pouvons avoir rien de plus précieux que ta vie ? Imagines-tu donc que si tu mourais je ne mourrais pas avec toi, ô mon bien-aimé !

Tout en parlant avec une véhémence désordonnée, elle le pressait dans ses bras, ne s'interrompant que pour l'embrasser passionnément.

— Tu dis que tu m'aimes, reprit-elle ; mais est-ce m'aimer que vouloir m'abandonner ? Est-ce que tout n'est pas préférable à la séparation, la ruine, la misère ! Qu'importe la misère ! Est-ce que je ne la connais pas ? Que serait ce repos dont tu parles ? Tu ne veux pas que je sois amoindrie par la faute de mon mari coupable ? En quoi serai-je amoindrie quand nous aurons payé ce que tu as perdu ?

Cet élan le bouleversait, l'ébranlait.

— Je ne peux rien demander à ton père, dit-il.

— Toi non, mais moi. Je pars pour Ourteau. Dans cinq heures je suis de retour avec mon père. Ce soir tu paies.

— Où veux-tu que ton père trouve cette somme ?

— Je n'en sais rien, il la trouvera ; il empruntera ; il vendra.

— Sa terre qu'il aime tant !

— Sa terre n'a jamais été à lui ; elle est à toi.

— Votre générosité, votre sacrifice, ne feraient-ils pas de moi le plus misérable des hommes ? Quel personnage serais-je dans le monde ?

A ce mot, elle reprit courage et respira : puisqu'il envisageait l'avenir, c'est qu'il était touché.

— Personne a-t-il été jamais déshonoré pour une dette de jeu qu'on paie ? Si ton honneur est sauf, qu'importe le reste ! Pourvu que nous soyons ensemble, tous les pays nous seront bons.

Le temps pressait ; il fallait hâter les décisions : ce qui n'était possible avec une conscience chancelante et dévoyée que si elle prenait la direction de leur vie.

— Je pars pour Ourteau, dit-elle, toi tu vas aller à ton bureau comme à l'ordinaire et en arrivant tu confesseras la vérité au général : dans une heure elle sera connue de toute la ville, mieux vaut encore qu'il apprenne la vérité de ta bouche, si fâcheux que puisse être pour toi cet aveu. Mais, avant que je parte, tu vas me jurer, tes lèvres sur les miennes, que je puis avoir confiance en toi.

Rassurée par ce serment, autant que par l'étreinte toute pleine de reconnaissance, de promesse, et de remords avec laquelle il avait répondu à son adieu, elle partit pour Ourteau, en même temps qu'il se rendait à son bureau.

A peine arrivé, son général le fit appeler ; il avait passé une mauvaise nuit et, pour s'en soulager, il éprouvait le besoin d'avoir quelqu'un à secouer.

— Avez-vous été vous promener ce matin, vous ? dit-il.

— Non, mon général.

— Effectivement vous ne sentez pas le salin.

— J'ai pourtant passé une partie de la nuit dehors, dit Sixte saisissant cette occasion.

— Avec madame Sixte ? Drôle d'idée !

— Non, mon général, tout seul ; et une nuit terrible pour moi.

— Ah ! bah !

Immédiatement Sixte raconta ce qui s'était passé, sans rien atténuer.

— Deux cent soixante-seize mille francs ! s'écria le général. Êtes-vous fou ?

— Je l'ai été.

— Et après ? Payez-vous ou ne payez-vous pas ?

— Ma femme, qui vient de partir pour Ourteau, affirme que son père paiera.

Le général s'était levé et, dans un accès de colère, il arpentait son cabinet en traînant la jambe.

— Un officier attaché à ma personne ! grognait-il.

Il s'arrêta devant Sixte :

— Et maintenant, dit-il, que comptez-vous faire ?

— Disparaître, mon général, si vous voulez me rendre ma liberté.

— Votre liberté ! Je vous la fouts. On n'a jamais vu ça. Deux cent soixante-seize mille francs et soixante-cinq mille en plus ! Mais c'est idiot !

Puis, sentant la colère le gagner alors que la colère lui était défendue, il renvoya Sixte :

— Allez faire votre besogne, monsieur.

Mais, au bout d'un quart d'heure, il l'appela de nouveau : il paraissait calmé.

— Êtes-vous en état d'écouter un bon conseil ? dit-il. Partez pour le Tonkin. Mon frère est désigné pour un commandement là-bas ; s'il n'a personne, il voudra peut-être bien vous emmener. Dans deux ans, quand vous reviendrez, tout sera fini. Envoyez-lui une dépêche dans ce sens.

— Cette dernière preuve d'intérêt que vous me donnez me touche au cœur.

— C'est égal ; je ne comprendrai jamais que, quand tant de pauvres diables s'exterminent à faire leur vie, il y ait des gens heureux qui prennent plaisir à défaire la leur.

Pendant ce temps, Anie courait sur la route d'Ourteau, pressant son cocher ; quand elle arriva, son père et sa mère virent à sa physionomie crispée qu'ils devaient se préparer à un coup cruel.

Tout de suite, elle expliqua ce qui l'amenait, son père écoutant accablé, sa mère l'interrompant par des exclamations indignées.

— Est-ce que ton mari s'imagine, s'écria madame Barincq, que nous allons encore payer cette somme et nous réduire à la misère pour lui ?

Alors elle raconta l'histoire du testament de Gaston : comment Sixte l'avait trouvé ; pourquoi il n'avait pas voulu le produire ; comment il l'avait brûlé.

— C'est donc son argent qu'il a perdu, dit-elle en s'adressant à sa mère.

Mais celle-ci ne se rendit pas :

— Qui prouve que ce testament était bon ? dit-elle.

Sur cette réplique, son mari intervint :

— Il est évident, dit-il, que le testament est celui que Gaston avait déposé entre les mains de Rébénacq, et qu'il était parfaitement valable.

— Valable ou non, il n'existe plus.

— Pour les autres sans doute, mais pas pour nous.

— Tu paieras !

— Quel moyen de faire autrement ?

— Ruinée une fois encore ! Que ne suis-je morte avant !

Ce n'était pas tout de vouloir payer, il fallait savoir où et comment trouver l'argent nécessaire. Le père et la fille s'en allèrent chez Rébénacq ; mais, quand le notaire eut entendu le récit d'Anie, il leva au ciel des bras désespérés.

— Je ne vois pas, dit-il, qui consentirait à prêter deux cent soixante-seize mille francs sur la terre d'Ourteau, déjà hypothéquée pour cent dix mille.

— Mais elle vaut plus d'un million, dit Anie.

— Ça dépend pour qui, et ça dépend aussi du moment. Considérez d'autre part que la propriété est en transformation ; que les travaux entrepris sont à leur début, qu'ils ne donneront leurs résultats que dans plusieurs années ; et que, pour bien des gens, ils ont enlevé au moins la moitié de sa valeur à la terre. Ce langage que je vous tiens, c'est celui des prêteurs. Sans doute nous aurons des objections à leur opposer ; mais comment seront-elles accueillies ? En tout cas, je n'ai pas prêteur pour pareille somme, et dans ces conditions.

— Ne pouvez-vous pas trouver ce prêteur chez un autre notaire ? demanda Anie.

— Nous rencontrerons partout les objections que je viens de vous présenter ; mais enfin, nous pouvons voir à Bayonne.

— Je vous emmène avec mon père.

Rébénacq hésita, puis il finit par se rendre.

Il était une heure de l'après-midi quand ils arrivèrent à Bayonne, et quatre heures quand Barincq eut vu avec Rébénacq les sept notaires de la ville : quatre refusaient nettement l'affaire, trois demandaient du temps ; il convenait de prendre des renseignements, de se livrer à des estimations.

— Je n'avais pas grand espoir, dit Barincq, mais c'était un devoir de tenter l'expérience. Maintenant il ne nous reste plus qu'une démarche, et il faut la faire, si douloureuse qu'elle soit pour moi : voir M. d'Arjuzanx, qui certainement doit être chez lui, puisqu'il attend Sixte ; allons à Biarritz.

En effet, le baron était chez lui, et tout de suite il reçut Barincq et Rébénacq.

— Ce n'est pas au nom de mon gendre que je me présente, dit Barincq, c'est en mon nom personnel, mais en me substituant à lui.

Le baron resta impassible, dans l'attitude froide et hautaine qu'il avait prise.

— C'est donc comme votre débiteur de la somme totale de trois cent quarante-un mille francs que je viens vous demander quels arrangements il vous convient de prendre pour le paiement de cette somme.

— Des arrangements !

— Toutes les garanties vous seront offertes, dit Rébénacq, voulant venir en aide à son vieux camarade, dont l'émotion faisait pitié.

— Et j'ajoute, continua Barincq, que les délais que vous fixerez seront acceptés d'avance, à la condition qu'ils seront raisonnablement échelonnés.

— Vous êtes homme d'affaires, monsieur, dit d'Arjuzanx avec hauteur.

— Je l'ai été.

— Et c'est une affaire que vous me proposez, une bonne affaire, puisque vous, riche propriétaire, vous vous substituez à votre gendre qui n'a rien, et faites vôtre sa dette.

Il y eut une pause qui obligea Barincq à répondre :

— Parfaitement, je la fais mienne et m'en reconnais seul débiteur.

D'Arjuzanx, qui s'était assis, se leva.

— Eh bien, monsieur, je ne fais pas d'affaires ; il s'agit d'une dette de jeu, qui se paye dans les vingt-quatre heures, non d'une dette ordinaire pour laquelle on peut conclure des arrangements devant notaires. Je ne vous accepte donc pas comme débiteur ; je garde celui que j'ai.

— Vous venez de reconnaître qu'il est sans fortune.

— Justement, et c'est pour cela que je tiens à lui, ce qui vous prouvera que je ne suis pas l'homme d'argent que vous pouvez croire. Votre gendre a trahi ma confiance, notre camaraderie, notre amitié. Il m'a pris la femme que j'aimais. Je lui prends son honneur. Et nous ne sommes pas quittes.

Quand Barincq et Rébénacq furent descendus dans la rue, ils marchèrent longtemps côte à côte sans échanger un seul mot.

— Quel homme ! dit tout à coup le notaire.

— Et il aurait pu être le mari de ma fille ! Si coupable que soit le malheureux Sixte, au moins a-t-il du cœur.

Ils arrivaient au chemin de fer.

— C'est égal, dit Barincq, pour un homme qui toute sa vie n'a pensé qu'au bonheur des siens, j'ai bien mal fait leurs affaires et les miennes.

— Et maintenant ?

— Maintenant, il ne nous reste qu'à vendre Ourteau.

— Mais à cette saison, dans ces conditions, ce sera un désastre.

— Eh bien, ce sera un désastre.

— Mon pauvre ami !

— Oui, le sacrifice sera dur ; j'aimais cette terre d'un amour de vieillard, j'avais mis sur elle mes derniers espoirs ; mais je dois me dire qu'en réalité je n'en ai jamais été propriétaire, et que, si le testament avait été produit en temps, tout cela ne serait pas arrivé : je ne me serais pas installé à Ourteau, je n'aurais pas entrepris ces travaux ; M. d'Arjuzanx n'aurait pas pensé à me demander Anie ; Sixte ne l'aurait pas épousée, et, aujourd'hui, je ne tomberais pas lourdement d'une position fortunée dans la misère.

XII

La demie après six heures allait sonner au cartel des bureaux de l'*Office cosmopolitain*, et Barnabé, dans l'embrasure d'une fenêtre, guettait au loin sur le boulevard l'arrivée de l'omnibus du chemin de fer de Vincennes.

A ce moment le directeur, M. Chaberton, sortit de son cabinet, accompagné d'un client, et dans leurs cages, derrière leurs grillages, tous les employés se plongèrent instantanément dans le travail.

— Barnabé, guettez l'omnibus, dit M. Chaberton.

— On ne le voit pas encore.

— Puisque nous avons quelques minutes, dit le client suppliant, laissez-moi vous expliquer...

Mais M. Chaberton, sans écouter, alla à l'un des grillages :

— Monsieur Spring, que vos patentes anglaises pour l'affaire Roux soient prêtes demain matin, dit-il.

— Elles le seront, monsieur.

Il s'adressa à un autre guichet :

— Monsieur Morisset, vous préparerez demain, en arrivant, un état des frais Ardant.

— Oui, monsieur.

— Un point très important à noter, continuait le client...

Mais M. Chaberton, qui n'avait pas d'oreilles pour ces recommandations de la dernière heure, continuait sa tournée devant les cages de ses employés.

— Monsieur Barincq, dit-il, votre bois est-il terminé ?

— Il le sera dans une demi-heure.

— Pas trop de sécheresse, je vous prie, du chic, soyons dans le mouvement.

Barnabé fit un pas en avant :

— L'omnibus, dit-il.

M. Chaberton jeta son pardessus sur son épaule, fit passer sa canne de dessous son bras dans sa main, et se dirigea vers la sortie, suivi du client décidé à ne pas le lâcher.

Une fois qu'il eut tiré la porte, un brouhaha s'éleva dans les bureaux, et, immédiatement, Spring sortit d'un tiroir une lampe à alcool qu'il alluma.

— On voit que c'est aujourd'hui mardi, dit Belmanières, voilà les saletés anglaises qui commencent.

— On voit que c'est aujourd'hui comme tous les jours, répondit Spring, les grossièretés de M. Belmanières continuent.

Contrairement à la coutume, Belmanières ne se fâcha pas.

— Cela prouve, dit-il d'un air bonhomme, que les habitudes ne sont pas comme la vie ; la vie est variée, les habitudes sont monotones. Je suis grossier aujourd'hui comme hier, comme il y a six mois, et M. Barincq, au lieu de jouer au gentilhomme campagnard comme il y a six mois, dessine des bois pour l'*Office cosmopolitain*, où il a été bien heureux de retrouver sa place.

— Ne mêlez donc pas M. Barincq à vos sornettes, répliqua le caissier avec autorité.

— Ce que je dis là n'a rien de désagréable pour M. Barincq, continua Belmanières sortant de sa cage, au contraire. Et je proclame tout haut qu'un homme de soixante ans qui se trouve tout à coup ruiné, et qui a l'énergie de se remettre au travail, sans se plaindre, a mon estime. Si j'ai blagué autrefois M. Barincq, je n'en ai aucune envie aujourd'hui, et, puisque l'occasion se présente de lui dire ce que je pense, je le dis. Voilà comme je suis, moi ; je dis ce que je pense, tout ce que je pense franchement, et je me fiche de ceux qui ne sont pas contents. Vous entendez, monsieur Morisette, je m'en fiche, je m'en contrefiche.

Il criait cela devant la cage du caissier d'un air provocateur ; la porte d'entrée en s'ouvrant le fit taire.

— Mister Barincq ? dit une voix à l'accent étranger.

— Il est ici, répondit Barnabé en amenant celui qui venait d'entrer devant le grillage de Barincq.

— Do you speak english ?

— Monsieur Spring ! appela Barincq.

A regret M. Spring souffla sa lampe et s'approcha ; alors un dialogue en anglais s'engagea entre lui et l'étranger.

— Ce gentleman, traduisit Spring, dit qu'il a vu au Salon deux tableaux signés Anie qui lui ont plu et qu'il est disposé à les acheter ; ayant trouvé votre adresse au *Cosmopolitain* dans le livret, il désire savoir le prix de ces tableaux.

— Mille francs, dit Barincq.

— Ce gentleman dit, continua Spring, qu'il les prend tous les deux pour quinze cents francs si vous voulez ; et que si madame Anie a d'autres tableaux du même genre, c'est-à-dire représentant des paysages du même pays, dans la même coloration claire, il les achètera peut-être ; il demande à les voir.

— Expliquez à ce gentleman, répondit Barincq, qu'il peut venir demain et après-demain à Montmartre, rue de l'Abreuvoir, et donnez-lui l'itinéraire à suivre pour arriver rue de l'Abreuvoir.

Sans en demander davantage l'amateur tendit sa carte à Spring et s'en alla :

« CHARLES   HALIFAX »
   75, Trimountain Str. Boston.

Barincq n'eut pas le temps de recevoir les félicitations de ses collègues, pressé qu'il était d'achever son bois pour porter cette bonne nouvelle rue de l'Abreuvoir.

Lorsqu'il entra dans l'atelier où sa femme et sa fille étaient réunies, Anie vit tout de suite à sa physionomie qu'il était arrivé quelque chose d'heureux.
— Qu'est-ce qu'il y a ? demanda-t-elle.
Il raconta la visite de l'Américain.
— Hé ! hé ! dit Anie.
— Hé ! hé ! répondit Barincq comme un écho.
— Quinze cents francs !
Et, se regardant, ils se mirent à rire l'un et l'autre.
— Hé ! hé !
— Hé ! hé !
Madame Barincq n'avait pas pris part à cette scène d'allégresse.
— Je vous admire de pouvoir rire, dit-elle.
— Il me semble qu'il y a de quoi, dit Barincq.
— Est-ce que tu n'es pas heureuse de ce succès pour Ourteau ? dit Anie.

— Qu'on ne me parle jamais d'Ourteau, s'écria madame Barincq.

— Sois donc plus juste, maman. C'est à Ourteau que je dois un mari que j'aime. C'est Ourteau qui m'a appris à voir. Sans Ourteau, je me fabriquerais de jolies robes en papier pour pêcher un mari que je ne trouverais pas. Et sans Ourteau je continuerais à peindre des tableaux d'après la méthode de l'atelier... que les Américains n'achèteraient pas. Si je suis heureuse, si j'ai aux mains un outil qui nous fera tous vivre, en attendant que Sixte revienne glorieux, cela ne vaut-il pas la fortune ?

FIN

NOTICE SUR « ANIE »

Il y a quarante ans, c'était une banalité de la conversation courante de parler du désintéressement des savants et des artistes, comme aussi de leur incapacité pour les affaires ; et même cette banalité, basée sur l'observation journalière, pouvait s'étendre jusqu'aux médecins et aux avocats : les savants, des alchimistes cocasses dans leur allure falote ; les artistes, des Cabrions. Déjà, il est vrai, Balzac avait, à côté de Joseph Bridau, de Schinner, de Léon de Lora, placé Pierre Grassou qui annonçait un dangereux précurseur ; mais la tradition n'était point encore entamée.

Elle ne tarda pas à l'être, car l'alchimiste et le rapin disparaissaient tous les jours ; et déjà quand je préparais mon roman : *Une bonne affaire*, qui est l'histoire d'un savant exploité et égorgé par des gens d'affaires, je pouvais voir que si ce type était encore vrai, les gens d'affaires exploités par les savants n'étaient cependant pas rares.

Le temps avait marché, les mœurs s'étaient transformées, et on était loin du temps où mon père, qui en avait été témoin, me racontait ce trait de Berryer : venu à Rouen pour défendre devant les assises un cultivateur de notre pays, Berryer remettait comme dot à la fille de celui dont il avait obtenu l'acquittement, ses dix mille francs d'honoraires, et Berryer n'était pas riche ; car, l'eût-il été, cette somme, alors considérable, eût vraisemblablement rejoint la fortune amassée.

Loin aussi était le temps où je vivais chez une sorte de savant qui était un de ces types du monde universitaire aussi communs à cette époque qu'ils sont rares aujourd'hui, chez qui l'indifférence des choses de l'argent n'avait pour égale que l'ignorance la plus complète de la vie pratique ; si bien qu'avant de sortir il devait être passé en revue par sa femme pour qu'elle vît s'il n'était point chaussé d'une pantoufle et d'un soulier, ou s'il n'avait point mis son gilet de flanelle par-dessus la chemise, endossée elle-même par-dessus un premier gilet qu'il avait oublié d'ôter.

Enfin, loin aussi était le temps où, commençant à avoir des relations dans le monde des peintres et des statuaires, c'était à peine si j'en trouvais un — parmi les peintres — qui eût les allures d'un monsieur distingué ou d'un club-man, et fût entendu aux affaires, tandis que nombreux au contraire étaient encore les artistes naïfs, candides, dédaigneux de l'argent, qui continuaient ces maîtres anciens qu'a si bien caractérisés André Lemoyne en disant d'eux :

Ils avaient travaillé simplement pour la gloire.

Les affaires, ils en prenaient bien souci vraiment, et, sans faire rire personne, le père Signol, que sa *Femme adultère* a fait entrer à l'Institut, pouvait dire à un candidat : « Je ne vote jamais pour ceux qui gagnent de l'argent. »
Insuffisant, incomplet était donc mon savant d'*Une bonne affaire*, et il m'en fallait un autre qui fût de notre temps ; car c'est une nécessité pour un romancier qui marche avec son époque et veut se renouveler, se compléter, de ne point s'en tenir, dans son âge mûr, aux personnages de sa jeunesse, qu'il a pu peindre vrais à ce moment, mais qui ne le sont plus par cela seul que les mœurs se sont transformées.
Je cherchais mon savant nouvelle manière, lorsqu'un jour, en me rendant au laboratoire de mon camarade Georges Pouchet, je vis dans une cour des palefreniers et des cochers occupés à panser des chevaux et à nettoyer des voitures qui, par leur élégance, étaient si peu en situation dans ce quartier que, tout en bavardant avec Pouchet, je lui demandai à qui appartenaient ces équipages.
— A Sauval.
— Le professeur ?
— Lui-même.
J'eus le pressentiment que je pouvais trouver en lui quelques-uns des traits principaux qu'il me fallait pour mon personnage. Je l'étudiai et l'introduisis dans *Anie*. Un critique, parlant de Sauval, dit que ce type est plus commun qu'on ne pense, et, faisant allusion à celui de la réalité, il ajouta : « J'ai pris mes informations sur les personnes, je le connais même personnellement depuis ma lecture d'*Anie*, et il paraîtrait, — ma conviction est faite, — que justement il ne rentrerait pas dans la catégorie précitée, et que ce savant serait au contraire un lutteur, un généreux et un prodigue. »
Que le Sauval de mon roman ne soit pas la reproduction exacte et fidèle du vrai Sauval, cela est parfaitement juste ; je suis le premier à le reconnaître, et même je suis satisfait que cela ait été dit. Je me suis déjà plus d'une fois expliqué là-dessus dans ces notices : je fais des romans, non des photographies ; et quand j'étudie un personnage rencontré dans la vie courante, ce n'est point la vérité du portrait que je recherche, c'est celle du roman, agissant en cela comme le peintre ou le statuaire qui travaille d'après le modèle vivant, non pour le copier, mais pour s'en inspirer. Sauval m'a fourni des traits du savant dans le train ; je ne l'ai pas copié, pas plus que dans aucun de mes romans je n'ai copié ou photographié un seul des acteurs que j'ai mis en scène. Il y a une vérité d'art, plus haute et plus vraie que celle de la réalité. C'est celle-là que j'ai poursuivie. « Ce n'est pas avec sa femme qu'on fait une Jeanne d'Arc », me disait un jour Chapu ; et cependant, pour toutes les Jeanne d'Arc, il y a eu la pose d'un modèle vivant.

H. M.

Milton Keynes UK
Ingram Content Group UK Ltd.
UKHW011822120624
444110UK00004B/260

9 789361 472800